깨달음 그리고 지혜 2

풍요의 마스터에게 듣는

깨달음

그리고

지혜

2

레스터 레븐슨 지음 ○ 이균형 옮김

정신세계사

일러두기: 이 책은 유리 스필니Yuri Spilny가 엮어서 펴낸《Wisdom by Lester Vol. II : Lessons and Quotes by Lester Levenson》의 전문을 번역한 것입니다.

깨달음 그리고 지혜2

레스터 레븐슨이 짓고, 유리 스필니가 엮고, 이균형이 옮긴 것을 정신세계사 김우종이 2019년 4월 5일 처음 펴내다.
배민경이 다듬고, 변영옥이 꾸미고, 한서지업사에서 종이를, 영신사에서 인쇄와 제본을, 하지혜가 책의 관리를 맡다.
정신세계사의 등록일자는 1978년 4월 25일(제1-100호), 주소는 03965 서울시 마포구 성산로4길 6 2층, 전화는
02-733-3134, 팩스는 02-733-3144, 홈페이지는 www.mindbook.co.kr, 인터넷 카페는 cafe.naver.com/mindbooky 이다.

2024년 6월 12일 펴낸 책(초판 제6쇄)

ISBN   978-89-357-0429-3 04190
            978-89-357-0424-8 (세트)

이 도서의 국립중앙도서관 출판시도서목록(CIP)은 서지정보유통지원시스템 홈페이지(http://seoji.nl.go.kr)와
국가자료공동목록시스템(http://www.nl.go.kr/kolisnet)에서 이용하실 수 있습니다.(CIP제어번호: CIP2019011288)

○ 차 례 ○

구루와 마스터

스승(the teacher)

마스터Master란 깨달은 존재다. 그는 착각에서 깨어나 자유로워졌다. 또한, 그는 자신이 안다는 사실을 아는 자다. 구루는 다른 이들이 자유를 찾도록 돕기를 택한 마스터이다. 신, 구루, 참자아는 모두가 하나이고 같다. 환영이 걷히어 실재에 눈을 뜨면 이 사실이 분명해진다.

　마스터나 구루의 인도를 받는 것보다 더 큰 도움은 없다. 동양의 일원론의 으뜸가는 권위자인 스와미 샹카라의 말을 인용하자면, "진정한 구루에 비견할 수 있는 것은 삼계(물질계, 아스트랄계, 원인계)에 존재하지 않는다. 철학자의 돌이 실로 그에 비견할 만하다고 한다면, 그것은 쇠를 금으로 변하게 할 수 있을 뿐이지 다른 철학자의 돌을 금으로 변하게 하지는 못한다. 반면에 존경받는 스승은 자신의 슬하로 귀의하는 제자를 자신과 같아지게 만든다.

그러니 구루는 비할 데가 없다, 아니, 초월적이다!"

구루는 육신을 입고 있을 수도 있고, 그보다 영묘한 아스트랄체(astral body)나 원인체(causal body)를 입고 있을 수도 있다. 영묘한 신체를 입고 있을수록 구루는 더 제약 없이 다닐 수 있다.

모든 사람이 육신을 입은 구루를 만날 수 있을까? 그렇지 않다. 왜냐하면 지극히 제약된 몸인 육체를 택하는 구루는 드물기 때문이다. 간단히 말해서 육신을 입고 다니는 구루는 그 수가 많지 않다.

그러면 모든 사람이 구루를 만날 수는 있을까? 그렇다. 육신을 초월한 구루를 받아들이기만 한다면 말이다. 구루는 육신을 초월해 있으므로 편재하는 자신의 능력을 이용하여 그를 필요로 하는 모든 사람들을 실제로 도와줄 수 있다.

그렇다면 육신을 입고 있지 않은 구루를 우리가 감지하여 알아볼 수 있을까? 그렇다. 누구든 가능하다. 각자가 수용할 수 있는 정도에 따라서 말이다. 당신이 가능성을 받아들이기만 한다면 그는 육신을 입고 나타나서 당신과 이야기를 나눌 수도 있다. 당신의 받아들이는 정도가 거기까지는 못 미친다면 그는 아스트랄체로 나타나서 당신에게 말을 걸 수도 있다. 당신이 이만큼도 받아들이기 힘들다면 그는 계시 속에서 당신 앞에 나타날 수도 있다. 이것 역시 받아들이기 힘들다면 당신은 그를 하나의 임재감臨在感으로서 느끼게 될 수도 있다. 어쨌든 간에 그는 이 중의 어떤 방식으로든 우리를 찾아와서 도움을 줄 수 있다. 우리가 해야 할 일은 단지 구루의 도움을 요청하고, 도움이 찾아올 때 그것을 받아들이는 것뿐이다.

구루는 반드시 있어야 하는가

구루가 반드시 있어야 할까? 이론적으로는 아니지만, 실질적으로는 맞다. 우리의 현시대는 겉모습과 미망에 너무나 깊이 빠져 있어서 초인간적인 방법을 필요로 한다.

우리에게 구루가 있어야 하는가? 물론 그렇다. 구루를 찾을 수 있을까? 역시 그렇다. 제자가 준비되어 있으면 스승이 나타난다! 만약 당신이 구루를 찾지 못했다면 그저 알고만 있으면 된다. 당신은 필연적으로 그를 만나고, 또 경험할 수밖에 없다는 사실을 말이다!

진정한 구루, 혹은 마스터를 어떻게 알아볼 수 있을까? 그의 깨달음의 정도를 어떻게 판단할 수 있을까? 온전히 깨달은 존재는 흔들림 없는 내적 평화를 지니고 있다. 그는 자아가 전혀 없어서 그의 모든 행동은 오로지 남들을 위한 것이다. 그는 만물을 평등하게 대한다. 그는 욕망도 두려움도 없다. 그는 오로지 베풀기만 하는 사랑이다. 그는 다른 사람에게서 어떤 것도 기대하지 않는다. 그는 매 순간 신과 하나가 되어 있다. 이상의 모든 품성을 갖춘 만큼이 그의 깨달음의 수준이다.

구루와 마스터에 관해 생각해볼 거리를 열거해보겠다. 평소처럼 이 말들을 음미해보라.

구루를 만남으로써 우리는 최고의 선을 쌓아올리고, 우리의 신성한 목표를 성취한다.

우리는 알아차리지 못하지만, 세상이 험해질수록 위대한 존재들은 더욱더 우리와 함께한다. 허둥대지 말고 그들을 향해 마음을 열고 있으라. 그러면 당신은 안전하게 인도될 것이다.

깨달은 존재는 지구라는 무대에서 인간의 몸을 가진 배역을 연기하지만, 자신이 신임을 안다. 그는 인간과 신 사이에 아무런 모순을 발견하지 못한다. 그는 세상을 외부에 있는 것이 아니라 자신의 내면에 있는 것으로 바라본다. 깨닫지 못한 존재만이 세상을 외부에 있는 것으로 여긴다.

마스터를 그의 행동을 보아 판단하기는 어렵다. 그는 자신이 하고 싶은 대로 행동할 자유가 있기 때문이다. 그는 심지어 인간이 되기를 택할 수도 있다. 최고의 경지는 한계에 둘러싸인 상태도 배제하지 않고 받아들인다. 그러나 그것에 영향을 받지는 않는다.

마스터나 스승에 대해 마음을 움츠리고 있는 만큼 우리는 그들의 도움을 밀어내고 있는 것이다.

에고가 스승을 능가할 수 있다고 느끼면 스승은 도와줄 방법이 없다.

제자가 준비되어 있으면 스승은 나타나게 되어 있다.

마스터는 세상을 둘러볼 때 자신의 몸과 다른 사람들의 몸들을 보지만 그는 그 모든 몸들이 자신임을 안다. 이것이 마스터만의 차별점이다. 그는 모든 몸들을 자신의 몸으로 바라본다.

마스터와 보통 사람들 사이의 유일한 차이점은 '관점'에 있다.

온전히 깨달은 존재의 외적인 행위는 그의 의식을 동요시키거나 영향을 미치지 못한다. 마찬가지로 생각도 그의 의식을 훼방하지 못한다.

육신을 입은 마스터의 제자가 알아차리기 힘든 사실이 하나 있다. 그것은, 마스터는 이 세상에 있으나 이 세상에 속해 있지는 않아서 그의 육신이 그의 가장 낮은 차원의 일면일 뿐이라는 것이다.

당신이 지혜로운 존재와 함께할 때면, 그는 당신에게 늘 올바른 방향을 가리켜준다.

당신은 마스터가 육신을 입고 있는 것이 더 효과적이라고 생각한다. 왜냐하면 그가 영묘한 신체를 입고 있으면 당신은 그것을 볼 수가 없어서 그가 당신과 함께 있지 않다고 생각하기 때문이다.

최고의 도움은 살아 있는, 깨달은 스승이 준다고 할 수 있다. 왜 그럴까? 왜냐하면 우리는 모두가 무한한 잠재력을 지니고 있지만 더 많이 깨달을수록 그 잠재력을 더 잘 발휘할 수 있기 때문이다. 살아 있는 스승이 어떤 것을 깨닫고 그것을 다른 이에게 전하려고 할 때, 그는 상대방이 그것을 깨닫도록 돕기 위해 말에다 자신의 모든 힘을 싣는다. 스승은 상대방을 무한한 존재로 바라보고 그가 자신의 말을 받아들일 수 있도록 힘을 방사하여 그의 의식을 고양시켜서 깨달음이 일어나게 한다.

그러므로 가장 큰 도움을 주는 것은, 자신이 말하는 내용을 깨달은 스승이다. 그다음으로 큰 도움이 되는 것은 그의 말을 읽는 것이다. 스승이 쓴 글에는 확연한 힘과 의미가 담겨 있다. 그래서 온전히 깨달은 마스터의 글만 읽으라고 하는 것이다. 그들이 쓴 글은 읽는 사람에게 깨달음을 주기 위한 치밀한 의도가 담겨 있다. 글에는 그것을 말한 사람의 본뜻이 담겨 있다.

가장 좋은 삶의 자세는 깨달은 존재의 태도를 본받는 것이다. 그러면 그의 깨달음이 당신에게도 전해진다. 그 태도를 본받아 행하면 당신은 그 행동이 가리키고 있는 방향을 알 수 있다.

언제나 마스터와 함께 있으라. 끊임없이 그를 생각하고, 그가 당신에게 직접 말하고 있는 것처럼 그의 말씀을 읽음으로써 그렇게 하라.

스승들은 우리에게 깨달음을 전해주기 위해서 살아 있다. 그러나 당신이 그것을 받아들이지 않는다면 그들은 그것을 당신에게 강요할 수 없다. 그들은 당신을 사랑하기 때문이다.

모든 스승들이 매 순간 우리로 하여금 우리가 누구이며 무엇인지를 깨닫도록 돕고 있다.

마스터의 행동에는 자아가 없다. 그는 전적으로 헌신할 뿐이다.

마스터는 스스로를 마치 하인처럼 느낀다.

마스터는 다른 사람들의 인생이나 소망, 삶의 방식에 간섭하지 않는다.

마스터들은 충고를 거의 하지 않는다. 대신 그들은 원칙을 가르쳐준다.

마스터들이 세상을 귀찮아하는 것이 아니라, 세상이 그들을 불편하게 여겨 그들을 은둔하게 만든다.

깨달은 마스터라면 당신이 다른 마스터의 가르침을 듣지 못하게 막지 않는다. 그들은 당신이 모든 깨달은 존재들의 가르침에 귀를 기울이기를 원한다. 왜냐하면 그들은 자신들이 모두 같다고 여기기 때문이다. 하지만 당신이 깨닫지 못한 존재에게 귀를 기울이고 있기를 원하지는 않는다.

모든 마스터들은 이름만 다를 뿐, 정확히 동일한 참자아이다.

모든 마스터를 당신의 마스터로 받아들일 수 있다면 그것은 잘된 일이다. 여기서 더 나아가서, 길에서 만나는 모든 사람들을 마스터로 받아들일 수 있다면 당신은 거의 다 온 것이다.

온전히 깨달은 존재가 이 세상에 오려면 약간의 욕망과 카르마를 가져야만 한다. 욕망이 없이는 이곳에 머물러 있을 수가 없다.

마스터들은 약하거나 병든 몸을 가지고도 항상 평화롭고 평정한 마음을 지키며 산다. 그들은 그것을 오히려 환영한다. 왜냐하면 그들은 자신이 몸이 아니라는 사실을 끊임없이 상기시켜주는 신호로써 병을 이용하기 때문이다.

몸을 입은 존재로서는 마스터를 몸이 아닌 존재로 바라보기가 거의 불가능하다.

그리스도는 어떤 것도 거부하지 않는다. 사랑은 모든 것을 받아들인다.

마스터는 어떤 것도 결코 배척하지 않는다. 그들은 오로지 받아들일 뿐이다.

깨달은 존재는 환희를 즐기지 않는다. 그는 환희 자체이기 때문이다.

구루는 깨달음의 장 — 평화 — 이 펼쳐지도록 도와준다.

마스터는 우리가 방향을 알고 싶을 때 올바른 방향을 가리켜준다. 그것이 마스터의 도움이다.

성자들의 말씀을 읽는 것은 곧 성자들과 교감하는 것이다.

온전히 깨달은 존재는 자신의 의식 속에서는 움직임이 없다. 다른 이들의 눈에는 그가 움직이는 것으로 보인다. 그는 자신의 참자아를 바라보고, 다른 이들은 그의 육신을 바라보기 때문이다.

마스터의 행동은 마스터만이 이해한다. 당신이 그의 행동을 이해할 수 있을 때쯤이면, 아마 당신도 그와 같이 되어 있을 것이다.

마스터의 말에 온전히 빠져드는 순간, 당신은 그를 만난 것이다.

마스터에게는 한계가 없다. 그는 하나의 몸이 될 수도 있고, 무수한 몸이 될 수도 있다. 실제로 마스터는 무수한 몸을 가지고 그 무수한 몸을 통해 무수한 다른 사람들과 동시에 이야기할 수 있다. 마스터에게 한계란 없다.

마스터들은 100퍼센트 옳다!

은둔하고 있는 마스터들이 대통령이나 왕들보다 세상에 훨씬 더 유익한 역할을 하고 있다.

깨달은 존재는 제약이 없으므로 마음을 사용할 수도 있고 사용하지 않을 수도 있다.

당신이 처음 이 길로 나아갈 때, 많은 혼란이 뒤따를 것이다. 우리는 외부 세상이 우리 스스로 빚어낸 것이라는 사실을 알아차리지 못한다. 우리가 우러러보는 스승 또한 우리의 의식 속에, 오직 거기에만 존재한다. 그러나 스승을 우러러 받드는 태도는, 우리가 진실을 보지 못하게 만드는 유일한 방해물인 우리 자신의 에고를 더 겸손해지게 만든다. 다시 말해 마스터를 숭앙하는 것은 우리의 에고를 뒤로 물러나게 하는 것이며, 그렇게 함으로써 우리는 현자에게 방향을 교시^{敎示}받을 수 있다.

외부의 스승이 가리켜 보여주는 것은 언제나, '모든 스승의 스승'이라고 할 수 있는 우리 안의 참자아이다. ― 이것이 처음부터 명백하게 느껴지지는 않는다. 우리가 허용하기만 하면 외부의 스승은, 진정한 스승은 언제나 다름 아닌 우리 안에 있었고 우리의 참자아였음을 보여준다. 그리하여 결국 스승은 단 하나이니, 그는 내면의 스승, 곧 우리의 참자아이다.

당신이 올바른 방향으로 가고 있으면 모든 구루와 마스터들이 당신을 돕는다. ― 실로 모든 스승들이.

만약 당신의 마음이 온전히 깨달은 마스터에게 집중되어 있다면 그가 당신을 도약시켜줄 것이다.

내가 있는 곳이 바로 성자들이 계시는 곳이다. 그러니 자신의 정체를 깨달으면 당신은 '성자들이 행진해 오는'(saints come marching in) 것을 목격하게 될 것이다.

마스터의 말씀을 읽으라. 그보다는, 그가 그것을 당신에게 말하고 있다고 상상하라. 가장 좋은 것은, 읽으면서 그가 당신에게 말해주고 있는 소리를 듣는 것이다!

진리는 진리이므로, 모든 마스터들은 똑같은 말을 한다. 다만 그들은 듣는 사람의 눈높이에 맞추어 말하기 때문에 서로 다른 말을 하는 것처럼 들릴 뿐이다.

스승의 가르침은 상대방이 그를 마스터라고 확신하는 그 정도만큼의 힘을 지닌다.

참자아를 알면 모든 것을 아는 것이다. 마스터는 모든 분야에서 그 분야의 전 세계 최고권위자보다도 훨씬 더 많은 것을 안다.

마스터가 된 자는 직관에 의해 움직인다. 그는 생각을 할 필요가 없어진다.

단 한 사람의 마스터가 지구인 전체를 동시에 한 사람 한 사람 다 도와줄 수도 있다. 마스터는 제약이 없고 편재하기 때문이다.

모든 인류에게 밤인 것이 깨달은 이에게는 낮이다. 모든 인류에게 낮인 것이 깨달은 이에게는 밤이다. 깨달은 이는 인간이 보는 것을 보지 않는다.

깨달은 이에게 세상은 스크린 위에서 움직이는 영상과도 같다고 할 수 있다. 그는 변함없는 스크린을 움직임의 바탕으로 본다. 깨닫지 못한 이들은 움직이는 영상을 실재로 여긴다. 하지만 영상을 손으로 만져보면 실상實狀을 깨닫게 될 것이다. — 그것은 변함없는 스크린이었다는 사실을 말이다. 당신의 참자아를 만져보고 세상의 변함없는 바탕을 발견하라!

마스터는 하나인 참자아밖에 보지 않지만 다른 사람들은 그것을 무수히 조각내어놓는다.

마스터들은 있음(Beingness)이므로 그들은 있지 않을 수가 없다. 그러나 그들의 있음은 당신이 추정하는 것과는 성질이 다르다. 있음은 몸이나 형체가 없다. 있음은 한계가 없다. 형체는 형체에 한정된다.

마스터는 모든 존재들을 ― 동물과 곤충조차도 ― 동등한 마음으로 대한다.

구루의 근처에 있을 때 마음을 고요히 가라앉히고 자신이 추구하는 진실을 파고 들어가면 구루의 도움을 통해 그것을 깨닫게 된다. 당신은 가장 높은 가르침인 말 없는 가르침을 통해 진실을 깨닫는다. 심지어 이것은 구루와 멀리 떨어져 있어도 가능하다!

결국, 가르침은 침묵 속에서 전해져야 한다. 그것은 언어로 말해지는 것이 아니라 경험되는 것이기 때문이다.

마스터는 우리를 자신으로, 바로 자신의 참자아로 바라본다. 마스터에게 타인은 존재하지 않는다. 오로지 하나인 무한한 있음만이 존재한다. 덕분에 우리도 그가 바라보는 대로 똑같이 볼 수 있다.

지금 나를 만난 것처럼 마스터들과의 만남을 받아들일 수 있다면, 당신은 마스터들을 만날 수 있다.

맞이할 준비도 하지 않고 마스터를 부를 수는 없다.

타인을 돕기

자연스러운 방법

진정한 사랑, 신성한 사랑이란, 대가를 받으려는 그 어떤 기대도 없이 베풀고 싶어하는 느낌이다. 이런 경지에 도달하면, 우리는 어디를 가든 누구를 대하든 간에 이런 고혹적인 사랑 외에는 아무것도 보지도 느끼지도 못한다. 우리는 신의 달콤한 부드러움을 맛보고, 신과 조화된 느낌 속에 저도 모르게 사로잡혀버린다. 그 형용할 수 없는 황홀함에 중독되어버린다.

신을 사랑하는 것, 만유를 사랑하는 것, 모든 사람을 사랑하는 것이야말로 온전한 깨달음을 얻기 위한 가장 쉽고도 자연스러운 방법이다. 이 방법은 어떤 것도 포기할 필요가 없다. 이것은 모든 사람과 모든 사물을 품어 들이게 될 때까지 우리 내면의 사랑의 느낌을 확장시키는 것이다. 당신의 사랑을 당신의 가족, 친구, 민족 그리고 온 세계 사람들에게로 확장하라. 그것을 더 이상 여지

가 없어질 때까지 확장시키고, 신과 하나가 된 채 그 영원한 중독
속에 머물러 있으라!

사랑이란 본질적으로 하나의 태도다. 이 태도를 표현하려면 가
슴의 가장 깊은 밑바닥으로부터 베풀어라. 또한, 베푸는 자야말
로 가장 큰 축복을 받은 사람임을 깨달으라.

문답

질문자　베푼다는 것에 대해 좀더 이야기해주실 수 있나요?

레스터　우리는 끝이 없는 목표를 향해 다가가고 있습니다. 우리
는 완전히 자유로워져야만 합니다. 우리는 높은 곳과 낮은 곳을
오르내리면서 지나왔습니다. 그리하여 우리의 삶은 훨씬 더 나아
지고 행복해졌습니다. 그래도 아직 가야 할 길이 멉니다. 안 그런
가요?

여태껏 여러분은 삶에 적용되는 많은 원리들을 통달했습니다. 여
러분은 한계를 상당 부분 놓아 보낼 수 있게 되었고, 긍정적인 것
을 받아들이는 법을 배웠고, 생각의 힘을 받아들이는 법을 배웠고,
자신이 삶의 창조자라는 사실을 배웠고, 물론 이에 자연히 수반되
는 것으로서, 사랑의 품을 더욱 키웠습니다.

의식을 확장시켜나가면 사랑도 절로 커져갑니다. 마찬가지로 사랑
이 커지면 이해와 지혜도 절로 커져갑니다.

하지만 우리가 이제껏 얻어낸 이런 것들도 아주 만족스럽지는 않
습니다. 삶이 더 행복해지긴 했지만 아직도 온전하고 완전하지는
않습니다. 여기까지 저의 말에 이의 있으신 분 있나요?

질문자   전혀요.

레스터   좋아요. 우리는 완전한 자유라는 목표를 이룰 때까지 우리의 길을 걸어가야 합니다. 이게 내가 첫 번째로 하고 싶은 말입니다. 두 번째는, 우리는 이것을 이 생에 성취할 수 있다는 것입니다! 보통은 대부분의 사람들이 무수한 생애에 걸쳐서 이것을 추구해왔습니다. 하지만 우리는 이것을 이 생애에 해낼 수 있습니다. 첫째, 우리는 이것을 가장 빠르고 가장 직접적인 방법으로 하기 때문입니다. 둘째, 우리는 이것을 이 생에 끝낼 수 있는 올바른 길을 가고 있기 때문입니다. 그러니 우리가 장차 지구로 돌아오게 된다면 그것은 와야만 하기 때문이 아니라 이곳에 오기를 택해서일 것입니다. 우리 중에서 다른 이들을 정말 돕고 싶어하는 사람들은 그저 다른 이들을 돕기 위해서 올 테지요. 하지만 그건 각자의 선택에 달린 문제입니다. 중요한 것은, 궁극의 경지를 성취하는 것입니다. 삶의 마스터가 되기 — 이것은 우리가 삶의 제물이 아니라 주인임을 깨우치기 위해 필수적으로 거쳐야만 하는 아주 기본적인 단계입니다. 주변 환경을 자신이 원하는 대로 만들어내는 법을 통달한 다음에, 우리는 그 너머로 눈을 돌립니다. 자신의 삶을 아무리 행복하게 만들었을지라도 그것이 일상적인 삶 자체에만 관련된 것이라면 그것은 결코 우리를 만족시키지 못할 것입니다. 왜냐하면 우리의 진정한 본성은 무한하기 때문입니다.

우리가 장차 나아가야 할 방향은, 일상적 삶을 넘어 좀더 보편적이고 우주적인 것이 되어야 합니다. 즉, 밖으로 더 나아가 타인들을 위하는 삶을 살기 위해서는 자기만의 살림살이를 내려놓아야 한다는 말입니다. 우리가 우주적인 존재라면 우주적인 존재답게 행동하려는 태도를 갖춰야 하지요.

나는 '태도'라는 말을 쓰고 있습니다. 사람들에게 물건을 주는 것으로는 큰 도움을 줄 수가 없습니다. 요구하는 것은 너무나 많은데 그것을 우리가 다 가지고 있지는 못하기 때문이지요. 하지만 우리는 물건보다 훨씬 더 귀한 것을 줄 수 있습니다. 우리가 가진 지혜를 사람들에게 나누어줄 수 있는 것입니다. 우리는 도움이 필요한 모든 이를 도우려는 태도를 취해야 합니다.

이 점을 강조하고 싶어요. — 개인적 사랑에서 보편적 사랑으로 넘어가는 이 단계에서 중요한 원칙 중의 하나는, 원하지 않는 사람은 절대로 돕지 말라는 겁니다. 그렇게 하면 상대방에게 부담을 지우게 되니까요. 우리와 마주쳐서 도움을 요청하는 이들만을 도와야 합니다. 오지랖 넓게 일부러 사람들을 찾아 돌아다녀야 하는 게 아닙니다. 우리가 아는 것을 필요로 하는 사람들은 절로 우리와 마주치게 될 테니까요. 그들은 우리에게 질문을 할 것이고, 우리가 대답을 해주면 그들은 우리가 올바른 답을 주고 있다고, 우리가 그들을 도와주고 있다고 느끼고 더 도와달라고 부탁할 겁니다. 그리고 이렇게 옳은 방향을 알기 위해 진지하게 우리를 찾는 이들을 돕는 것이 우리의 진정한 임무이기도 하지요.

'당신은 나'라는 사실을 명심하세요.

역설적인 것은, 자신의 작은 자아를 덜 생각하고 다른 이들을 더 생각하면서 좀더 확장된 삶을 살기 시작하면 우리는 다름 아닌 우리 자신을 진정으로 돕게 된다는 사실입니다. 다른 이들을 도움으로써 우리는 목표를 향해 가는 우리 자신을 돕습니다. 하지만 사랑의 태도와 연민의 느낌과 모든 사람들과의 일체감과, 그들도 우리가 아는 것을 알기를 바라는 소망이 없이는 결코 그렇게 되지 않을 것입니다.

그러니 되풀이하자면, 우리는 삶을 더 잘 다스려 더 행복해지게 만드는 방법을 터득하는 단계까지 왔습니다. 이제 우리는 다른 이들의 삶도 행복해지도록 애써야만 합니다. 이것은 우리 자신의 성장은 멈춰야 한다는 뜻이 아닙니다. 그런 일은 결코 없습니다. 우리는 우리 자신의 더 큰 성장을 향해 끊임없이 나아갑니다. ─ 다른 이들을 도움으로써 말입니다. 이 점에 대해 의문이 있나요?

질문자 저는 생계를 위해 일해야 하고 돈과 물건을 많이 모아야 합니다. 하지만 다른 사람에게 줘버리면 저는 충분히 가지지 못할 것 같습니다. 틀렸나요?

레스터 예, 틀렸습니다. 우리는 자기가 가진 것을 남에게 주어버릴 수 있고, 그래도 괜찮다고 느껴야 합니다. 왜냐하면 우리가 가진 것이 가장 중요하고 핵심적인 것은 아니기 때문입니다. 많은 사람들이, 필요한 것은 오로지 물질뿐이라고 여길 정도로 세상은 요지경이 되어 있습니다. 하지만 그것은 그들에게 필요한 것이 아닙니다. 필요한 것은 올바른 이해입니다. 이 한 가지밖에 필요한 것이 없습니다. 오늘날 이 나라에 존재하는 부의 양과, 그에 수반하는 불행의 양을 살펴보세요.

질문자 원하는 바를 스스로 이뤄낼 힘은 주지 않고 물건만 주는 것은 아무것도 주지 않는 것과 다름없다고 이해하면 맞을까요?

레스터 예. 지혜와 이해에 비하면 물건은 별것이 아니지요.

질문자 하지만 저는 그걸 실천하지는 못합니다. 삶이 더 쉽고 더 행복해지는 정도까진 왔지만 가끔씩 꼴사납게 넘어지곤 하거든요.

레스터 우리는 대부분이 그렇죠. 그런데 왜 그럴까요?

질문자 우리의 생각에 한계가 있어서일까요?

레스터 맞아요, 그리고 단지 나날의 살림살이에서만 행복해지려고 애쓰기 때문입니다.

질문자 제 이야기를 하자면 맞다고 해야겠네요. 계약이 한 건 성사되면 안 될 때보단 행복하니까요.

레스터 그렇죠. 하지만 행위자가 되지 않도록 해보세요. 놓아 보내고 신께 맡기세요. 다른 이들을 행복하게 해줌으로써 행복해지세요.

질문자 그랬다가 망하라고요?

레스터 안 망하면 되죠.

질문자 그저 놓아 보내고 신께 맡기라고요?

레스터 예, 왜 안 하시나요? 왜 신께 내맡기지 않나요?

질문자 습관이 가로막는다고 해야겠네요.

레스터 습관이라, 좋아요. 하지만 왜 습관이 당신을 몰고 가도록 내버려두나요? 당신은 분리의 세계에서 살고 있어요. 당신은 이쪽에 있고 계약과 사람들은 저쪽에 있습니다. 하지만 일체성을 깨달으면, 타인을 위해 살기 시작하면 당신은 그들을 당신 자신으로 여기게 됩니다.

질문자   하지만 내 눈에 보이는 타인들은 물질을 얻기 위해서 내게로 옵니다. 누구 하나도 내게 와서 "난 평화를 원해"라고 하는 것을 본 적이 없습니다.

레스터   그게 당신의 의식입니다. 타인을 위해서 살기 시작하고 평화를 원하는 사람들을 만나기를 기대해보세요. '일체성'을 위해서, '일체성' 속에서 사세요. 그러면 평화를 추구하는 사람들이 당신의 경험 속으로 찾아올 겁니다.

질문자   당신은 사랑과 자비에 대해 말했는데, 그게 무슨 의미인지 정의해주실 수 있나요?

레스터   오직 사랑할 때, 사랑이 이해됩니다. 기본적으로, 사랑은 상대방에 대한 이해와, 상대방과 하나가 된 마음으로써 베풀고 싶어하는 태도입니다. 자비는 상대방이 경험하고 있는 것을 이해하는 것이지, 그의 고통을 나눠 갖는 것이 아닙니다. 자비는 그의 고통이 덜어지기를 바라는 마음입니다.

질문자   사랑이란 나 자신을 위하듯이 남들도 똑같이 위하는 것이겠네요. '나는 한정된 존재야…'라는 느낌 없이 말이에요.

레스터   예, 요약해보죠. 삶이 이전보다 행복해지면 그다음 단계는 좀더 밖으로 확장해 나가서 남들을 위해서, 좀더 남들을 위해서 사는 것입니다. 달리 말하자면 모든 곳, 모든 사람에게서 신을 보는 것입니다. 모든 사람들이 당신임을 느끼세요. 왜냐하면 오로지 하나의 있음인 당신밖에는 존재하지 않으니까요. 오로지 신밖에는 존재하지 않고, 신은 곧 만유입니다. 그러니 나인 그것, 나의 있음이 곧 신입니다!

타인을 돕는 일에 관한 첨언

그 어떤 방법으로도 타인들을 돕지 않고 있는 사람은 그들을 해하고 있는 것이다. 여기서 '어떤 방법'이란 기본적으로, 그리고 일반적으로 '생각으로' 돕는 것을 말한다. 누구를 향해서든 선한 뜻이나 선한 소망이 아닌 다른 생각을 품는 것은 곧 그를 해하는 것이고, 따라서 나 자신을 해하는 것이다.

이런 일이 실제로 일어나는 것은, 모든 마음이 상호연결되어 있고 카르마의 법칙은 생각 속에서 발효發效되기 때문이다. 그 생각이 행동으로 옮겨졌든 말든 상관없이 말이다. 타인을 돕는 일에 관한 몇 가지 생각을 아래에 덧붙여본다.

타인을 돕는 데 있어 중요한 것은, 당신의 행동보다 당신이 그들을 사랑하는 태도다.

행동을 하든 안 하든 상관없이, 사랑할 때 당신은 매우 건설적인 존재가 된다. 그저 사랑을 느끼라. 그러면 당신의 생각은 사랑의 생각이 될 것이다.

생각은 행동보다 훨씬 더 강력하다. 생각은 행동의 바탕이요, 행동을 촉발하는 기폭제이다. 생각이 행동에 앞서고, 행동을 결정한다.

타인의 비애에 둔감한 정도가 곧 그 사람의 에고의 강도이다. 자신의 참자아를 알아갈수록 자비심이 커져서 타인을 돕고자 하는 열망이 커진다.

사랑의 품이 커질수록 당신은 세상을 더 크게 돕고 있는 것이다.

모든 마음은 상호연결되어 있어서 상호작용한다. 한 개인이 사랑을 키워갈수록 모든 사람이 더 많은 도움을 얻는다.

당신의 생각의 힘은 세상의 영적 진보를 돕든지, 저해하든지 둘 중의 하나이다. 또, 그 결과로 당신은 자신을 다치게 하거나 도울 수도 있다.

세상의 의식이 진화하도록 돕지 않는 사람은 세상의 의식이 퇴보하도록 돕고 있는 것이다.

자신을 가장 잘 이해하는 사람이 최고의 선을 행한다.

둘 이상의 사람이 개입된 모든 상황에서, 모든 사람이 이익을 얻을 수 있다. 사랑이 결정하게 하면 그 누구도 해를 입을 일이 없다.

당신이 누군가를 위해 어떤 일을 하고 있음이 그에게 알려지면 그는 당신에게 감사를 표할 수밖에 없다. 그들이 그 사실을 몰라서 감사를 표하지 않으면, 그때는 신이 당신에게 답례할 것이다. 넘치도록!

내가 당신에게 무엇을 베풀었는데 당신이 그것을 갚는다면 당신은 내가 신으로부터 축복받는 것을 훼방하는 것이다.

배후에 에고의 동기가 없고 아무런 집착 없이 행하기만 한다면, 타인을 돕는 것은 당신 자신에게 이로운 일이다.

높은 경지에 이른 자는 홀로 동굴 속에 앉아 있어도 세상에 널리 이로운 일을 한다고 볼 수 있는데, 그것은 그가 자신의 강력한 사랑과 평화에 대한 사념을 퍼뜨리기 때문이다.

자선은, 신께서 참새는 돌보면서 인간은 돌봐주지 않는다는 거짓을 방조한다.

자선행위는 말한다. '넌 너 자신을 도울 수 없어.'

자선은 베풂과 소유의 수준에 있는 이에게는 필요한 행위이며, 또한 좋은 행위이다.

타인을 위해 할 수 있는 가장 좋은 일은 그들이 스스로를 돕도록 도와주는 것이다.

베푸는 자에게 복이 있나니, 그는 베풂으로써 더 행복해지기 때문이다. ─ 그가 가슴에서부터 베풀었다면 말이다.

자신을 밖으로 확장시키는 만큼 타인을 도울 수 있다. 다시 말해, 자신을 돕는 것 이상으로 타인을 도울 수는 없다. 허나 타인들을 도우려 노력하라. 그것은 당신 자신을 돕는 데 도움이 될 것이기 때문이다.

타인을 돕는 일은 특별한 훈련이 필요하지 않다. 그것은 나 자신의 있음의 상태로부터 자연스럽게 우러나온다.

모든 사람은 자신의 수준에서 가르침을 펴는 스승이다. 우리는 날마다 타인들과의 관계 속에서 부지중에 그렇게 한다.

가장 큰 베풂은 물질에 있지 않다. 가장 큰 베풂은 사랑에 찬 당신의 태도다.

돈을 주는 것은 마치 (뱀과 밧줄 이야기에서) 상대방을 뱀으로부터 보호해주려는 것과도 같다. 가장 큰 베풂은, 피해야 할 뱀은 존재하지 않는다는 깨우침이다.

베푸는 태도를 지니라. 중요한 것은 얼마나 많이 베푸느냐가 아니라 당신의 태도다. 어떤 이들은 자신의 명패를 붙여놓기 위해서 시설에 기부를 한다. 그러면 그것이 그들에게 돌아가는 보상의 전부가 된다.

무슨 일을 하든 간에 봉사하고자 하는 열망으로써 해야 한다.

봉사하는 것은 당신이 아니라 당신 안의 신이라는 느낌으로 봉사하라.

베푸는 자는 "감사합니다"라고 해야 하고 받는 사람은 "괜찮아요"라고 해야 한다. ─ 베푸는 자가 더 크게 축복받으므로.

에고를 적게 가질수록 타인들의 완벽함을 더 잘 알아본다. 그들의 완벽함을 알아보는 정도만큼 당신은 그들이 완벽해지도록 도울 수 있다.

온전히 베푸는 자는 그가 원하는 것이 무엇이든, 그것을 항상 가지고 있다.

자신의 경지를 드높임으로써만 세상을 가장 크게 도울 수 있다.

더 높이 오를수록 모든 사람을 더 높이 고무시킬 수 있다.

선한 생각을 품고 있을 때, 당신은 그 선한 생각을 모든 이에게 보내고 있는 것이다.

타인을 도울 때, 당신의 주의가 어디에 있는지를 살피라.

한 개인의 있음의 경지를 재는 좋은 척도는, 그가 얼마나 사심 없는 사람인가 하는 것이다.

베풀고자 하는 마음도 좋은 척도다. 한 사람의 있음의 경지는 베풀고 싶어하는 마음에 비례한다.

마스터가 그의 추종자나 제자들에게서 물질을 요구하는가? 마스터는 온통 베풂이다.

베풀고자 하는 마음은 모든 이에게 동등해야 한다. 당신을 좋아하는 사람에게 베푸는 것은 에고의 부추김이다. 마스터의 마음은 만물에게 동등하다.

영적 자만심을 가진 사람은 말로만 베푼다. 그러면 상대방은 그것을 아무런 중요성도, 권위도 없는 말로 생각한다.

남을 도우려면 그를 당신과 동등하게 여겨야 한다. 즉, 당신이 영적으로 더 높다고 생각하지 말라.

깨달은 이는 모든 이를 마스터로 여긴다.

모든 사람이 오로지 타인을 위해서 산다면 세상이 바로잡힐 것이다. 유토피아가 될 것이다!

오로지 타인을 위해서 산다면 우리는 최고의 경지에 도달한 것이다.

모든 인간관계는 상대방이 깨달음을 얻도록 돕기 위한 목적, 혹은 당신이 깨달음을 얻도록 도움받기 위한 목적에 이바지해야 한다.

아무런 결과도 보상도 바라지 않고 인류에 봉사하면 그것이 당신에게 온전한 깨달음을 가져다줄 것이다.

치유

나는 의사들을 자주 만난다. 그들은 이미 치유의 분야에서 훈련을 거친 사람들이라고 할 수 있다. 그러나 그들이 생명의 더 깊은 의미를 파헤쳐서 몸 안의 생명 배후의 근원에 대해 좀더 깨닫고 나면 더욱더 훌륭한 의사가 되는 것을 종종 목격한다.

나는 의사들을 만날 때 어떤 의미에서 종종 이렇게 말한다. "어이쿠, 못해먹을 일을 하고 계시군요!" 이렇게 늘 질병을 들여다보며 사는 것은 건강에 좋지 않은 일이다. 외견상의 이 모든 질병을 볼 때마다 그것을 마음속에서 거꾸로 뒤집어놓지 않는 한은 말이다.

문답

질문자 바로 그 점이 궁금했는데요, 당신은 그걸 어떻게 알아냈는지 모르겠어요.

레스터 그걸 일부러 의식하지는 않았어요. 자신을 놓아 보내고 신께 내맡겼을 때 귀 기울이는 마음속에 품어져 있었던 의문들에 답이 오곤 했지요.

질문자 저는 병의 기운을 매우 강하게 느낍니다. 그걸 어떻게 하면 거꾸로 뒤집어놓을 수 있을까요?

레스터 알다시피, 마음은 오직 창조밖에 할 줄 모릅니다. 우리는 마음속에 품고 있는 심상을 현실로 창조해내지요. 병의 심상을 품고 있으면 우리는 병을 만들어내게 됩니다. 그 심상을 보면서 마음으로써 그것을 거꾸로 뒤집어놓지 않는 한은 말입니다.

질문자 '뒤집어놓는다'는 말의 뜻을 정의해주시겠습니까? 예컨대 오늘 환자가 한 사람 왔는데 나는 이 상황을 완전히 뒤집어놓고 싶어요. 그러니까 내 눈에 불완전한 점은 하나도 보이지 않고 오로지 신의 완벽함만이 보였으면 좋겠어요. 그런데 오늘 온 환자를 봤을 때는 완벽함을 본다는 게 너무나 어려웠어요.

레스터 당신은 가장 힘든 처지에 놓여 있군요. 나는 16년 동안이나 그렇게 해왔기 때문에 그게 쉬워요. 사람들이 "아이고, 이건 안 좋아요. 아파요. 의사도 말했어요…"라고 말할 때 나는 거기에 거의 귀를 기울이지 않습니다. 나는 그들이 내게 말하고 있는 것은 불완전성에 대한 것임을 알아차립니다. 나는 그들이 나도 그 환영을 믿게끔 만들려고 애쓰고 있다는 걸 압니다. 그래서 나는 그들을 바라보면서 그들의 본성인 완벽한 존재를 인식하고, 즉석에서 그 외견상의 불완전함을 그들의 완벽함으로 바라보는 것으로 대체합니다.

절대적인 완벽함이야말로 우리의 있음의 실상實狀입니다. 완벽한 실상을 많이 체험할수록 그것을 더 잘 알게 되고, 사람들이 말하는 것은 겉모습일 뿐임을 더 잘 자각하고, 그것을 더 잘 뒤집어놓을 수 있게 됩니다. 하지만 그것은 이 세계 배후의 실상에 대한 앎을 요구합니다. 그 실상이란 세상의 겉모습의 근원인, 그것의 있음이요, 실존입니다.

질문자 당신의 말씀은 제가 읽은 것과 똑같은데 저는 체험을 해보지 못했습니다.

레스터 당신은 겉모습에 너무나 빠져 있어서, 그 때문에 지금 여기에 실재하는 절대적 완벽함을 발견하는 것이 너무나 어려운 겁니다.

골드스미스•의 책을 읽으셨다면 내가 하는 말이 매우 친숙하게 들릴 겁니다. 하지만 세상의 겉모습 너머를 보려면 진정한 당신을 깨달아야만 합니다.

질문자 예.

레스터 뱀과 밧줄의 우화를 예로 들어봅시다. 들어보셨나요? 어스름 녘에 길을 가다가 밧줄을 보고는 그것을 뱀으로 착각합니다. 그것이 뱀이라고 생각하는 순간 우리는 공포에 휩싸여서 뱀을 피하려고 합니다. 그것을 뱀으로 여기는 한 우리는 거기에 주의가 완전히 묶입니다. 하지만 실상은, 뱀의 모습은 환영일 뿐이라는 것입니다. 대부분의 사람들이 세상을 바라보는 방식도 이와 비슷합니

• 조엘 골드스미스Joel S. Goldsmith(1892~1964)를 가리키는 말로 보인다. 편집부 주.

다. 세상을 환영의 모습으로 바라보고 있는 한 그것의 실상은 보지 못합니다. 실상을 깨달으려면 자신을 고요히 침묵시켜야만 합니다. 그 근본적인 실상은 '나는 나인 그것'(I am That I am)이라는 겁니다. 우리는 무한한 있음입니다. 지금 필요한 것은 우리 자신인 이 무한한 있음이 우리 눈앞에 자명해질 수 있도록 마음을 충분히 고요히 가라앉히는 것입니다.

자신이 완벽한 있음이라는 사실을 발견하면 당신은 그것을 알게 됩니다. 자신의 참자아를 발견하면 당신 자신인 그 완벽성이 모든 곳에 존재하고 있음을 깨닫게 됩니다. 이 완벽성이 바로 뱀으로 오인했던 밧줄입니다. 그러니 당신이 해야 할 일은 자신의 실상을 목격할 때까지 이 길에 매달려서 명상하고 이완하고 내면으로 뛰어들어서 끝까지 파고드는 것입니다. 자신의 실상을 깨달으면 세상의 실상과 그 완벽함을 목격하게 될 것입니다. 그리고 지금은 모든 것이 분리되어 있어서 무수한 몸을 가지고 있는 것처럼 보이지만, 실상을 목격하고 나면 당신은 어디를 보든지 오로지 절대적인 일체성만을 보게 될 것입니다. 아무리 둘러봐도 당신 자신밖에는 보이지 않을 것입니다. 온 세상이 다 당신의 마음 속에 있다는 것을 깨달을 것입니다. 그리고 바로 그것이 당신의 우주라는 것을 깨닫게 될 겁니다. 마치 꿈속에서 당신이 온 세상과 그 속의 사람들을 지어내듯이, 당신이 이 우주를 창조해낸 것입니다.

그러니까 정리하자면, 당신은 직업상 매우 힘든 처지에 놓여 있어요. 하지만 그 때문에 그게 불가능해지는 것은 아닙니다. 진실은 강력하다는 사실을 깨닫고자 하기만 하면 그것을 깨닫게 될 겁니다.

질문자   그러니까 그것을 깨닫고 나서 '아픈' 환자가 오면 병은 무시해버리고 완벽성만을 보란 말씀인가요?

레스터   그렇습니다. 그가 완벽함을 알면 당신은 그가 마음속에 품고 있는 병의 심상을 내려놓도록 돕고 있는 겁니다. 사람들이 내게로 와서 몸의 아픈 데를 이야기하면 나는 아픈 곳을 보지 않습니다. 그들의 하소연에 귀를 기울이지도 않습니다. 그들이 이야기하고 있는 동안 나는 마음속으로 '당신은 완벽합니다'라고 말합니다. 당신도 그렇게 하면 됩니다.

질문자   지금 영의 완벽함에 대해서 말하고 있는 거죠?

레스터   나와 이야기하고 있는 사람의 완벽함에 대해 말하는 겁니다. 아픈 몸은 환영입니다. 그 사람의 완벽성은 실재입니다.

질문자   그러니까 왜곡된 몸은…

레스터   왜곡된 몸은 환영입니다. 하지만 우리가 눈을 뜨기 전에는 환영으로 보이지 않습니다. 멀리 물이 있는 것처럼 보이는 사막의 신기루를 생각해보세요. 직접 가보지 않으면 우리에게는 그것이 늘 물처럼 보입니다. 직접 그곳으로 가서 그곳엔 모래밖에 없다는 것을 확인하고 나면 그다음부터 우리는 물처럼 보이는 그것이 신기루임을 압니다. 다음번에 신기루를 또 만나면 그때도 역시 물처럼 보이지만 우리는 그것이 환영임을 알고 속지 않지요. 이것은 아주 큰 차이입니다. 몸과 세상의 실상을 깨달을 때까지 우리는 환영을 실재로 여기고 있는 것입니다. 진정한 당신, 당신의 있음을 찾아내세요. 그러면 몸과 세상의 실상을 알 수 있습니다.

질문자 환자를 대할 때 그의 완벽함을 알면 치유에 도움이 된다, 그러니까 환자의 완벽함을 알면 그것이 환자를 돕는 것이란 말씀인가요?

레스터 상대방의 완벽함을 아는 정도만큼 우리는 상대방이 자신의 완벽함을 알도록 돕고 있는 것입니다. 그는 스스로 그것을 받아들이는 그 정도만큼만 치유되고요. 이 믿음의 치유, 혹은 순간 치유가 일어난다면, 그것은 마음속에 병의 심상을 품었던 사람이 이제는 완벽함을 보고 있기 때문입니다. 그러면 즉석의 치유가 일어납니다.

마음에 병의 심상을 품지 않고서는 몸에 병이 날 수가 없습니다. 마음속에 없는 것을 몸에 품는 것은 불가능한 일입니다. 몸은 탄수화물과 미네랄 등으로 이루어져 있습니다. 그것은 물질일 뿐입니다. 몸은 지성을 지니고 있지 않습니다. 우리가 지성입니다. 우리가 몸의 생명을 상상하고 품습니다. 마음속에 — 물론 무의식적으로 — 병의 심상을 품지 않고서는 아플 수가 없습니다. 만일 의식적으로 그랬다면 즉각 바로잡았겠지요. 하지만 그것은 무의식적인 작용이라서 어려운 겁니다. 우리가 그것을 보지 않고 있기 때문이지요. 영적 치유를 목격한 적이 있습니까? 소위 '기적'이란 것을 본 적이 있나요?

질문자 예.

레스터 아, 그럼 그게 가능하다는 걸 아시겠군요. 그건 단순해요. 몸을 운전하고 있는 사람이 마음속에서 뭔가를 바꿔놓으면 그런 현상이 일어나는 겁니다. 그게 다예요. 심상을 바꾸는 순간 몸도 바뀝니다. 그러나 다시 말하지만, 아픈 심상은 대부분 무의식적인 것이기 때문에 바뀌기가 어렵습니다.

질문자 무의식을 어떻게 자각하여 의식으로 바꿀 수 있습니까? 그리고 우리 자신이 완벽함을 모르는데 어떻게 마음이 원하는 것을 완벽하게 심상화하도록 도울 수 있나요?

레스터 잠재의식을 자각하려면 우리가 풀어놓기(Releasing)라 부르는 정직한 자기성찰 훈련을 해야 합니다. 주의를 내면으로 자주 돌릴수록 잠재의식의 생각과 프로그램들을 더 많이 자각하게 됩니다. 잠재의식의 사념을 자각하면 그것을 놓아 보낼 수 있게 되고, 그것들을 놓아 보내거나 풀어놓을수록 우리는 더욱 의식적인 사람이 됩니다.

간단히 말해서 우리는 완벽함이 있는 쪽으로 눈을 돌림으로써 완벽함에 대해 알아갑니다. 그 완벽함은 우리가 있는 이 안, 우리의 '나'가 있는 여기에 있습니다. 그러니 먼저 주의를 내면으로 돌려야 합니다. 그리고 답이 올 때까지 '나는 무엇인가?' 하는 의문을 품고 있어야 합니다. 답이 오면 우리는 압니다. '나는 무엇인가?'라는 의문의 답을 얻으려면 생각을 가라앉혀야 합니다. 생각은 진실을 덮어 가리는 일종의 소음이기 때문입니다. 생각은 또한 제약하는 관념입니다. 이 무수한 제약의 관념들이 우리를 끊임없이 폭격하고 있지요.

질문자 예, 압니다. 가만히 앉아 있으면 이 소음이 들려옵니다. 어떻게 하면 마음을 고요하게 할 수 있을까요?

레스터 내가 무엇인지를 알아내고야 말겠다는 강렬하고도 끈질긴 열망이 필요합니다. 자신이 무엇인지를 알고 싶어하는 호기심이 세상과 몸에 대한 관심보다 강하면, 세상과 몸에 관한 생각이 가라앉고 당신은 자신이 마음이 아니라는 것을 깨닫게 됩니다. 당신은, 마음은 당신이 설정해놓은 하나의 도구이고, 이 도구는 당신이 아님을 깨닫습니다. 여기까지 오면 당신은 마음을 장악한 것입니다. 그러니 강렬하고 꾸준한 열망이 열쇠입니다.

질문자 이것을 물어본 것은 제 삶에서 드디어, 어떤 좋은 일이 일어나든 나쁜 일이 일어나든 간에 그건 나의 바깥에서 일어나는 것이 아님을 실감하는 지점에 이르렀기 때문입니다. 달리 말해서 나는 내가 이것을 창조했다는 것을 압니다. 내 삶은 나의 책임입니다. 나는 매 순간 나의 삶을 창조해내고 있습니다. 이제 나도 여기까지 왔습니다. 그것을 받아들입니다. 모든 책임을 받아들입니다. 하지만 막혀 있습니다. 여기까지 깨달았지만 그 너머로 가고 싶습니다. 차단벽을 깨고 싶습니다. 이해하시겠습니까?

레스터 예, 당신은 더 가고 싶어합니다. 전적인 책임을 지는 것은 성장을 위한 아주 멋진 방법입니다. 그러면 자신이 주인임을 깨닫게 될 것이기 때문입니다. 어떤 일이 일어나든지 그것은 당신 자신이 창조한 것임을 알게 될 겁니다.

질문자 예, 알고 있습니다.

레스터 좋아요, 당신은 먼저 물질의 마스터가 되세요. 몸은 물질의 일부지요. 그런 다음에 마음의 마스터가 되세요. ─이것이 당신이 원하는 부분이지요.

질문자 맞습니다.

레스터　마음의 마스터가 되면 우리는 온전한 마스터입니다. 그러니 마스터가 될 때까지 계속 나아가세요. 인도의 가르침에서는 이것을 '타파스tapas', 곧 수행이라고 합니다. 마음을 통달한다는 것은 의식적으로 좋거나 싫은 대상을 없애는 것입니다. 추운 곳으로 걸어가면서도 그것을 괘념하지 않고, 덥고 습한 곳으로 걸어 들어가면서도 편안하게 느끼고, 몸에 통증이 있어도 괴로워하지 않는 것입니다.

질문자　그게 의식적인 고행인가요?

레스터　아닙니다. 이렇게 할 때도 고통스러워할 필요는 없습니다. 자신이 몸도, 몸의 고통도 아님을 알면 몸이 고통스러워하는 것을 알아도 그 때문에 당신이 괴롭지는 않습니다. 다른 사람의 몸이 아플 때 당신이 그것을 느끼지 않는 것은 당신이 그것을 자신과 동일시하지 않기 때문입니다. 당신이 그의 몸을 자신과 동일시한다면 그 고통을 느끼겠지요.

질문자　예, 저도 살짝 그걸 맛봤습니다. 지난주에 끔찍한 혼란을 겪었어요, 제가 몇 가지 실수를 하는 바람에 일이 엉망진창이 돼버렸는데, 그 와중에도 난 자신을 끊임없이 지켜보고 있었어요. 그런데 그 모든 혼란의 배후에는 언제나 아무렇지도 않은 뭔가가 있었습니다.

레스터　언제나 아무렇지도 않지요. 맞아요. 모든 일의 배후에는 그 태평한 느낌이 있어요.

질문자　지금 저의 의문은, 그것을 어떻게 하면 붙잡고 놓치지 않을 수 있는가예요.

레스터 그것을 끊임없이 하는 겁니다. 언젠가 그것이 영구히 남아 있게 될 때까지 그 기술을 연마하는 거죠. 그렇게 해서 마음을 완전히 통달하면 당신은 마스터가 되는 겁니다. 당신은 당신의 마음인가요?

질문자 제가 제 마음이냐고요? 제 대답은 반은 지적이고 반은 감정적이에요. 의식이 가장 깨어 있을 때 나는 내가 이 마음이 아니라 그 배후의 생명이라고 생각해요.

레스터 예, 그게 올바른 태도예요. 마음은 생각들의 덩어리입니다. 누가 그 생각을 합니까? 당신이 하지요. 그러니 당신이 생각을 하고 있다면 당신은 생각이 아니라는 게 확실합니다. 당신이 하고 있는 작업을 계속하세요. 마음을 통달하는 작업을 계속하세요. 하면 할수록 자신이 마음이 아니라는 걸 더욱 깊이 깨닫게 될 겁니다. 자신이 진정 무엇인지를 더욱 확연히 알게 될 겁니다.

당신은 멋진 방법을 터득한 겁니다. 전적인 책임을 지세요. 그리고 열심히 마음을 통달하세요. 몸에 통증이 있을 때 '난 몸이 아니야'라고 할 수 있으면 통증은 희미하게 사라져버립니다. 그때 실제로 일어나는 일은, 당신이 몸 밖으로 빠져나가는 것입니다. 의식의 중심을 몸 밖으로 옮겨가는 것입니다. 대부분의 사람들은 의식의 중심을 몸속에다 두고 있기 때문에 몸속에 감옥처럼 갇힌 채 지냅니다. 하지만 몸 밖으로부터 몸을 운전하는 것이 가능하고, 이것이 우리가 해야 할 일입니다.

우리는 몸을 우리가 아닌 무엇으로 바라보아야 합니다. 그리고 그것을 꼭두각시 인형처럼 움직여보세요. 연습을 계속하면 몸과 마음은 당신의 밖에 있고, 당신의 명령대로 움직인다는 사실을 제대로 깨닫게 될 겁니다. 이것을 확연히 알아차리고 나면 당신은 마음을 밖으로 던져버리고, 마음의 바로 배후에 있는 전지(全知)의 영역에서 영위하게 됩니다. 사실 당신은 더 이상 생각할 필요가 없게 됩니다. 모든 것을 알게 되고, 모든 것이 완벽하게 제자리에 맞춰집니다. 모든 행동이 올바른 행동이 됩니다. 왜냐하면 당신은 완벽함 자체인 전지의 상태로부터 행동을 일으키고 있기 때문입니다. 마음이 완벽하지 않은 이유는 전지의 영역으로부터 그 부스러기 한 조각을 가져와서는 그마저 마음의 필터로 걸러버리기 때문입니다.

당신의 질문에 답이 되었나요?

질문자 예. 지금까지 제가 그렇게 못하도록 막은 것은 이 길에 수반되는 것으로 보이는 어떤 심령현상을 경험해보고 싶어하는 저의 욕망이었던 것 같습니다. 저는 공부와 독서를 통해 아스트랄 투사(유체이탈)나 오라를 보는 능력 등에 관심을 갖게 됐는데, 제가 원체 의심 많은 도마 같은 성격이라서 내 안에서는 이미 뭔가가 자라나서 증거를 필요로 하지 않는데도 증거를 찾고 있었습니다. 그리고 아직도 이런 것들을 하나라도 경험해보고 싶습니다.

레스터 심령능력에 관심을 기울이는 것은 잘못된 접근법입니다. 초능력에 관심이 있으면 초능력을 기를 수 있겠지요. 하지만 초능력에 대한 이해가 없으면 그것을 오용하게 되기가 십상입니다. 그것을 아주 이기적인 용도로 사용하게 될 수 있고, 그러면 그것이 돌아와서 당신을 해칠 수 있습니다. 그래서 결국은 그 능력을 잃어버리게 되지요. 자신의 이해수준 이상으로 심령능력을 개발한 사람들에게는 이런 일이 흔히 일어납니다. 그러니 모든 능력이 저절로 열릴 때까지 자신의 이해수준을 키워가시기를 권합니다. 그리고 그 능력을 사용하기로 마음먹는다면 그것을 올바로 사용하여, 자신을 해치지 말아야 합니다.

언젠가는 우리도 자신이 전능하여서 모든 능력이 자신의 손안에 있다는 깨달음으로 돌아가게 될 겁니다. 그러면 그 능력은 아무런 애를 쓰지 않아도 발휘됩니다. 이런 능력을 개발하려고 애쓰면 그것은 극도로 힘이 듭니다. 온갖 노력을 다 쏟아야 하니까요. 그렇죠?

질문자　맞습니다.

레스터　모든 능력이 존재하는 경지는 애를 쓸 필요가 없는 경지입니다. 반면에 한계라는 관념을 갖고 있는 에고에게는 노력이 필요합니다. 전지전능의 영역에서는 아무런 노력도 필요하지 않습니다. 우리가 전능한 참자아라면 아무런 노력도 필요하지 않습니다. 이것은 놓아 보내고 신께 내맡기는 일에서도 마찬가지입니다. 에고의 작은 자아를 놓아 보내면 우리는 그 어떤 기적도 허용할 수 있고, 그러면 그것은 아무런 애씀 없이 즉석에서 힘을 발휘합니다. 그저 놓아 보내고 허용함으로써 말입니다. 이해가 되나요?

질문자　예, 아주 잘 이해됩니다.

레스터　그러니까 우리가 힘써야 할 곳은 능력을 개발하는 일이 아닙니다. 그래도 능력이 나타나면 우리는 자신이 욕망을 개입시켜서 잘못을 저지르지나 않는지를 주의해야 합니다. 그렇게만 하면 잘 되지 않던가요?

질문자 예, 잘 됩니다. 그러니까 그렇게 할 때는 나의 뜻을 남에게 들씌우지 않는 거죠?

레스터 그렇습니다. 자신을 놓아 보내고 신께 내맡기면요.

질문자 그 사람들에게 저의 욕망을 들씌우고 싶지 않아요.

레스터 자신을 놓아 보내고 신께 내맡기기만 하면 상대방에게 자신의 뜻을 들씌우는 게 아니에요. 그렇게만 할 수 있다면 당신은 아주 훌륭한 의사입니다.

질문자 제가 그렇게 하고 있는지를 어떻게 알 수 있죠?

레스터 경험으로 알아요. 저 사람은 피를 다 흘려도 살 수 있다. — 신께서 돌봐주시도록 당신이 내맡기기만 하면 말입니다. 신께는 모든 일이 가능합니다.

질문자 저는 기도하는 법을 몰라요. 이 환자를 위해 뭐라고 기도해야 할지를 모르겠어요.

레스터 당신은 알고 있어요. 당신의 기도는 '그에게 최선이 무엇이든 간에 그렇게 될 것이다'입니다. 이 기도는 늘 거기에 있습니다. 말로 할 필요가 없어요.

질문자 그게 제가 한 말이지만 그걸로 충분한지를 모르겠더군요.

레스터 충분해요. 말로 뱉든지 말든지 상관없이 기도는 늘 거기에 있어요. 그는 살아 있어요, 그렇지 않나요?

질문자 예. 살아 있습니다.

레스터 사람이 죽기로 마음먹으면 아무도 그를 살릴 수 없습니다. 정말로 떠나기로 작정한 사람은 이곳에 붙들어둘 수가 없어요. 그리고 반대로 살아남을 가능성이 거의 없는데도 살아난 경우도 봤을 겁니다. 봐요, 진짜로 결정을 내리는 사람은 그 몸을 운전하는 사람입니다. 우리는 단지 그것을 돕거나 안내해줄 수 있을 뿐이지요.

질문자 떠나고 싶어하는 잠재의식의 욕망도 있나요?

레스터 예. 우리는 대개 자신이 떠날 시간을 미리 정해놓고 있지요.

질문자 아니, 미리 정해놓고 있다고요? 그것을 바꿀 수도 있나요?

레스터 아니요. 하지만 그것을 초월할 수는 있습니다. 그것을 초월하면 죽지 않게 됩니다. 그러면 자신이 택한 방식으로 의식적으로 택하여 몸을 떠날 수 있지요.

당신이 육신을 초월했을 때, 육신을 지켜야만 할 어떤 이유가 없으면 — 있을 수도 있지만 — 육신을 지키고 있지 않을 겁니다. 그러니까 질문에 답하자면 정해진 계획은 바꿀 수 없습니다. 단지 몸이 꼭두각시 인형처럼 느껴지는 경지로 초월해 올라갈 수는 있습니다.

물질 차원의 모든 것은 원인과 결과, 작용과 반작용으로 이뤄져 있고, 이것을 카르마, 곧 업보의 법칙이라고 합니다. 이것을 알면 법칙에 맞서 싸우려 들지 않으니까 삶이 수월해집니다. 이것은 의사인 당신의 일에도 도움을 줄 수 있습니다. 모든 일은 정확히 우리가 미리 정해놓은 대로 일어날 테니까요.

하지만 자유롭게 선택할 수 있는 것도 한 가지 있습니다. 이 육신과 자신을 동일시할 것인가, 아니면 참자아와 동일시할 것인가 하는 것 말입니다. 이것을 선택하는 것은 자유입니다. 참자아와 자신을 동일시하면 모든 것은 완벽해집니다. 몸과 동일시하면 반드시 몸의 비참한 말로에 휘말리게 됩니다. 세속적인 삶에는 한 스푼의 즐거움마다 한 양푼의 불행이 딸려오게 되어 있습니다. 하지만 우리는 불행에 흠뻑 젖어 있어서 자신이 얼마나 불행한지조차도 까맣게 모르고 있지요. 웬만한 불행은 거뜬히 견뎌낼 수 있는 경지에 도달한 겁니다. 여러분도 저마다 경험을 통해 알고 있을 테지만요.

그러니까 해야 할 일은, 당신 자신인 무한한 있음과 자신을 올바로 동일시하는 것입니다. 물질의 세계는 환영이라는 사실을 실제로 확연히 깨달을 때까지 그 사실을 받아들이는 데 힘쓰세요. 그 관점에서 바라보면 모든 것이 게임임을 알고, 그게 단지 게임일 뿐임을 알면서 게임을 벌일 수 있게 됩니다.

이 모든 것을 머리로만 다 할 수는 없습니다. 이 지식을 직접 경험해야만 합니다. 무엇이든 내가 그렇게 말했다고 해서 그냥 고스란히 받아들인다면 당신은 자신을 해치고 있는 것입니다. 귀동냥에 좀비처럼 휘둘리고 있는 것입니다. 자신이 몸소 경험해야만 합니다. 스스로 검증해봐야만 하는 겁니다. 그러면 그것이 자신의 지식이 되고, 써먹을 수 있게 됩니다. 내가 할 수 있는 유일한 일은 방향을 가리켜주는 것입니다. 이 지식을 얻을 수 있는 길 말입니다.

질문자　오늘 밤에 하신 말씀 말고, 깨달음을 통한 방법 외에 자신을 치유할 수 있는 방법은 없을까요?

레스터　스스로 영적 치유를 할 수 있다면 그렇게 해야 합니다. 그것은 즉석의 치유입니다. 그렇게 할 수 없다면 마음 차원의 치유를 해야 합니다. 그것은 즉석 내지는 신속한 치유를 가져옵니다. 마음의 차원에서 할 수 없다면 육체적인 차원에서 치유해야 합니다. 의사를 찾아가는 것이지요. 그러니까 이 중에서 자신이 동원할 수 있는 방법을 사용하면 됩니다. 나는 사람들에게 의사를 찾아가기를 권합니다. 그것이 그들에게 필요한 차원의 치유법이고, 도움이 되기 때문입니다. 의사는 필요합니다. 오늘날의 많은 사람들이 필요로 하는 그만큼 말입니다. 의학이 치료해주고 있는 그 많은 사람들이 존재하지 않았다면 의학이 이토록 크게 번성할 필요도 없었겠지요.

질문자　깨달음을 위해서 금욕의 단계는 필수적이라고 말하는 글들을 많이 봤는데, 맞나요?

레스터　우리가 행복이라 부르는 이것은 다름 아니라 우리가 저마다 다소간에 경험하고 있는 무한한 있음입니다. 참자아는 무한한 희열을 가져다줍니다. 우리가 그 희열을 그것이 있는 곳에서 직접 가져온다면 그것으로 너무나 족합니다. 하지만 우리는 불쌍하게도 그것을 외부적인 방법을 통해 눈곱만큼씩 얻어옵니다. '우리는 뭔가를 필요로 한다', '우리는 온전하지 않다', '온전해지려면 밖에 있는 뭔가를 가져와야 한다'고 생각하고 말입니다. 그래서 우리는 결핍과 필요를 만들어내고, 그것을 채우면 그 순간 그것을 갈구하던 생각이 떨어져 나가면서 좀더 자신의 참자아에 가까이 다가갑니다. 그리고 그 상태를 행복이라, 기쁨이라 부르지요.

그러니까 세상에서 기쁨을 찾으려고 애쓸 때마다 우리는 그것이 바깥에 있다고 자신을 속이고 있는 겁니다. 그리하여 그것에 대한 갈구를 만들어내고, 그것을 만족시킬 때 약간의 기쁨을 느낍니다. 하지만 그것은 단지 욕망의 고뇌로부터 잠시 벗어난 것일 뿐입니다. 그럼에도 불구하고 외부의 것들이 기쁨을 가져다줬다고 생각한다면 우리는 자신을 스스로 덫에 가두는 것입니다. 우리가 실제로 한 일은, 외부의 것들을 갈구하는 생각이 가라앉게 만듦으로써 마음이 좀더 고요해져서 참자아가 더 잘 드러나게 한 것뿐입니다. 그 상태가 바로 행복인 것이지요. 그러니 이제 우리는 외부에서 기쁨을 찾으려는 모든 노력을 내려놔야만 합니다. 그러니까 버려야 할 것은 섹스만이 아니라 행복을 가져다주리라고 우리가 생각하고 있는 외부세계의 모든 것입니다. 이것이 첫 번째 사실입니다.

둘째, 포기해놓고서 강렬히 원하는 것은 가지는 것보다도 더 마음을 어지럽혀놓습니다. 해야 할 일은, 포기하는 것이 아니라 그것에 대한 욕망을 놓아 보내는 것입니다. 대부분의 사람들에겐 불가능해 보이지만요. 그러니 가장 좋은 방법은, 욕망과 싸우기보다는 절제하면서 우리가 섹스를 통해서 경험하는 그 희열의 정체가 무엇인지를 밝혀내는 날까지 계속 진실을 파고 들어가는 것입니다. 그러면 섹스가 가져다주었던 그 어떤 희열보다도 높은 경지의 희열 속에 늘 거할 수 있음을 깨닫고, 섹스에 대한 욕망을 놓아 보내도 아무런 문제가 없다는 것을 알게 됩니다. 그러고 나서 섹스를 통해 쾌락을 즐기려 들면 그것은 희열을 주는 대신 오히려 조금 빼앗아 가버립니다. 왜냐하면 섹스의 행위 자체가 희열을 한정지어버리기 때문입니다. 최대한 중도를 지켜서, 절제할 수 있을 때는 절제하세요. 그리하여 깨달음을 얻으면 모든 것을 놓아 보낼 수 있는 경지에 이르게 됩니다. 왜냐하면 섹스를 통해 얻으려고 애써왔던 그런 희열을 이미 늘 맛보고 있으니까요.

섹스로부터 얻는 희열이란 다름 아니라 생각이 잦아듦으로써 참자아를 더 선연히 자각하게 되는 상태일 뿐입니다. 섹스에 대한 생각과 욕망이야말로 삶 속의 그 어떤 것보다도 무수한 생에 걸쳐서 가장 많이 억압되어왔기 때문에, 성적 욕망이 충족될 때야말로 가장 많은 잠재의식의 생각들이 잦아듭니다.

질문자 우리가 전생들로부터도 온갖 생각 보따리를 이고 왔단 말씀인가요? 그리고 그걸 다 잠재워야 하고요?

레스터 결국은 마음의 모든 찌꺼기를 한꺼번에 내려놓을 수 있게 되는 경지에 이르게 될 겁니다.

정리하자면, 독신 수행이 깨달음을 가져다주지는 않습니다. 하지만 성적인 금욕뿐만 아니라 모든 욕망을 내려놓지 않고는 깨달음을 얻을 수 없습니다. 하지만 성장해가다 보면 금욕이 점점 더 쉬워지고, 결국은 성욕뿐만 아니라 다른 모든 욕망을 놓아 보내는 것이 아주 쉬워지는 경지에 이르게 됩니다.

섹스의 쾌락에 한창 빠져 있는 사람에게 그걸 놓아 보내라고 하는 건 우스운 일 아닙니까? 그런 사람들은 그것을 놓아 보낼 수 있는 수준까지 의식이 고양되어야 합니다.

이제 우리는 올라가는 길에 있습니다. 우리는 다시금 동물적인 생식방법을 놓아 보내고, 두 육체적 존재가 하나의 아스트랄적 존재를 만나서 제3의 육체적 존재를 창조하여 가족으로 맞아들이는 경지에 이르게 될 겁니다. 이런 식으로 생식을 하면 우리는 자신의 과거의 기억을 잊어버리지 않게 됩니다. 언젠가 우리는 이 지상에서 이런 경지로 돌아갈 겁니다.

그러니 성욕은 다른 어떤 것보다도 우리를 아래로 끌어내립니다. 인류도 무의식중에 이것을 알고 섹스를 악으로 규정하는 것입니다. '그건 사악한 짓이야' — 섹스를 이렇게 대하는 것은 어리석은 짓입니다. 하지만 우리는 모두가 그런 입장에 서게 됩니다. 사람들은 자신이 왜 그러는지도 깨닫지 못하고 성을 왜곡합니다. 섹스를 하는 것이 사악한 짓이라면 먹는 것도 사악한 짓입니다. 하지만 알다시피 정말 악한 짓은, 결핍을 만들어놓고는 그것을 원하는 욕망을 품어서 스스로 자신을 이 망상의 수렁 속에 빠트려 헤어나지 못하게 만드는 것입니다. 그러니 섹스든 식사든 한 쪽이 악이라면 다른 쪽도 똑같이 악으로 보아야 합니다. 우리가 할 일은 욕망이 없는 경지에 이르는 것입니다. 욕망이 없어서 필요한 것이 없으면 당신은 행복의 경지에 이른 겁니다.

태도와 행동

나날의 삶 속에서 태도와 행동은 언제나 성장을 위해 의식적으로 사용되어야만 한다. 그렇게 사용되면 성장하고 있지 않은 순간이 없게 된다. 그것은 지속적인 성장을 위한 뛰어난 방법이다. 명심하라. 성장하고 있지 않으면 당신은 퇴보하고 있는 것이다. 태도와 행동에 관한 아래의 생각들을 반추하는 동안 이것을 유념해보라.

모든 태도와 행동은 자신과 타인이 깨닫도록 돕는 쪽이어야 한다.

모든 존재를 향해 해롭지 않은 태도를 취하라. 그리고 그들이 당신이 원하는 대로 행동하기를 바라지 말라. 긍정적인 표현으로 바꿔 말하자면, 모든 존재를 향해 사랑의 태도를 취하라. 그리고 그들이 자신의 방식대로 존재하도록 허용하라.

모든 행위에는 정확히 그와 반대되는 반작용이 있다. 이것이

업보, 곧 카르마의 법칙이다.

싸우는 듯한 태도로 나날을 사는 것은 매 순간 그 저항에서 배움을 얻는 것이 아니라면 시간의 낭비다. 그것을 사랑으로 바로잡고 전적인 책임을 떠맡으라. 그러면 저항이 녹아내린다. 투쟁심을 줄이고 참자아에 대한 궁구와 깨달음을 쌓아갈수록 방향이 바로잡히고 삶은 점점 더 안온해진다.

우리의 모든 행동과 태도가 우리를 더 나아지게 하거나 더 뒤떨어지게 만든다.

참자아의 방향을 향하지 않은 낱낱의 행동이 행복을 가로막고 불행을 지속시킨다.

삶의 목표를 정하고, 그곳으로 가는 가장 가까운 길을 찾으라.

모든 사람이 정확히 자신이 원하는 것을 하고 있다.

상대방이 스스로 원하지 않는 이상 누구에게도 이래라저래라 하는 것은 옳지 않다.

시간을 사교(socializing)에 낭비하지 말고 깨달음(realizing)에 쓰라.

스스로 못하는 일을 어떻게 남에게 가르칠 수 있는가?

우리가 스스로 일으키지 않은 일은 일어나지 않는다.

'할 수 없어'란 '안 할 거야'라는 뜻이다. 모든 것이 가능하다.

서두르는 자(hurrier)는 근심 많은 자(worrier)이고, 근심 많은 자는 서두르는 자이다.

상호성의 법칙(law of mutuality)을 의식적으로 따를수록 그것을 자연스럽게 행할 수 있게 된다.

칭찬은 파괴적이다. 그것은 에고를 부추겨 키워준다.

타인에게 이롭지 않은 모든 생각과 행동은 반드시 현실화될 속박과 한계를 만들어낸다.

태도가 행동보다 훨씬 더 중요하다.

한 사람에게 어떤 일이 일어나든지 그것이 무엇이든지 상관없이, 그것의 무게는 그것을 대하는 그의 태도에 따라 달라진다.

나쁜 일이 일어날 때, 오로지 자신이 그 원인임을 알라. 그러면 당신이 그것을 바꿔놓을 수 있다.

해보겠다는 것은 하지 않기 위한 변명이다.

두 사람이 싸우고 있을 때 말려야 할까? 싸움이 일방적인 것이 아니라 서로 싸우는 것이라면 그들은 싸울 권리가 있다.

시간을 아껴 쓰라. 오로지 당신이 필요한 데에만 시간을 쓰라. 당신의 필요 이상으로 일을 벌이느라 시간을 낭비하지 말라.

당신의 시간을 늘 새로운 기쁨과 행복을 찾아내는 데에 쓰라. 그리고 나서 영원히 평화로운 행복 속에서 밤낮으로 편히 쉬라.

의존은 성장에 치명적인 독이다.

의존적인 관계는 당신 자신을 위해 생각하기를 허락하지 않고, 당신이 다른 사람에게 기대는 것을 인정하게 하고, 당신의 무한성을 깨닫지 못하게 가로막는다. 복종과 순응은 의존적인 것이어서, 다른 사람들이 하는 일을 하게 만들고 그들의 인정을 받고 싶게 만든다. 독립적인 사람은 언제나 사회의 이해를 받지 못하는 괴짜다.

당신이 하는 모든 일에는 내면의 동기가 있다. 그것은 당신이 성취한 내면의 있음의 상태로부터 비롯된다.

모든 행위는 의식儀式이다.

사람들이 하는 말의 뒤에 숨은 뜻을 읽어야 한다.

이 지상의 삶은 단 두 가지로만 이뤄져 있어야 한다. ─ 우리의 성장을 돕는 일, 그리고 타인의 성장을 돕는 일.

울음은 할 수 없다는 느낌에서 나온다. 뭔가를 할 수 있다고 느낄 때는 슬픔 따위는 없다. 우리의 머리는 '아이구, 난 못해. 방법이 없어' 하고 생각하는 대신 할 일을 챙긴다. 할 수 있다고 생각했다면 울지 않았을 것이다. 할 수 있다는 오기가 있다면 울지 않는다. 슬픔에 무릎을 꿇지 않는 것이 좋다. 할 수 있다는 확언으로 슬픔을 물리쳐라.

실수 같은 것은 없다. ― 우리가 그렇게 한 것이다! 우연 같은 것도 없다. ― 우리가 그렇게 한 것이다!

자신 밖의 것에 관심을 가지려면 자신의 작은 자아에게서는 관심을 끊어야 한다.

사람들이 나약해져 있을 때 도와주면 안 된다. ― 그것은 부메랑처럼 나에게로 돌아온다.

모든 충고는 카르마의 법칙에 따라 자신에게로 돌아온다.

무엇을 설명하려면 상대방의 관점을 통해서 설명하라.

당신이 품어 안는 것은 당신의 일부가 된다.

오로지 자기만이 자기를 위해서 일할 수 있음을 아는 것이 성장을 위해 훨씬 빠른 길이 된다.

나쁜 것은 없다. ― 단지 집으로 돌아가는 길에 헤매는 경우가 있을 뿐이다.

보이는 것은 각자의 시각에 따라 달라진다. 거친 육신의 눈에는 거친 물질이 보인다. 마음의 눈에는 모든 것이 마음이다. 눈(eye/I)이 참자아가 되면 그 눈(eye/I)은 무한하여 모든 것이 당신의 무한한 참자아로 보인다.

아이를 대하는 태도와 어른을 대하는 태도는 같아야 한다.

사람의 행태란 전반적인 것이어서, 우리는 한 사람에게는 이런 행태를 보이고 다른 사람에게는 다른 식의 행태를 보이지는 않는다.

사람이 하는 모든 일은 밑바탕의 어떤 동기로부터 부추겨진다. 그래서 사람은 모든 상황에서 비슷한 행태를 보이는 것이다. 자유를 얻은 사람만이 그렇지 않다. 자유를 얻은 사람이 다른 사람들에게 불가해하게 느껴지는 이유는 이 때문이다.

세상을 대하는 당신의 태도는 당신이 부모님을 대하는 태도와 같아진다.

타인의 경험을 이용하지 않는 사람은 바보다. 타인의 경험으로부터 배우는 사람이 지혜로운 사람이다.

무엇을 대하는 당신의 태도는 모두가 당신의 축복 아니면 저주가 된다.

우리는 긍정적인 기분이든 부정적인 기분이든 간에 자신의 기분에 맞장구를 쳐줄 무언가를 찾고 있다.

마음이 꼬인 사람에게 전적인 신뢰를 주어보라. 그러면 그는 당신에게는 정직해질 것이다.

변명하는 사람은 스스로 자신을 단죄한다.

자신을 방어하지 말고 새롭게 변화하라!

동정심은 절대로 품지 말아야 한다. 동정심은 상대방의 불행을 돕기 때문이다. 자비심은 그를 이해하고 그에게 최선의 것을 빌어주는 마음이다.

그들이 동정심을 사랑으로 여긴다면 그렇게 생각할 권리는 허용해야 한다. 그들이 동정을 바랄 때 당신이 해야 할 일은 아무것도 없다. 당신이 그들처럼 될 수는 없으니, 그들은 그저 그렇게 살도록 놔두라.

머리가 복잡한 것은 이해가 부족하다는 뜻이다.

긴장은 동시에 반대인 두 방향으로 가려고 할 때 일어난다.

무슨 일이든 스스로 입증해보려는 태도를 부추겨주기만 한다면, 회의론자가 되는 것도 좋다.

무집착이 행복으로 가는 길이다. 모든 물건을 잘 보살피면서도 마음에서 놓아버리라. 그것들을 사용만을 위해서 빌려온 것으로 여기고, 감사하는 마음으로 사용하라.

봉사하는 태도로 물질적 차원의 의무를 수행하라. 그러지 않으면 당신은 자신을, 의식을, 당신의 성장을 한정하고 있는 것이다.

세상에서 행위할 때 거기서 나올 결실에 마음이 팔려서는 안 된다. 결과가 좋아도 좋고, 나빠도 좋다. 결과가 어떻게 되든지 아무런 상관이 없어야 한다. 무엇을 하든지 간에 그것에 집착하지도 말고 저항하지도 말라. 그러면 이 세상을 초월할 것이다.

행위는 속박을 일으키지 않는다. 행위자라는 느낌이 속박을 만들어낸다. 자신을 행위자로 여기는 것은 속박을 일으키는 그릇된 동일시이다.

자신이 무엇인지를 기억하는 한 세상에서 무엇을 하는지는 상관없다.

신에 대해 관심이 있다면 오로지 신에 관해서만 이야기해야 한다. 영적인 길을 가고 있다면 신과, 살림살이에 꼭 필요한 것 외에는 아무것에 대해서도 이야기하지 말아야 한다. 그것 밖에는 입을 잠가놓아야 한다. 신에 대해 이야기하지 않는 것이 당신을 아래로 내려보낸다. 신에 대해 이야기하지 않고 있을 때, 당신은 그 반대에 대해 이야기하고 있는 것과 같다.

그 어떤 말도 당신을 괴롭히게 해서는 안 된다.

당신을 괴롭히는 것은 모두가 당신 밖에 있다. 괴로움만이 당신 안에 있다.

반항하는 것이 반항할 줄 모르는 것보다는 낫다. 가장 좋은 것은 반항심 없이 받아들이는 것이다.

감사하는 마음은 매우 환희로운 상태다. 늘 행복하고 싶은가? 감사하는 마음을 지키라.

아무런 의심도 품지 말라. 그러면 무엇이든지 할 수 있다.

신께 전적으로 의지하면 의심이 없어진다.

장애를 보지 말라. 그러면 장애물이 없을 것이다.

의기양양해진 자는 반드시 풀이 죽게 되어 있다.

모든 사람이 당신의 친구가 되어야 한다. 정점에 이르려면 모든 존재를 향해 분별없는 마음을 가져야 한다.

우리의 태도는 모든 생명을 향해 동일해야 한다.

우리가 하는 거의 모든 일이 신을 끌어내리는 일이다.

모든 것을 품어 안으면 미망에 속지 않는다.

우리가 할 수 없는 일이 하나 있는데, 그것은 마스터인 우리의 자리를 포기하는 것이다. 우리는 그저 눈이 멀어서 그것을 포기할 수 있다고 믿는다. 우리는 눈이 먼 채 자신의 힘을 남에게 맡겨 우리를 해치게 한다.

선한 행위와 악한 행위를 논하는 것은 곧 환영 속에서 선해야 할지 악해야 할지를 논하는 것과 같다. 환영은 존재하지 않는다는 사실만을 깨달으라!

이해의 경지가 충분히 높아지면 보고 듣고 읽는 모든 것에서 오로지 진실에 대한 증거만을 발견하게 된다.

외딴곳에 있는 것이 고요를 가져다주지는 않는다. 생각을 제거하는 것이 고요를 가져다준다.

문제로부터 멀리 빠져나오는 것은 고요해지는 것이 아니다. 그것은 혼란에서 일시적으로 도망가는 것일 뿐, 결국은 곧 다시 마주친다.

고요의 유일한 자리는 우리 안에 있다. 그 누구도, 그 무엇도 당신을 건드리지 못하는 그곳으로 가라.

가장 높은 자비는 아무런 자비도 필요하지 않음을 아는 것이다.

가장 올바른 행위는 순전히 이타적이다.

당신이 할 수 있는 두 가지의 가장 훌륭한 일은 '나는 무엇인가?' 하는 의문을 끊임없이 궁구하는 것과, 행위자가 되지 않고 지켜보는 자가 되는 것이다.

가장 훌륭한 행위는 그저 있는 것이다.

소유(havingness, 가짐)보다 행위(doingness, 함)가 더 높고, 행위보다 존재(beingness, 있음)가 더 높다.

그저 있을수록 자신이 곧 세상이요, 모든 사람이요, 만물임을 더욱 깊이 깨닫는다. 행위를 많이 할수록, 하고 있는 그 행위의 한계 속에 더욱 꽁꽁 갇힌다. 당신은 무한의 세계에 비하면 너무나 작고 하찮은 특정 행위에 몰두해 있는 그 인격이 된다! 가장 위대한 행위는 무위의 영역에 있다. — 만유로서 있는 것 말이다. 마스터는 이 지상의 모든 존재를 지지해주고 있다. 모든 사람을 마스터로 바라봄으로써, 그는 그들이 마스터라는 사실을 지지해주고 있는 것이다. 그러니 거의 40억 인구를 낱낱이 마스터로서 바라보고 지지해주는 것은 대단한 행위가 아닌가?

만족한 사람은 아무런 행위도 필요하지 않다. 만족하지 못한 사람이 강박적으로 행위를 한다.

사실 해야 할 일, 성취해야 할 일은 아무것도 없다. 이것을 깨달을 수 있다면 당신은 다 해낸 것이다!

최선의 행동은 마스터의 행동방식을 따르는 것이다. ─ 초연히 만물을 동등하게 바라보고, 행위자가 되지 않고 지켜보는 자로서 있는 것. 깨달음의 경지에서 자연스러운 상태를 유지하라!

당신의 진정한 본성으로 있으라! 당신의 참자아로 있으라!

아무런 애씀도 없을 때, 당신은 '있을' 수 있다!

모든 행동은 에고가 없는 상태, 곧 참자아 상태의 행동처럼 되어야 한다. ─ 변함없는 태도와 만물을 동등하게 대하는 태도, 오로지 참자아만을 보기, 오로지 완벽함만을 보기, 행운과 악운 앞에서 똑같은 태도를 지니기, 모든 것과 하나되기, 칭찬에도 비난에도 초연하기, 참자아 안에서만 희열을 누리기, 완전한 수동성, 온전한 겸손을 지니기, 행위자가 되지 않기, 무욕, 초연함, 무집착, 관용을 지니기.

세상

구도의 동기

우리는 육신을 통해, 더 구체적으로 말하자면 오감을 통해 세상
을 인식한다. 육신의 감각을 통해서 세상과 우리의 육신을 인식
한다면 우리는 한갓 인식의 도구인 이 육신일 수가 없다. 육신
은 우리가 사용하는 하나의 도구일 뿐이다. 그렇다면 우리의 목
표는 인식하는 그를 찾아내는 것이다.

자신에게 이렇게 말해보라. '나는 저 몸이 아니다. 나는 저 마
음도 아니다. 나는 무엇일까?' 모든 모색과 사고의 배후에 이 궁
구가 늘 살아 있게 하라.

이렇게 살아가면 세상살이가 힘들어질수록 진정한 행복 — 참
자아 — 을 찾고자 하는 동기는 더욱 커진다. 삶이 녹록할 때는 동
기가 별로 크지 않다. 우리가 살고 있는 이 인간의 육신을 입은 삶
은 우리가 경험하게 될 그 모든 삶들 중에서도 가장 힘들고 어려

워서, 성장하고 깨달아가기에는 가장 훌륭한 기회를 선사해준다. 하지만 참자아를 궁구하지 않고 세상에 휩쓸려 떠내려가면, 미망과 무지만이 자라나서 이 힘든 세상살이에 고난만 더 가중할 뿐이다.

그러니 삶이 꼬일 때 기억해야 할 중요한 것은, 내가 정신을 잃어버리고 있으면 마스터들도 날 도와줄 수가 없다는 사실이다. 정신을 잃지 않고 있으면 꼬인 삶도 하나의 영화로 바라보고, 그것을 지나쳐 성장해갈 수 있다.

여기 세상과, 우리가 지어내는 환영에 관한 통찰이 있으니 그것이 당신의 내면에 쌓이게 하라.

세상은 노예의 의식을 지니고 있다. 인간은 먹고 살기 위해서는 일을 해야만 한다고 확신한다. 그래서 그래야만 한다. 그렇게 믿지만 않는다면 필요한 모든 것을 자연이 공짜로 조달해줄 텐데 말이다.

미국인들의 가슴 속에 얼마나 깊은 증오가 자리 잡고 있는지를 알고 싶다면 오늘날의 세상을 돌아보라. 하지만 우리는 영적으로 퇴보하고 있지 않다. — 눈앞의 상황에도 불구하고 우리는 앞으로 나아가고 있다. 우리는 잠재의식 속에 적대적인 생각을 품고 있는, 깊은 냉담 상태에 빠져 있었다. 하지만 그것은 다루기 쉬운 상태여서 이제는 그것을 빠져나와 높은 단계로 올라가고 있다. 적의를 표출해내는 우리의 능력이 이 사실을 보여주고 있다. 표출은 억압보다 높은 단계의 것이다. 그리고 이것이 지금 전 세계에서 일어나고 있는 일이다. 오늘날 일어나고 있는 모든 일에서 이것을 볼 수 있다. 사람들이 성장해

가고 있는 것이다.

하지만 알아야 할 중요한 것은, 저 밖의 세상에는 당신의 의식 말고는 아무것도 존재하지 않는다는 사실이다. 적의와 전쟁은 놓아 보내버리고 바로 그 배후에 있는 평화와 조화를 보라. 마스터의 눈, 그리스도의 눈에는 적의도 파괴도 보이지 않는다. 그는 실상을 본다. 그는 만유인 신을 본다. 보라, 신이 만유이고 완벽하다면 완벽하지 않은 것은 어디에 있는가? 실상의 세계에는 완벽하지 않은 것이 아무것도 없다. 이것을 깨달아야 한다. 신은 만유이고 완벽하다는 이 올바른 전제로부터 출발해야만 한다. 이 같은 의식을 통해 바라본다면 그것이 당신이 보는 것의 전부가 될 것이다.

실상을 알고자 한다면 이 세상에는 관심을 너무 쏟지 말아야 한다.

세상을 더욱 원하고 가지고자 할수록 당신은 한계 없는 기쁨을 잃게 될 것이다.

인간의 것은 신의 것이 아니다. 그런데 인간은 어리석게도 인간의 것을 붙들고 있고 싶어한다.

세상이란 육신들을 갈아 부수는 분쇄기에 지나지 않는다.

욕망이 우리를 이곳으로 데려오고, 거듭거듭 돌아오게 만든다. 우리가 신물이 나서 더 이상 오고 싶지 않아질 때까지.

이 세상과 뒹굴고 놀라는 것이, 그리고 좋은 세상을 만들도록 애쓰라는 것이 형이상학의 일반적인 가르침이다. 깨달음에 관한 한 이것은 아무런 소득 없는 짓이다. 하지만 우리에게 진실을 추구하게끔 부추기는 삶을 제공해준다는 점에서는 이도 유용하다.

세상에 대한 사람들의 제약적인 관념을 받아들이는 것은 세상을—그리고—당신 자신을 해치는 일이다.

세상의 제약을 받아들이는 것은 그것을 인정함으로써 거기에다 힘을 보태주는 짓이다.

오늘날의 교육은 비교육적이다. 우리는 제약과 망상을 배운다. 가장 중요한 것은 가르쳐주지 않는다. 대학교도 가장 중요한 과목을 가르쳐주지 않는다. — 행복과 사랑과 인생의 법칙 말이다.

세상이 지식이라 부르는 것은 무지이다. 인간이 배우려고 애쓰는 모든 것은 끊임없이 변해가고 있다. 그러니 그것은 모두가 옳지 않다. 참인 것은 결코 변하지 않는다. 참자아에 관한 앎은 세상의 모든 지식을 내려놓을 것을 요구한다.

세상의 권위자들은 대개 뭘 모르는 사람들이다.

당신이 복잡할수록 세상도 복잡해진다.

세상을 바꿔놓고 싶다면, 그것은 신이 된 놀이를 벌이고 있는 에고의 짓이다.

어떤 장소의 진동은 그 장소의 사람들이 결정한다.

온 세상이 몸부림을 치며 부닥뜨리고, 이를 갈고, 난도질을 하고, 깊이 상처를 입는다. 그러다 결국은 재가 된다.

배타성은 세상의 마름병이고, 일체성은 그 약이다.

이 세상의 1퍼센트의 사람이라도 배제해놓고는 깨달음을 얻을 수 없다.

일이 안 풀리고 짜증만 나는 것은, 무슨 일이든 무한의 힘에게 맡기지 않고 제힘으로 밀고 나가려고 끙끙대기 때문이다.

세상의 진정한 역사는 온갖 사건과 전쟁이 벌어진 날짜의 나열이 아니다. 그것은 영적 성장의 끊임없는 스토리이다. 언젠가 이 세상의 역사는 한 마스터에 의해 올바르게 다시 쓰일 것이다. — 세상이 그것을 원할 때.

투시와 텔레비전은 유사하다. 투시가 훨씬 더 높은 주파수 영역에 있는 것만 빼고 말이다.

사람들은 못된 주인을 따르는 개와도 같다. 세상이 우리를 아무리 두드려 패도 우리는 계속 돌아와서 또 두드려 맞는다.

세상에는 즐거운 순간들이 있다. — 그 막간에는 그보다 훨씬 더 많은 고통이 있지만.

이 세상에서 기쁨을 좇는 것만큼 감질나는 일은 없다. 이 세상에서 그 누가 온전한 만족을 얻어보았는가?

당신의 약점을 아무에게도 말하거나 들키지 말라. 사람들이 당신을 딱 그런 모습으로 받아들이고 그 관념을 계속 강화하도록 만들고 싶지 않다면 말이다.

내가 보는 세상은 나만의 세상이다. 아무도 이 세상을 다른 이들이 보는 것과 같은 모습으로 보지 않는다.

세상이 당신을 끌어내린다면 그것은 당신이 세상의 부정적인 면을 제 안에 지니고 있기 때문이다.

날씨는 모든 사람들의 의식의 총합을 반영한다.

세상은 참자아를 깨달을 때까지 당신을 두드려 팬다.

좋은 세상 같은 것은 없다. 세상이란 인간이 자신에게 들씌울 수 있는 극단의 제약이다. 그것은 그가 살 수 있는 가장 끔찍한 지옥이다.

세상은 거대한 묘지다. 그 안에 있는 모든 것은 죽거나 스러진다.

세상이 현실처럼 느껴진다면 당신은 에고를 늘 인정해주고 있는 것이다.

세상에 대한 모든 지식은 미망 속의 지식이니, 깨달음을 위해서는 놓아 보내야만 한다.

세상의 아무리 큰 즐거움도 우리 본연의 환희의 상태에 비하면 맛보기에 지나지 않는다.

세상이 더욱 현실처럼 생생해질수록 불행도 커진다. 참자아가 확연해질수록 희열도 커진다.

이 세상에는 육안에 보이는 것보다 훨씬 더 많은 면들이 있다. 육안이 보는 것은 세상의 가장 보잘것없는 면이다.

세상이란 티끌처럼 산산이 부서진 신의 모습일 뿐이다.

세상이 우리에게 강력한 힘을 발휘하는 까닭은 오직 우리가 너무나 오랜 세월 동안 그 속에 있었기 때문이다.

이 세상의 진보란 것은 우리를 물질적 고통으로부터 정신적 고통으로 옮겨줄 뿐이다. 세상이란 무한을 유한 속에다 가두려 드는 함정이다. ― 불가능한 일이지만!

이 세상의 실체는 강렬한 환희다. 미망에 빠진 눈에 보이는 세상은 불행이다. 세상을 제대로 보고 오로지 환희만을 맛보라.

절대적 완벽은 세상의 완벽함 너머에 있다.

유일한 좋은 세상은 저 너머의 세상이다.

세상으로부터 주의를 떼어내면 자신의 본성을 볼 수 있다.

세상이 제 안에 있다는 것을 모르고 어떻게 세상을 놓아 보낼 수 있겠는가? 세상이 저 밖에 있다면 그 세상에 대해 무엇을 할 수 있겠는가?

세상의 즐거움은 모두가 순간적인 에고의 만족이다.

세상의 실체를 깨닫기 전까지는 당신이 아무리 높이 올라간다

해도 이 세상 그 자체가 하나의 한계다.

깊은 영적 이해를 지닌 사람들에게는 법도 국회도 필요 없다.

좋은 사회를 만드는 유일한 방법은 그 속에 사는 개인들을 좋은 사람들로 만드는 것이다.

모든 법률은 이기심에서 나오는 행동을 제어하기 위한 것이다. 모든 사람이 이타적이라면 법은 필요 없다.

머지않은 미래에, 대통령은 그 나라에서 가장 영적 수준이 높은 사람이 될 것이다. 부통령은 그다음으로 높은 사람, 이런 식으로.

세상 자체로서의 세상은 외줄기의 기나긴 슬픔이다. 참자아로서의 세상은 외줄기의 변함없는 희열이다.

세상이란 곧 불행이다. 참자아란 곧 희열이다. 세상을 진짜라고 여기는 것이 불행의 근원이다. 참자아야말로 진짜임을 아는 것이 희열의 근원이다.

우리는 우리 눈에 보이는 세상의 실상을 깨우치고자 진실을 찾아 헤맨다. 이것은 거짓의 진상을 밝히고자 하는 것과도 같다. 세상에서는 진실도 불변성도 찾아낼 수 없다. 오로지 참자아 안에서만 세상의 실체를 밝혀낼 수 있다.

지난 25년 동안 세상이 얻어낸 엄청난 지식을 가지고도 인간은 행복해지기는커녕 더 불행해졌다. 참자아에 대한 앎 외의 모든 지식은 올바른 지식이 아니다. 오늘날 우리의 권위자들이란 갈피를 못 잡고 헤매는 마음들이어서, 그들의 지식과 이론은 끊임없이 바뀌기 때문이다. 언젠가 그들은 자신들이 90퍼센트 틀렸음을 깨닫게 될 것이다. 참자아를 아는 이만이 세상의 지식을 바로잡을 수 있다. 그는 90퍼센트를 0퍼센트로 바꿔놓을 수 있다.

세상은 연극이다. 당신이 그 상상력 넘치는 마음속에서 각본을 쓰고, 배역을 정하고, 자신도 그 중 한 배역을 맡는다. 이것을 깨달아 감독의 자리에 거하라.

무한을 한정함으로써 물질과 에너지가 출현한다.

우리가 세상의 주인이 되어야 한다. 그러지 않으면 세상이 우리의 주인이 된다.

세상에 우리가 좋아하거나 싫어하는 것이 있으면 세상이 우리의 주인이 된다.

세상을 이용하여 세상을 초월하라. 자신의 집착과 저항을 살펴 그것을 내려놓으라.

세상을 있는 그대로 보지 않는 것은 세상에 대한 저항이다.

당신은 세상이 당신의 주인이라고 확신하고 있으니, 당신이 세상의 주인이 되기를 시작해야만 한다. 세상을 결정하는 것은 당신임을 깨달아야만 한다. 그것이 당신을 세상의 주인으로 만들어준다. 다음 단계는 마음의 주인이 되는 것이다. 그러면 당신은 마스터가 된다. (세상을 통달하기 시작하는 것은 기분 좋은 일이다. 그렇지 않은가?)

세상은 엄청난 자석이다.

무엇보다도, 당신은 세상을 원하지 말고 참자아를 원해야 한다.

그 무엇에도 복종하지 말아야 한다. 당신이야말로 만유의 주인이기 때문이다.

사실은, 우리가 별과 행성들을 창조했다. 중요한 것은 그것을 운행시키는 일이다. 그것들이 당신을 운행시키게 버려두지 말라.

지구가 당신에게 미치는 힘을 살펴, 그 힘이 미치지 못하게 하라.

세상에 자동으로 붙들린 채 갇혀 지내지 말고 늘 깨어서 자신의 참자아를 상기하라.

지구는 빠르게 성장해가기에 아주 좋은 곳이다. 왜냐하면 당신이 누군가에게 이야기하거나, 누군가가 당신에게 이야기할 때마다 당신의 에고가 눈앞에 드러나기 때문이다. 날마다 당신의 에고의 동기를 살피고, 그것을 놓아 보내라!

세상에서 하는 행위는 낱낱이 에고의 부추김을 받는다. 물론에고가 없어질 때까지는 말이다. 그 이후의 행위는 에고 없이 행해진다.

마음을 충분히 벼려두면 세상이 우리를 함정에 빠뜨리지 못한다.

세상이 실재가 아님을 깨닫는 순간, 즉시 참자아의 깨달음이 온다.

눈(eye/I)이 세상을 나로 바라볼 때, 그것이 깨달음이다.

지금 당신은 세상을 아주 알록달록 다채로운 모습으로 바라본다. 바로 그 배후의 단일한 실체를 본다면 당신은 실상을 목격하고 있는 것이다. 실상을 목격하면, 당신은 단일한 그것을 참자아 — 당신의 진정한 자아 — 로 여길 것이다.

참자아를 깨닫는다고 해서 세상이 사라지는 것은 아니다. 세상을 바라보는 당신의 관점이 바뀔 뿐이다. 세상은 지금처럼 보이지 않을 것이다. 당신은 세상을 진정한 당신 자신으로 인식할 것이다.

사람들이 깨달음을 얻지 못하는 유일한 이유는, 깨달음보다 세상을 더 갈망하기 때문이다.

습관적인 생각을 물리치기가 힘든 것은 세상이 실재한다는 믿음 때문이다. 이 믿음만 없다면 참자아를 깨닫기는 어렵지 않을 것이다. 이것이 당신의 가장 큰 어려움이다. — 몸과 마음과 세상이 실재한다는 믿음 말이다.

우리의 즐거움은 외부에 있는 것들의 힘을 빌려서가 아니라 즐거움의 근원으로부터 직접 얻어내야 한다.

세상에서 즐거움을 구하는 것이 깨달음을 불가능한 것으로 만든다. 그 즐거움의 근원은 바로 당신이니, 당신의 외부에 있지 않다.

이 세상에 대한 욕망만이 우리를 세상 속에 가두어놓는다.

당신 주변의 모든 일을 일으키고 있는 것은 당신이다. — 다른 누군가가 일으키고 있는 것처럼 보일 때조차 말이다. 이것을 깨달으면 당신은 모든 일의 책임을 자진해서 떠맡을 것이다.

세상이 마음에 들지 않는다면 당신의 의식을 변화시키라. 의식이야말로 있는 것의 전부이니, 당신이 바꿀 수 있는 유일한 것이고, 변화시키고자 힘써야 할 유일한 것이다. 당신의 의식을 완벽해지게 함으로써 세상을 완벽해지게 하라. 그러면 모든 것이 완벽해질 것이다.

지금 당신이 보고 있는 것의 바로 배후에 이 세계의 실체가 있다.

피해자가 되기보다는 주인임을 선언하라.

온 세상이 그저 한 생각에 지나지 않는다. — 이 생각을 생각해 보라!

나와 세상, 보는 자와 보이는 것은 동시에, 상호의존적으로 일어나니, 둘은 어김없이 공존한다. 창조는 창조자와 동시에 존재한다. 이것을 깨달으라. 보는 자가 없으면 세상도 없다. 내면에서

세상을 상상해 지어내는, 그 보는 자를 자각하라. 그러고 나면 실
재하는 것은 오직 보는 자뿐이다.

완벽한 몸

완벽한 이해

완벽한 육신을 성취하기 위해 노력해야 할까? 나는 그렇다고, 물론 그렇다고 말하겠다. 우리는 육신을 완성할 수 있어야 한다. 하지만 일단 그렇게 할 수 있게 되고 나면, 몸은 몸대로 있게 놔두는 편이 낫다. 건강하든 아프든 거기에 영향받지 않고 말이다. 몸을 충분히 이해하고 나면 몸에 어떤 일이 일어나든지 그에게는 아무런 차이가 없다.

전반적인 관점을 보여주었으니, 이제는 좀더 자세하게 이야기해보기로 하자. 완벽한 몸을 원하지만 그것을 갖지 못했다면, 그 이유는 우리가 스스로 완벽한 몸을 만들어낼 수 있다는 확신이 없기 때문이다. 다시 말해서 우리가 잠재의식 속에 불완전한 몸의 의식을 품고 있다는 뜻이다. 몸은 마음의 정확한 복사판이다. 몸이란 우리의 의식이 외부로 투사된 것일 뿐이기 때문이다. 몸이 완벽하다는 확신이 잠재의식에 심어질 때까지 잠재의식의 생각들을 바꿔야만 한다. 그러면 그렇게 될 것이다.

그렇다면 반드시 완벽한 몸을 가져야만 할까? 아니다, 그렇지 않다. 하지만 완벽한 이해는 반드시 가져야만 한다. 완벽한 이해를 가진다는 것은 곧, 만일 완벽한 몸을 가지지 못하고 있다면 완벽한 몸을 가지도록 배우는 것이다. 완벽한 몸을 가질 수 있게 됐다면 그다음에는 '나는 몸이 아니다', 그리고 '몸은 나에게 영향을 미치지 못한다'는 영적 이해를 얻음으로써 완벽한 몸을 필요로 하는 경지를 넘어서라. 이것이 훨씬 더 높은 경지이다. 사실 이것이야말로 몸에 어떤 일이 일어나든지 상관없이 평정심을 유지할 수 있는, 가장 높은 경지이다.

유한한 형체

이 몸은 무한하지 않다. 그것은 극도로 제약적이고 아주아주 섬세한 운송수단이다. 체온이 1~2도만 변해도 몸은 죽는다. 아주 소량의 화학물질(독약)만 주입해도 몸은 죽어버린다. 산소를 차단해도 죽는다. 그러니 이 몸이란 것은 지극히 제약이 많은 운송수단이다. 그러니 육신이 되어 있지 않고 본성의 진정한 실체로서 있는 편이 ― 다른 모든 두려움 배후의 근원적 두려움인 죽음의 두려움 아래에서 벗어나 있는 편이 ― 훨씬 낫다.

불완전한 몸을 지니고 있으면서도 그것이 당신을 괴롭히지 못하게 하는 수행은 매우 높은 경지의 영적 수행이다. 온전히 깨달은 많은 스승들이 아픈 몸을 지니고 삶으로써 몸에 중요성을 부여하지 않는 본보기를 보여준다. 몸은 제약의 감옥일 뿐이므로. 우리가 몸 안에 있는 것이 아니라 몸이 우리 안에 있다. 우리의 가장 큰 제약은 '나는 이 몸이다'라는 생각이다. 몸은 하나의 제약일 뿐만 아니다. 거기에는 무수한 다른 제약들이 얽혀 있다. 그래서 나도 초창기에는 몸의 불완전한 곳들을 즉석에서 바로잡았지만, 이제는 그것을 바로잡기보다는 몸에서 어떤 일이 일어나든지 상관없이 그것이 나에게 아무런 영향을 미치지 못하게 하는 편을 선호한다. 이것이 3~4년 전부터 시작한 일이다.

몸과 자신을 동일시하지 않으면 어떤 일이 일어나는지를 이야기해줄 수 있다. 화목을 트럭에 실으려고 하는데 나무가 꿈쩍도 하지 않았던 일이 기억난다. 그래서 나는 '이걸 싣고야 말겠어' 하고는 통나무 둥치에 어깨를 대고 안간힘을 다해서 밀었다. 통나무는 올라갔지만 그 순간 요추의 디스크가 삐져나와 버렸다. 이 이야기를 하는 것은 그것이 엄청나게 고통스러운 사고였기 때문이다. 나는 고통에 거의 그 자리에서 고꾸라질 뻔했다. 그러나 다음 순간 나는 이렇게 말했다. '레스터, 몸이 되지 말아.'

아시는가, 내가 몸이 아니라면 몸은 나를 괴롭히지 못한다. 통증이 있다는 것은 인식이 되지만 그것은 멀리 있는 미약한 통증처럼 느껴졌고, 나를 괴롭히지 못했다. 나는 즉시 다른 나무들도 트럭에 실을 수 있었다. 몸은 마치 불완전한 상태가 아닌 것처럼 움직였다.

나는 다른 때도 여러 번 이렇게 했다. 한번은 발목을 삐어서 발목이 퉁퉁 부었다. 그것도 고통스러웠다. 하지만 내가 몸과 자신을 동일시하기를 그치자 마치 아무런 일도 없었던 것처럼 걸을 수 있었다. 그래도 삔 발목은 그대로 있었다. 디스크가 삐어져나왔을 때, 아침에 일어날 때는 그 사실을 까먹어버려서 즉각 몸과의 동일시를 내려놓을 수가 없었다. 그러면 고통이 찌르듯이 엄습했다. 침대에서 나오려면 무릎과 손바닥을 짚고 바닥으로 떨어져야만 했다. 처음 한 이틀 동안 그랬었다. 그러면 나는 고개를 저으며 말했다. '이런, 무슨 일이야!' 상황을 알아차린 나는 이렇게 말했다. '아 참, 난 몸이 아니지.' 그러고는 일어서서 몸이 멀쩡한 것처럼 하루종일 돌아다녔다. 물론 몸은 모든 일을 해낼 수 있었다. 하지만 멀리서 느껴지는 미약한 통증은 그대로 있었고, 그럼에도 그것이 나를 괴롭히지는 못했다. 이런 식의 수행은 할 수만 있다면 아주 뛰어난 방법이다. 몸이 되어 있지 말라!

문답

질문자 '몸은 완벽하다'고 말하고 완벽한 몸을 갖는 편이 훨씬 더 간단하지 않나요? 우리가 몸을 지배한다면 침대에서 나올 때 통증이나 불편을 느껴야 할 필요가 있나요?

레스터 내가 침대에서 나올 때는 자신을 몸과 동일시하고 있었습니다. 그 때문에 그토록 통증이 심했던 겁니다. 하지만 동일시를 그치는 순간, 모든 것이 아무런 문제도 되지 않았습니다. 나는 그냥 일어섰고, 몸은 모든 일을 정상적으로 할 수 있었습니다. 자, 이 대목이 당신의 영적 앎의 시험대입니다. 이건 훨씬 더 높은 단계입니다. 이것이 몸으로 있지 않는 경지입니다.

질문자 당신도 전에 몸은 마음의 반영이라고 하셨는데 어떻게 몸이 완벽하지 않을 수가 있습니까? 게다가 오로지 완벽함밖에 없음을 안다면 어떻게 완벽하지 않은 몸을 가질 수가 있습니까?

레스터 난 처음에는 몸과 동일시했다가 몇 분 후부터는 동일시하지 않았습니다. 완벽한 몸은 가장 높은 경지가 아닙니다. 몸은 완벽할 때조차 하나의 제약입니다. 그것은 완벽하지만 몸입니다. 여전히 몸이지만 완벽한 거지요. 그보다 더 높은 경지는 몸이 되지 않고 만유가 되는 것입니다. 당신은 고개를 젓고 있는데, 대답이 되었나요?

질문자 당신이 하고자 하는 말을 알아듣기 시작하고 있어요.

레스터 그러니까 이것도 수준의 문제입니다. 하지만 우리는 높은 수준에 들어가고 있으니 더 해봅시다. 몸이 되지 마세요! 진정한 당신이 되세요! 무한하세요! 만유가 되세요!

완벽성이란 완벽한 몸을 말하는 게 아니에요. 완벽성은 절대적 완벽입니다. 우리는 그것을 완벽한 사물(things)로 격하시키는 경향이 있지만, 완벽은 사물과는 상관이 없습니다. 어떤 사물도 완벽하지 않습니다. 모든 사물은 형체와 공간 속에 한정되어 있는, 한계를 지닌 것들입니다. 그러니 최고의 경지, 절대의 경지는 사물을 초월한 경지입니다. 그것은 그저 있음, 순수한 의식, 순수한 알아차림입니다. 그것은 몸이나 사물이 되는 것이 아닙니다. 그것은 그저 있는 것입니다.

그러니까 정리하자면, 우리는 완벽한 몸을 가져야 합니다! 나의 주의를 늘 끌어당기는 몸을 가지고 있다면 깨달음을 추구하기가 힘듭니다. 그러니 몸의 요구를 제거하세요. 몸을 할 수 있는 한 완벽하게 만드세요. 하지만 몸과 동일시하지 않음으로써 몸이 우리에게 영향을 미치지 못하게 하는 것이 더 높은 경지입니다.

몸에 관한 이 두 가지 측면이 이제 명확히 이해되나요? 완벽한 몸을 만드는 것은 멋진 일입니다. 몸이 되지 않는 것은 그보다 훨씬 더 나은 일입니다.

질문자 그런데 '뭔가로서' 있지 않고, 혹은 '뭔가를' 의식하지 않고 그저 있음(beingness)이나 의식(awareness)으로서 있는다는 게 저에겐 너무 어려운 일입니다.

레스터 대부분의 사람들에게 그렇지요. 하지만 최고의 경지는 그저 있음, 오로지 있음, 혹은 의식, 오로지 의식입니다. 그건 모든 의식을 의식하는 의식입니다(consciousness conscious of all consciousness). 그것은 모든 있음인(있음으로서 있는) 있음입니다(Beingness being all beingness). 그리고 가장 높은 경지에서는 있음과 의식은 같은 뜻입니다.

질문자 글쎄요, 그저 지금의 한계를 즐기면 안 되나요?

레스터 즐겨도 됩니다. 그러기로 택한다면 그래도 되지요. 하지만 그것은 궁극의 즐거움이 아닙니다. 즐거움을 더 누리고 싶다면 사물을 즐기지 말고 즐거움을 즐기세요. 즐거움으로 있으세요! 행복은 우리 본연의 상태입니다. 우리는 만유입니다.

우리는 인위적으로 결핍을 지어내고, 또 그 결핍에서 벗어나려는 욕망을 지어냅니다. 그리하여 그 결핍을 없애면 그것이 기분이 나아지게 만드는 것처럼 보입니다. 그건 바늘로 살갗을 찔러서 아프게 해놓고는 바늘을 빼면서 "아, 기분 좋다"고 하는 것과도 같습니다. 사물과 사람을 가지고 즐기는 것이 딱 이런 형국입니다. 우리는 결핍을 지어내어서 자신을 해치고, 그 결핍을 제거하여 고통을 없애면서 말합니다. "아, 기분 좋다. 행복해."

크든 작든 행복을 느낄 때마다, 당신은 단지 자신의 참자아를 느끼고 있는 겁니다. 많이 행복하다면 참자아를 많이 느끼고 있는 것이지요. 그런데 당신은 그것을 자신의 밖에 있는 사물과 사람들 덕분으로 착각합니다.

이건 매우 중요하니 그 메커니즘을 다시 설명해드리겠습니다. 결핍을 지어낼 때 당신은 이런 생각을 발동시킵니다. ─ '행복해지려면 저 물건이나 저 사람이 필요해.' 이것은 '필요', '결핍감' 등으로 느껴지는 약간의 고통을 일으킵니다. 그러다가 그 물건이나 사람을 가짐으로써 결핍감에서 놓여나면 당신은 자신의 참자아로 돌아옵니다. 이것이 당신이 행복이라 부르는 것입니다. 그러니까 당신이 일컬어온 행복이란, 사실은 단지 자신의 본연의 상태인 행복을 훼방하는 것들을 제거하여 본연의 상태로 되돌아가는 것에 지나지 않습니다. 그래놓고 당신은 그것을 외부의 사람이나 사물 덕분인 것으로 착각하고, 그래서 그 외부의 사람과 사물에 계속 집착하게 되는 것입니다.

그러니 몸을 즐기고 싶다면 그건 당신의 특권입니다. 하지만 더 많은 기쁨을 누리고 싶다면 몸을 즐길(enjoy) 것이 아니라 그저 당신 본연의 상태인 기쁨(joy)이 되세요. 기쁨은 당신 본연의 상태이니까요. 자신이 만유임을 깨달으면 결핍은 존재하지 않습니다. 아무것도 요구할 필요가 없습니다. 그러니 참자아가 되어서 기쁨 자체를 바로 가지세요. 그 기쁨에는 한계가 없습니다.

질문자 당신이 자신의 몸을 변화시킨 경험에 대해 이야기해줄 수 있나요? 사실 우리는 대부분 초보라서 이걸 잘 이해하지 못하겠어요. 아니, '우리'가 아니라 저만 그럴지도요.

레스터 좋아요. 나에게 일어난 일은, 이 몸속에는 한 조각의 나무에 들어 있는 것만큼이나 많은 생명이 들어 있다는 사실을 깨달은 겁니다. 이 몸은 나무 조각에 든 것과 같은 화합물인 탄수화물과 미네랄 등으로 이뤄져 있지요. 나는 이 몸속의 유일한 생명은 '나'라는 것을 깨달았어요. 내가 그 생명을 몸속으로 불어넣은 겁니다. 나는 몸이 곧 나의 의식이어서, 나의 의식이 몸속에 생명을 불어넣는다는 것을 알았습니다. 내가 몸을 만들어낸다는 것을 깨달았을 때, 나는 내가 몸을 변화시킬 수 있다는 것도 깨달았습니다. 나는 마음으로써 몸을 변화시킬 수 있습니다.

지금 내가 지니고 있는 몸은 내가 여태껏 쌓아온 몸에 관한 배움의 반영입니다. 이것은 몸에 대한 나의 생각입니다. 그것은 당신의 몸에 대한 당신의 생각입니다. 지금 그것은 잠재의식 깊은 곳에 있습니다. 그래서 몸을 변화시키기가 어려울 수 있습니다. 그 몸을 완벽하게 만들려면 몸이 불완전하다고 여겨온 지금까지의 모든 생각을 놓아 보내는 거의 불가능한 작업을 해야만 합니다. 하지만 자신을 풀어놓기만 하면 그런 작업도 가능합니다.

또 다른 방법은, 당신의 마음속에 있어야 할 것을 집어넣는 겁니다. 완벽한 몸의 그림 말입니다. 완벽한 몸의 이 그림은 의지의 힘으로 집어넣어야 합니다. 그리고 그것은 몸을 불완전한 것으로 여기는 지금까지의 모든 생각들의 총합보다 강력해야만 합니다. 과거의 모든 사념들보다 더 강력한 사념으로써 완벽한 몸의 그림을 그려야만 하는 것입니다. 이해가 되시나요? 이것이 몸을 변화시키는 메커니즘입니다.

자, 그럼 강력한 사념이란 건 무엇일까요? 강력한 사념은 집중된 생각입니다. 집중될수록 사념은 더 강력해집니다. 집중된 생각이란 그 순간의 주제와 무관한 잡생각이 섞이지 않은 하나의 생각입니다. 가장 강력한 사념을 얻는 최고의 방법은 자신을 놓아 보내는 것입니다. 당신의 작은 자아, '나는 이걸 갖고 있어, 저걸 갖고 있어' 하는 그 느낌을 놓아 보내는 것 말입니다. 그러고는 이렇게 말하세요. '그래, 오로지 완벽함만이 존재해. 그리고 거기에는 이 몸도 포함되어 있어.' 세상을 놓아 보내세요. 당신의 마음이야말로 가장 큰 장애물이니 사고작용도 놓아 보내세요. 당신이 알아차리고 있든지 말든지 간에 당신의 마음은 늘 분주히 돌아가고 있습니다. 그것을 의식하지 못하면 마음은 잠재의식 모드로 돌아갑니다. 당신은 생각하고 생각하고 또 생각하도록 자신을 길들여왔습니다. 이 생각들로 머리가 빙빙 돌 지경이죠. 당신은 사고기능에 엄청난 중요성을 부여했습니다. 그 중요성조차도 잠재의식 속에 숨어 있어서, 사고의 중요성을 놓아 보내기도 쉽지 않습니다. 그래서 이것이 집중을 방해하는 장애물이 됩니다.

사고작용을 놓아 보낼 수만 있다면, 잡념 없는 단 하나의 단순한 생각을 품으세요. ― '나는 완벽하다.' 그러면 즉석에서 완벽한 몸을 가지게 될 겁니다. 이렇게 되기까지는 지속적인 노력이 필요할 것입니다. 여기서, 생각에 거의 힘을 들이지 않는 것이 비결입니다. 그때 당신의 마음은 고요해져 있을 테니까 말입니다. 실제로 완벽한 몸을 갖게 되었을 때는 그것을 알아차리지조차 못할 수도 있습니다. 나중에야 그걸 깨닫게 되지요.

10년인가를 휠체어에서 생활했던 사람의 이야기가 기억나네요. 그의 집에 어느 날 불이 났습니다. 그는 급히 짐을 두 보따리 싸서 들고 집 밖으로 뛰쳐나와서 보따리 위에 걸터앉았습니다. 보따리 위에 걸터앉은 후에야 그는 자신이 한 일을 깨달았습니다. 그는 자신이 걸을 수 없다는 사실을 잊어버리고 있었던 겁니다. 그러니까 일이 닥치면 긍정적인 생각을 전적으로 받아들이는 바람에 부정적인 생각은 당분간 잊어버리게 되는 겁니다.

정리하자면, 완벽한 몸을 만들어내는 것은 '나의 몸은 완벽하다'는 아주 강한 확신입니다. 달리 말하자면 그것은 집중된 한 생각입니다. 그 순간 다른 생각의 방해를 받지 않는 한 생각 말입니다. 그리고 그 느낌은 놓아 보내는 느낌입니다. 자신을 그저 놓아 보내고 완벽함이 거하게 하는 것입니다.

질문자 그러니까 당신의 말씀은, 오로지 완벽함을 보고 있으면 생각이 완벽성에 단단히 뿌리를 내려서 몸은 자동적으로 그 완벽한 상태를 취한다는 말씀이군요.

레스터 예, 오로지 완벽함만을 보고 있으면 모든 것이 절대적으로 완벽합니다. 모든 것이…

질문자 그럼 불완전한 몸을 가질 수가 없겠네요,

레스터 맞아요.

질문자 심신의학은 몸의 어려움은 마음의 혼란에서 기인한다고 주장하지요. 그리고 마음의 혼란을 가라앉히면 몸은 생각조차 하지 않아도 바로잡아진다고요.

레스터 예, 잠재의식을 고요히 가라앉히면 그렇지요. 아시다시피 몸은 자동조종기능으로 움직입니다. 몸 안에서 일어나는 모든 일

은 잠재의식에 의해 자동으로 돌아갑니다. 그러니까 잠재의식의 생각들을 바로잡아야 하는 겁니다.

질문자 당신은 뉴욕에서 많은 것을 성취했는데, 그걸 체계적이고 계획적인 방법으로 성취했나요? 아니면 그저 모든 것이 완벽함을 보았나요, 아니면 마음의 힘을 깨달았나요? 정확히 어떤 방법을 사용하셨나요?

레스터 글쎄, 당시엔 그게 거의 부산물과 같았어요. 나는 내가 누구인지, 무엇인지, 이 세상이란 무엇인지에 대한 답을 찾고야 말겠다는 각오로 앉아 있었지요. 그 과정에서 나는 이 몸을 포함하여 이 우주는 의식의 산물, 나의 사고작용의 산물임을 깨달았고 그 완벽함을 보았습니다. 그래서 나는 몸을 완벽한 상태로 상상했고, 그러자 즉석에서 그렇게 됐습니다. 위궤양도, 황달도, 심장병도, 그밖의 모든 문제도 사라져버렸죠. 그건 아주 쉬웠어요. 거의 애씀이 없는 하나의 생각일 뿐이었지요.

몸을 치유하는 데는 몇 가지 수준이 있습니다. 영적 치유는 즉석에서 일어납니다. 오로지 완벽함만이 있고, 그것이 있는 것의 전부입니다. 그건 순간적으로 일어납니다. 정신적 치유는 즉시, 혹은 며칠, 혹은 몇 주 안에 신속하게 일어납니다. 그건 자신이 얼마나 빨리 그렇게 할 수 있다고 믿는지에 달려 있지요.

질문자 당신이 '몸'이라는 단어를 사용할 때 그건 우리의 모든 환경도 포함할 것 같은데, 아닌가요? 몸과 그 주변의 환경은 사실 다르지 않잖아요.

레스터 모두가 의식이라는 점에서는 맞는 말이지요. 하지만 우리는 몸에 관해 이야기하고 있기 때문에 나도 몸에 대해서만 말하고 있습니다. 사실 물질세계와 몸은 창조계의 일부라는 점에서 서로 아주 유사합니다. 그건 우리의 마음이 밖으로 투사되어 만들어진 물질이지요.

당신의 질문에 답이 되었나요? 보세요, 내가 한 일을 얘기해드려도 당신에겐 별 도움이 되지 않지요. 당신은 당신만의 방식으로 직접 해봐야만 합니다. 보아하니 당신의 방식은 여태껏 쌓아온 그릇된 육체 관념을 극복하는 것인 것 같군요. 이건 전생으로부터 가져온 것입니다. 그건 이토록 깊이 당신 안에 각인되어 있습니다. 그걸 만일 당신이 완벽하게 바로잡을 수 있다면 좋아요. 그럴 수 없다면 그걸 큰 문제로 삼지는 마세요. 문제가 되는 것보다는 문제를 가지고 사는 것이 나으니까요. 그에 대한 영적 이해를 얻으세요. 그게 훨씬 더 중요합니다.

몸이 건강한 것이 뭐 그리 대단한 일입니까? 몸은 조만간에 스러지고 맙니다. 아무리 탄탄한 몸도 언젠가는 썩으면서 끔찍한 냄새를 풍길 겁니다. 그런데 몸이 뭐가 그리 중요합니까? 좀더 높은 시각에서 몸에 접근하세요.

질문자 몸을 포함하여 모든 것은 완벽하다는 생각을 가지고 있으면 몸이 불완전할 수 없다는 것이 이해됩니다.

레스터 맞습니다. 그렇게 되세요! 실제로 그렇게 되면 몸뿐만 아니라 모든 것이 완벽해집니다. 그건 완벽한 몸만 가지는 것보다 훨씬 낫지요. 그러면 당신의 온 우주가 완벽해지고, 그것은 아주아주 높은 경지입니다. 그리고 불완전해 보이는 것에서 완벽함을 보는 것은 가장 높은 경지입니다.

날마다 성장해가기

세상을 거울삼으라

대부분의 사람들은 자신이 크게 도약하여 성장할 수 있는 멋진 기회를 날마다 맞이하고 있다는 사실을 알지 못한다. 이것을 깨닫기만 한다면 그토록 이루기 힘들고 손에 잡히지 않던 목표가 이내 손에 들어올 것이다. 이 사실을 깨우쳐 세상의 불행과 작별하라!

그러려면, 자신에게 일어나는 세상의 일들을 성장의 도구로, 우리의 스승으로 받아들여야 한다. 모든 유쾌하지 않은 일들을 객관적인 눈으로 올바로 직시하여 그것의 원인과 그것이 가져오는 선물을 모두 발견해내야 한다.

그 방법은 다음 두 가지 접근법 중 하나를 택하든가, 아니면 양쪽 모두를 택해야 한다. 어떤 사람이나 사물이 우리를 괴롭혀서 불행하게 만들 때마다 이렇게 물어보라. '내가 이것을 어디서 어떻게 기인시켰을까?' 마음을 들여다보아 지금 잠재의식 속에 숨어서 사건을 일으키고 있는 과거의 생각을 찾아내라. 그것을 일으키는 생각을 찾아냄으로써 그 사건에 대한 지배력을 찾아내라.

두 번째 접근법은 더 써먹기가 용이하다. 불쾌한 일을 경험할 때, 그것은 언제나 에고의 모종의 동기로 인해서 일어난다. 이렇게 자신에게 물어보라. '이 배후에 내 에고의 어떤 동기가 숨어 있지? 이 상황에서 나는 무엇이 달라지기를 원하는 거지?' 그것을 발견하면 달라지기를 바라는 에고의 욕망을 놓아 보내라. 나날의 불쾌한 일들을 날마다 성장하여 더욱 자유로워질 기회로 이용하라. 많이 실천하면 할수록 그것은 더 쉽고 빨라진다.

두 방법 중 한 가지, 혹은 양쪽 모두를 실천하면 당신은 짧은 시간에 자유를 얻어 삶의 주인의 자리로 돌아올 것이다. 날마다 이 방법들을 활용하는 습관을 들이라.

여기에 곱씹어볼 생각들이 있다.

불행을 경험할 때마다 딴전을 피우거나 오락거리를 찾으면서 거기서 도망갈 길을 찾지 말라. 이야말로 당신이 할 수 있는 최악의 반응이다. 이런 식으로는 결코 불행을 없애거나 놓아 보내지 못한다. 사건의 주인의 자리로 돌아가든가, 아니면 그 불행의 배후에 숨겨져 있는 에고의 동기를 찾아내어 그 사건의 근원을 지워 없애라.

불행이 찾아오면 거의 모든 사람들이 거기서 도피할 길을 찾거나 위안거리로서 행복을 구한다. 이것이 그 불행의 패턴이 앞으로도 계속 이어지게 만든다. 그것은 그 불행을 없앨 날을 무한정 뒤로 미루어지게 한다. 도피는 마약보다도 나쁜, 세상에서 가장 나쁜 미봉책이다. 모든 도피는 전적인 시간 낭비이고, 불행을 끝없이 질질 끌고 가는 짓이다. 불행을 많이 겪을수록 그것은 마음속에 더 깊이 각인된다. 그러니 불행을 회피해서도, 그 속에 주저앉아 있어서도 안 된다. 대신 거기서 영원히 벗어날 수 있도록 앞서 말한 두 가지 방법을 활용해야 한다.

모든 불행은 한계 — 에고 — 속에 들어앉아 있으려고 애씀으로써 일어난다. 참자아로서 존재할수록 우리는 더 행복해진다. 온전히 참자아로서 존재하게 되기 전까지는 온전한 행복을 누릴 수 없다.

왜 도피처와 위안거리를 찾아 시간을 낭비하고 있는가? 위안거리를 찾아 헤맬 때마다 목적지는 조금씩 자꾸만 멀어져간다. 오직 집착 없는, 깨달은 이만이 속박과 불행을 일으키지 않고 세상을 즐길 수 있다.

사람들이 위안거리에서 찾으려고 애쓰는 것은 불행으로부터의 도피와 참자아의 행복이다.

불행에서 도피하려는 것이 당신을 영원히 불행 속에 붙들어놓는다.

문제란 곧 우리가 엉뚱한 방향으로 가고 있음을 상기시켜주는 충실한 경고신호이다.

기본적으로 모든 고통은 참자아를 한정시키는 데서 일어난다.

마음이 불안하면 행복해질 수가 없다. 불안이란 원치 않는 일이 일어날 것을 예상하는 것이다. 원하는 일만을 예상하라.

모든 문제와 고난의 근원은 자신이 다른 모든 것과는 별개의 개인이라는 에고의 느낌이다.

모든 불행은 분리이다.

한계와 불행은 같은 것이다.

불행은 무한한 존재가 한정된 존재가 되려고 애쓰는 데서 비롯된다.

불행할 때 그 반대를 생각하고 느끼면 실제로 그렇게 된다.

불행은 복잡함이다. 행복은 단순함이다.

당신이 불행을 보고 있다면 그것은 당신의 불행이다. 불완전해 보이는 것들 속에서 완벽함을 보면 불행이란 단지 겉모습일 뿐이다.

불행이 깊어갈수록 더욱, 도피처(사교와 오락)를 찾으려 들지 말아야 한다. 대신 그 이유를 깨닫고 놓아 보낼 수 있게 될 때까지 홀로 지내라. 아니면 참자아 속으로 들어가라. 불행을 피해 도망침으로써 성장의 좋은 기회를 놓치는 일은 결코 없도록 하라.

불행이란 우리를 행복으로 몰아가도록 우리 스스로 마련한 채찍질이다.

참자아에서 멀어질수록 더욱 불행해진다. 그리하여 더 이상 견딜 수 없을 정도로 불행해지면 우리는 마침내 방향을 돌려 참자아에게로 돌아가기 시작한다.

'내겐 ─이(가) 없어'라고 말하는 순간 당신은 거짓을 만들어내고 있고, 그것이 결핍의 불행을 불러온다.

불행할 때, 당신은 영락없이 에고 속에 들어앉아 있다. 불행은 순간순간 당신에게 방향 조정의 기회가 되어야 한다. 이렇게 말하라. '앗, 내가 엉뚱한 방향으로 가고 있었군.' 그리고 방향을 바꾸라. 그러면 다시 행복해질 것이다.

누구나 행복할 수 있다. 그리고 누구나 불행할 수 있다. 왜 그런지를 알아내야만 하는 것이 아니다. 그저 방향만 바꾸라!

모든 세속적 집착은 불행에 바치는 공양물이다.

불행은 한계가 마련해놓은 결말이다.

우리는 자신을 한정된 존재로 믿는 만큼의 불행을 겪는다.

세상의 모든 즐거움은 고통을 수반한다. 그 즐거움에는 그것이 계속 이어지지는 않으리라는 불안한 느낌이 함께하기 때문이다.

기분의 스위치를 올리는 것은 우리 자신이다. 자신이 그 기분을 만들어냈음을 스스로 인정하면 스위치를 내릴 수도 있다. 기분의 통제자가 되는 것이다. 그러나 기분을 억누르지는 않도록 조심하라.

문제의 실상을 제대로 보면 문제는 씻겨가버린다.

그 어떤 문제도 지금 여기서 해결할 수 있다.

모든 문제는 에고의 문제다. 문제가 일어나려면 에고의 불만족이 있어야만 한다.

순교도 에고의 행위일 수 있다.

고난은 신성과 반대의 것이다.

고난은 영적인 것이 아니다.

신은 환희이다. 고난이 사탄이다.

고난을 겪을수록 더 많은 고난을 겪게 될 것이다.

고난은 카르마에 의해 키워져서 더 많은 고난을 초래한다.

당신을 신께로 데려가거나 참자아를 찾게 만들기만 한다면 고난도 좋은 것이다.

불행을 느낄 때마다 크게 도약할 절호의 기회가 주어진다.

참자아를 허용하지 않을수록 우리는 더욱 불행해진다.

무엇에든 슬픔을 느낀다면 당신이 그것을 붙들고 있는 것이다. 이렇게 말하라. '이것은 놓아 보내야 할 대상이다.' 그러면 즉시 기분이 나아질 것이다.

불행을 느낄 때 거기서 도피하려고 애쓰지 말라. 그저 마음을 고요히 가라앉히고 그 이유가 발견될 때까지 내면으로 들어가라. 그보다 나은 방법은, 참자아로서 있는 것이다.

기분이 나쁠 때 스스로 그에 대한 책임을 고스란히 짊어져보라. 마스터가 된 기분을 느낄 것이다.

불안과 불행을 느낄 때마다 그 배후에는 에고의 욕망이 숨어 있다. 그것을 드러내놓을 수 있으면 그것을 웃으며 놓아 보내게 될 것이다. 그것은 당신을 조종하던 것을 놓아 보낼 좋은 기회다. 에고가 부추기는 욕망을 찾아보라. 그것을 발견하면 놓아 보내라. 즉석에서 기분이 가벼워지고 행복해질 것이다.

에고를 내려놓을 때마다 당신은 희열을 느낀다.

고통을 경험하는 것이 누구인지를 찾아보라. 그것을 발견하면, 거기에 모든 기쁨이 있다.

가족관계

모색

우리는 왜 결혼을 할까? 왜 자식을 낳을까? 결혼에서, 자식에게서 우리는 무엇을 찾으려는 걸까?

이 모든 질문에 대한 답은, 우리는 가장 큰 행복을 찾고자 한다는 것이다. 우리는 결혼을 하고 자식을 가지면 행복해지리라고 믿고 있다. 그것이 사실이라면 결혼한 사람들은 모두 행복해야 할 것이다. 그러나 실상은 이와는 한참 거리가 멀다.

문제는 어디에 있는 걸까? 결혼에? 아니다. 문제는 우리 내부에 있다. 우리는 엉뚱한 곳에서 답을 찾고 있다. 우리는 행복을 찾아 우리 자신이 아닌 외부를, 다른 사람들을 찾아 두리번거린다. 우리 자신이 아닌 외부의 사람이나 사물을 찾아 헤매는 한, 슬픔 없는 지속적인 행복은 결코 발견되지 않을 것이다. 행복한 사람은 자기 안에서 행복을 얻는 사람이다. 그는 결혼을 하든지 말든지 상관없이 행복하다.

결혼을 해야 할까, 말아야 할까? 이것은 답할 수 없는 질문이다. 당신은 정확히 자신이 할 일을 하고야 만다. 결혼에 대해서 할 일을 당신은 정확히 예정해놓았다. 그러니 정작 중요한 질문은 이것이다. ─어떻게 하면 궁극의 행복을 찾을 수 있을까?

결혼은 성장을 위해 너무나 좋은 기회를 제공해주므로 잘 활용해야 한다. 배우자들은 가족에 대한 사랑을 키워갈 수 있는 상황들에 끊임없이 부딪힌다. 우리는 그 하루하루를 사랑을 키워가는 수행의 시간으로 만들어야 한다. 최선의 힘을 다하여 사랑하지 않고 있는 모든 상황을 발견해내고 활용하여 전혀 사심 없는 사랑을 의식적으로 키워가도록 말이다. 이 사심 없는 사랑의 경지에 이르면, 우리는 신성에 도달한 것이다.

문답

질문자 결혼생활은 왜 그토록 어려울까요, 레스터?
레스터 어떤 사람들에게는 매우 편합니다. 어려움은 우리에게 있는 것이지 결혼에 있는 게 아닙니다.

질문자 결혼에도 긍정적인 측면이 있지 않나요? 이기심을 벗어나게 하는 것 같은…
레스터 예, 우리는 결혼을 통해서 이타심을 배워야 합니다.

질문자 그러니까 그런 식으로 올바로 대처하면 결혼에도 긍정적인 측면이 있네요. 결혼은 한 사람에 대한 사랑을 가르쳐주고, 그것을 가족에게로 확대하고 나면 그다음에는 더 큰 범위로 확장할 수 있지요. 그렇지 않나요?

레스터 예, 무소유를 배울 수 있는 상황 속으로 데려다주는 좋은 과정이지요. 결혼은 무소유의 길로 향하는 매우 훌륭한 과정입니다. 우리가 배우자에게서 찾고 있는 것은 '사랑'입니다. 사랑이란 우리 자신인 있음(Beingness)입니다. 사랑은 신입니다. 배우자에게서 그것을 찾아봤자 결코 발견하지 못할 겁니다. 하지만 일단 결혼을 했다면 말할 것 없이 배우자를 할 수 있는 최대한 사랑해야 합니다. 배우자를 제대로 사랑하기를 배우면 다른 이들도 제대로 사랑할 수 있게 됩니다.

사랑이 무엇인지를, 그리고 우리가 진정 무엇을 찾고 있는지를 깨달으면 우리는 그것을 외부의 배우자나 세상에서 찾기를 멈추고 자기 안에서 그것을 찾기 시작합니다. 최상의 결혼은 신과의 결혼입니다. 그보다 좋은 배우자를 얻을 수 있을까요?

질문자 결혼을 꼭 해야 할까요?

레스터 나는 결혼을 반대하지 않습니다. 그렇다고 예찬하지도 않습니다. 나는 당신이 자신을 위해 원하는 것을 가지기를 바랍니다. 결혼한 사람도 신을 만날 수 있습니다. 하지만 독신인 사람보다는 방해가 많습니다. 독신인 사람은 구도에 더 쉽게 몰입할 수 있습니다. 결혼한 사람은 배우자와 자녀들을 보살피지 않을 수가 없습니다. '나는 결혼해서도 계속 구도의 길을 갈 거야'라고 하는 대부분의 사람들이 십중팔구는 결혼생활에 너무 쫓겨서 구도할 시간도 여력도 없어집니다. 이런 점에서 결혼은 방해가 됩니다.

질문자 구도하는 배우자를 만나지 않는 이상 힘들지 않을까요?

레스터 예. 결혼에서 최선의 관계는 서로가 상대방이 깨닫도록 돕는 것이겠지요. 오로지 상대방이 신을 온전히 알게 되도록 돕기 위해서만 결혼하십시오. 그것이 결혼의 기본조건이 되어야 합니다. 상대방도 당신을 위해 같은 노력을 하고요. 서로 주고받아야지요.

질문자 결혼은 정말 영적인 관계여야지 소유적인 관계가 돼서는 안 되겠죠?

레스터 사랑이란 상대방을 소유하는 것이 아니라 자유롭게 해주는 겁니다. 그것이 영적인 관계이지요.

질문자 아이들을 어떻게 하면 가장 영적인 길로 이끌 수 있을까요?

레스터 당신이 할 수 있는 최선의 방법은 본보기를 보여주는 것입니다. 아이들은 본보기로써 가르치는 것이 가장 좋습니다. 그들은 부모를 닮고 싶어합니다. 그러니까 결론은 언제나 이렇게 됩니다. — '자녀를 돕고 싶다면 자기 자신을 도와야 한다.' 그러면 그밖에는 따로 해야 할 일이 없다는 걸 깨닫게 될 겁니다. 그저 자기 자신을 도우세요. 그러면 그들도 당신과 함께 성장해가는 모습을 보게 될 겁니다.

질문자 우리는 두 자녀를 뒀는데 애들은 너무나 달라요. 그들도 우리의 아이가 되길 원했고, 우리도 그들을 원했겠죠, 맞나요?

레스터 예. 우리는 종종 우리와 성격이 비슷한 부모를 선택합니다. 그러면 눈앞에서 끊임없이 가르침을 얻을 수 있으니까요. 이 때문에 가끔은 부모 되기가 힘들다는 걸 실감하게 되기도 하지요. 내가 당신에게서 얄미운 점을 발견한다면 그건 나에게도 그런 점이 있기 때문이거든요. 내 안에 그게 없었으면 당신에게서 그걸 볼 수도 없었을 테니까요.

성격이 비슷한 부모를 선택하게 되는 이 성향이야말로 유전이라는 것을 믿게 만드는 요소들 중의 하나입니다.(우리는 신체적 외모만 물려받습니다.) 모든 아이는 다른 아이들과 확연히 다릅니다. 부모들은 알고 있지요. 모든 아이들이 서로 완전히 다른 인격체라는 걸 말입니다. 하지만 주어진 환경과 유전형질이 눈에 띄게 영향을 미친다면 그들도 매우 비슷하게 닮아갈 겁니다.

질문자 아이는 부모에게는 완전히 낯선 존재라는 생각이 듭니다. 부모는 그 아이에 대해 아무것도 알지 못하죠. 그들은 낯선 사람이니 그들이 우리를 좋아하게 만드는 것은 우리에게 달린 일입니다. 그들이 쏟아낼 수 있는 사랑의 양은 우리가 쏟아내는 사랑의 양에 달려 있어요. 그렇지 않나요?

레스터 그렇습니다. 우리의 기억이 완전히 차단되어 이 생애에서 처음부터 시작한다고 가정한다면요. 하지만 전생의 기억을 감안한다면 아니라고 해야겠어요. 우리는 무수한 생애에 걸쳐서 만나고 헤어지기를 거듭합니다. 서로에 대한 애착과 반감은 우리가 생애를 거듭하며 평생 함께하도록 만듭니다. 두 사람 사이의 집착은 서로를 다시 만나게 합니다. 미움도 같은 작용을 합니다. 왜냐하면 미움은 밀어냄으로써 상대방을 붙드는 행위이기 때문이죠. 집착은 상대방을 붙들고, 미움은 상대방을 내게서 밀어냅니다. 하지만 집착하든 미워하든 결국 당신은 그들을 붙들고 있는 것입니다.

질문자   레스터. 부모로서 저는 아이들의 육신을 사랑하고 있는
걸까요, 아니면 영을 사랑하고 있는 걸까요?

레스터   본질적으로 당신은 자신의 에고를 사랑하고 있습니다.

질문자   아이들이 저의 일부라서요?

레스터   예, 당신이 그들을 지어냈습니다. 당신이 그 엄청난 일을
해냈어요. 그리고 당신은 그들이 당신의 훌륭한 '2세'가 되기를 원
합니다. 아시겠나요? 자녀를 진정으로 사랑한다면 우리는 그들을
자유롭게 놔두게 됩니다. 그들이 성장하여 마치 꽃처럼 활짝 피어
나도록 말입니다. 그들을 울타리 안에 가두지 않지요. 그들이 신
의 아이들임을 알고, 집착하지 않고 자유롭게 놔주면서 인도해주
고 사랑해줍니다. 내가 신인 것과 마찬가지로 그들도 신이라고 느
껴야 합니다. 그들은 자신이 가기로 한 길을 거쳐서 어떻게든 삶의
길을 갈 겁니다. 당신은 그들을 자유롭게 해주도록, 그들이 집착을
느끼지 않도록 애써야 합니다. 이것이 집착하는 사랑보다 높은 차
원의 사랑입니다.

질문자   말씀대로 물론 그들을 지도(lead)해줄 필요는 있지요.

레스터   인도(guide)해줘야 합니다. 자유롭게 놔주기만 하면 그들
이 스스로 당신에게 인도를 요청해올 겁니다. 하지만 그들은 지배
받고 명령받기는 싫어합니다. 그들은 당신이 가고 있는 길과 똑같
은 길을 가거나 당신이 어릴 때 밟아왔던 길과 똑같은 길을 가기
를 싫어합니다. 또한 그들은 이래라저래라 지시받는 것을 싫어합
니다. 허나 그들은 배우기를 원하지요. 그들은 타고난 호기심을 지
니고 있습니다. 따라서 그들은 당신에게 질문을 할 것입니다. 만약

당신이 처음부터 아이들을 자유롭게 놔준다면, 아이를 키우는 것은 가장 쉬운 일 중 하나가 될 것입니다. 아이들이 당신을 따를 테니까요. 하지만 이래라저래라 한다면, 아이들은 시키는 대로 하는 어른들처럼 행동하겠지요. 하지만 그들은 지시받기를 싫어합니다. 그들은 지시에 반항합니다. 걸음마를 하는 시기에 이르면 그들은 이미 반항의 패턴을 제대로 발달시켜놓고 있습니다. 이 때문에 아이들을 기르기가 힘든 것입니다.

우리는 집착 때문에 그들을 우리 마음대로 조종하려고 애쓰지만, 그들은 저항합니다. 우리는 그렇게 훈련받았습니다. — 우리는 우리의 아이들을 그렇게 길들이고, 그들은 그들의 아이들을 그렇게 길들이고, 그렇게 계속 이어져가는 것이지요.

올바르게 시작하면 길들이기가 저항 없이 이루어질 수도 있습니다. 그들에게 가능성과 대안을 보여주고 스스로 결정하게 하세요. 그러면 그들은 처음부터 당신과 조화롭게 발을 맞추고 반항 패턴을 기르지 않을 겁니다.

아래에 제시된 결혼과 인간관계에 관한 통찰을 반추해보고, 그것이 당신에게 도움으로 다가오게 하라.

가족은 전생에 함께했던 사람들이 다시 만난 것이다. 깊은 사랑이나 깊은 미움은 우리를 거듭거듭 다시 만나게 만든다.

친지를 대하는 태도와 모든 존재를 향한 태도는 동일해야 한다.

사랑을 실천할 첫 번째 장소는 가족이 함께하는 집이다. 우리는 가족이 각자 자기 본연의 모습대로 존재할 권한을 부여함으로써 서로 더욱 깊이 사랑하기를 힘써야 한다.

(이미 돌아가셨더라도) 부모와의 관계를 푸는 것은 영적 성장을 위해 아주 좋은 일이다. 집착 없는 사랑만이 남을 때까지 서로 간의 차이를 조화시키기를 힘쓴다면, 부모는 성장을 위해 아주 훌륭한 기회를 제공해준다.

가족은 우리의 모든 자동적 반응패턴을 의식 표면에 떠올리기에 아주 좋은 환경이다. 왜냐하면 거기서 대부분의 패턴이 형성되었기 때문이다.

아이에게 사심 없이 사랑을 주면 그것이 이번 생에서 그 아이의 내면에 사심 없는 사랑을 길러주어, 아이가 가장 행복한 삶을 살 수 있는 바탕이 되어준다.

아이가 우리에게서 원하는 가장 중요한 것은 사랑이지만, 우리는 아이를 속일 수 없다. 아이들은 우리의 기분을 알고, 그것을 읽어 들인다. 우리는 말로써 자신을 속이지만 그들은 속아 넘어가지 않는다.

아이들이 청개구리 짓을 한다면 그것은 부모의 주의를 끌고 싶어서이다. 처음의 생존전략은 이랬다. — '부모님의 인정을 받으면 그들이 날 돌봐줄 것이고, 그러면 아무런 힘도 없는 나는 죽지 않을 거야.' 그래서 아이는 착하게 굴어서 부모의 인정을 받으려고 애쓴다. 그리고 그것이 불가능해지면 나쁜 짓을 해서라도 주의를 끌려고 한다. 그 주의가 잠재의식 속에서는 인정을 의미하는 것이다. 이것이 어긋난 행동 패턴으로 형성된다.

부모를 있는 그대로의 모습으로 바라볼 수 있고, 있는 그대로 사랑할 수 있게 되었다면 당신은 엄청난 성장을 이룩한 것이다.

우리는 거의 자동적으로 부모의 행동을 본받는다. 당신은 자신이 세상을 대할 때 부모님의 행동 패턴으로 반응하고 있는 것을 발견하게 될 것이다. 여섯 살 때까지 형성된 자동적인 행동 패턴은 남은 생애 동안 그대로 지속된다. (물론 당신이 그것을 바꾸기 전까지는 말이다.)

부모와 가족에게 보이는 당신의 행동을 정상적인 행동으로 되돌리라. 부모를 있는 그대로의 모습으로 바라보고 있는 그대로 받아들여야 한다. 부모에 대해 아무것도 비난해서는 안 된다. 그들이 무슨 짓을 하든지, 당신은 자식으로서의 책임을 받아들여야만 한다.

부모에 대해 전혀 아무런 반응도 일으키지 않게 되면 깨달음에 가까워진 것이다.

내면의 느낌이 사랑인 한, 어떤 행동을 하든지 상관없다. 행동보다 태도가 더 중요하다. 가족에게 이것을 실천하라.

사심 없는 사랑을 할 수 있다면 자녀와의 사이에는 갈등 대신 완전한 조화가 거할 것이다. 부모와 자식 간의 이 지난한 반목의 원인은 오로지 우리가 사심 없는 사랑이 무엇인지를 잊어버렸기 때문이다.

부모는, 자신은 그릇된 짓을 하고 싶어하면서도 자녀만은 올바른 행동을 하기를 바란다. 이것은 자녀의 눈에 부모가 정직하지 않게 보이게 한다. 이것이 그들을 당혹시키고 좌절시켜 반항적인 마음을 품게 만든다.

아이들은 부모가 보여주는 본보기 이상으로는 배울 수 없다.

아이들은 스스로 먹고살 수 없으므로, 그들에 대한 우리의 책임은 먹이고 입혀서 스스로를 돌볼 수 있을 만큼 자랄 때까지 인도해주는 것이다. 하지만 성인이 된 후에는 그들이 아직도 자신을 추스르지 못할 것처럼 보일지라도 놓아 보내어 신께서 그들을 돌보게 내맡겨야 한다. 그들도 스스로 책임을 떠맡기만 하면, 아니, 신께 자신을 내맡기기만 하면 보살핌을 받게 된다는 사실을 깨우쳐야 한다.

아이와 어른 사이의 진정한 차이는 키와 경험밖에 없다.

"하지 마"라고 말할 때, 부모는 금기를 주입시키고 있는 것이다. "해"라고 말할 때, 부모는 강제를 주입시키고 있는 것이다. 양쪽 다 아이의 내면에 무력감을 일으킨다.

우리는 아이들을 자신의 에고의 확장판으로 바라본다. 그들을 한 개인으로 바라보고, 우리가 개인들에게 허용하는 권리를 그들에게도 허용해야만 한다.

아이를 돕고 싶다면 당신 자신을 도우라.

모든 아이들은 온전하고 완전하고 무한한 개인이다.

깨달음은 결혼한 사람의 것도, 홀로 사는 사람의 것도 아니다. 그것은 진실을 찾아 헤매고 발견한 사람의 것이다.

결혼한 사람도 깨달음을 성취하고야 말리라는 결기만 있으면 깨달을 수 있다.

오로지 실상에 대한 깨달음을 이룬 부부만이 행복한 부부이다.

사람들이 실제로 찾고 있는 것은 신의 사랑이다. 이것을 모르는 사람들은 그것을 배우자에게서 찾으려고 애쓴다.

신을 맛보고 나면 결혼하지 않는 것은 어렵지 않다. 당신은 배우자의 필요를 느끼지 않게 된다. 신과 결혼하면 지극한 만족을 맛보기 때문이다.

배우자가 있다는 것은 하나의 장애물이다. 자녀가 있다는 것은 두 번째 장애물이다. 그러나 그것도 잘 활용하면 오히려 성장의 촉매가 되게 할 수 있다.

결혼생활의 불행은 백이면 백, 상대방에게서 행복을 찾으려는 데서 온다.

이상적인 결혼은 오로지 서로가 상대방의 영적 성장을 도울 때 성취된다.

가장 큰 성취는 부모, 자매, 형제, 아이 각각에게 사랑만을 주는 것이다. 이것을 해결하면 당신은 세상과의 관계를 해결할 수 있을 것이다.

성聖과 속俗

딜레마

성과 속, 영성과 물질성은 무엇이 다른가? 차이가 있을까? 영적인 것과 세상 속에 있는 것 사이에 차이점이 있을까? 우리에게는 이 둘을 분리하려는 경향이 있다. 그것은 터무니없는 잘못이다. 실상의 세계로부터 바라보면 영적인 것과 물질적인 것 사이에는 아무런 차이가 없다.

차이는 우리 자신의 견지, 세상을 바라보는 우리의 방식에 있다. 우리 자신의 관점, 그게 전부다. 우리는 그것을 에고의 관점에서 바라볼 수도 있고, 참자아의 관점에서 바라볼 수도 있다. 깨달은 사람은 세상을 자신이 외부로 투사된 것으로 여길 뿐이다. 그러니까 그것은 사실 그 자신이 지어낸 창조물이라는 것이다.

그리고 외부로 투사된 그것은 온 우주가 스크린 위에 투사되고 있는 영화와도 같아서 마음대로 바꿀 수도 있고 거두어버릴 수도 있다. 실상에 무지한 사람에게는 이 영화, 이 움직이는 영상이 자신의 창조물처럼 보이지 않아서 스스로 자신을 그것에 휘둘리는 노예로 만든다.

마스터는 엄연히 세상 속에 있다. 마스터는 자신의 발을 땅 위에 단단히 딛고 있다. 하지만 그는 겉모습으로 보이는 세상의 바로 배후에 있는 실체는 다름 아닌 자신의 참자아임을 알아차린다. 그러면 모든 것이 조화롭고, 완벽하다.

실상을 목격하기

자신을 타인들과 별개로 떼놓거나 이런저런 것을 소유하는 것이 중요한 것이 아니라, 그저 세상의 실상을 보는 것이 중요하다. 세상의 실상을 보면 깨달은 존재가 된다. 보지 못하면 그는 스스로 지어낸 세상이라는 적과 엉켜서 영원히 새도복싱을 하고 있게 된다. 깨달은 자와 깨닫지 못한 자 둘 다 세상을 본다. 마스터는 세상의 바로 뒤에 숨겨져 있는 실상을 보며, 거기에는 오직 조화만이 있을 뿐이다! 깨닫지 못한 이는 분리와 대치만을 보고, 거기에는 온갖 불화가 가득하다! 깨닫지 못한 이는 세상이 자신을 조종한다고 여기고, 깨달은 이는 세상을 자신의 투사로 본다. 그래서 그는 세상을 조종할 수 있고, 세상은 그를 조종할 수 없다. 세상의 주인인 그는 여여如如히 평화와 고요 속에 거하면서 전혀 힘들이지 않고 살아간다.

우리는 나날의 삶 속에서 그와 같은 평화와 고요의 상태에 머물러야 한다. 시시콜콜 잡다한 일상사 속에서도 그러한 경지에 머물러 있을 수 없다면 아직 정상에 도달하지 못한 것이다.

그러니 성과 속이라는 두 세계는 없다. 그것은 모두 하나이고 같은 것이다. 그것을 바라보는 우리의 관점의 문제다. 그 누구도, 그 무엇도 우리를 동요시킬 수 없는 경지에 다다르기를 힘써야 한다. 그런 경지에 이르면 정상에 오른 것이다. 우리는 세상 한가운데에 있지만 그 누구도, 그 무엇도 우리를 미동시킬 수 없다. 이것을 마음에 새기고 연습하라. 이것을 삶의 방식으로 만들어라. 사람들에게 화내거나 질투하거나 증오하는 등의 반응을 하지 말라. 늘 여여하라. 어떤 일이 일어나든지, 눈앞에서 무슨 일이 벌어지고 있든지, 당신은 실로 늘 평화롭고 고요하다.

문답

질문자 하지만 레스터, 세상을 보면 차이가 보여요.

레스터 차이가 보인다면, 성과 속이 다르게 보인다면, 그것은 영락없이 우리가 이 영성을 아직도 온전히 이해하지 못하고 있기 때문입니다. 우리는 눈에 보이는 것을 뭐든지 자꾸만 분리시키고 있어요. 가장 높은 경지는, 동시에 이 세상과 영의 세계에 거하되, 그 둘이 아무런 차이도 없는 경지입니다. 거기에 있으면 우리는 그것을 세상과 영으로 바라보지 않습니다. 그것을 하나이고 같은 것으로 보지요. 우리는 일체성을 봅니다. 그 모든 것을 바로 우리의 참자아로 봅니다. 아니, 원한다면 꿈이 우리의 잠 속에 있듯이, 온 세상이 우리 안에 있는 것으로 봅니다. 꿈속에서 어떤 일이 일어나든지 우리는 영향받지 않습니다. 그 어떤 것에서도 아무런 차이가 보이지 않습니다. 만유에 걸쳐 오직 하나의 일체성이 존재할 뿐입니다. 아무것도 변하지 않습니다. 우리의 느낌은 늘 여여합니다.

바로 이것을 우리가 얼마나 왔는지 재어보는 척도로 삼을 수 있습니다. 모든 것이 늘 여여한가? 정말 아무런 변함이 없는가? 이런 관점에서 살펴보기 시작하면 좀 충격을 느끼게 됩니다. 여여함, 일체성, 차이 없음, 오로지 신밖에 없음, 만물 안의 신, 모든 곳에 깃들어 있는 신을 보는 경지에 나는 얼마만큼 다가와 있는가?

그런 비이원적인 경지에 이르면 분리감을 잃어버려서, '외견상의' 타인들을 인식하려면 '우리'라는 말을 사용해야 합니다. 그뿐 아니라 자신을 제3자처럼 지칭하게 됩니다. 이것이 마스터가 느끼는 느낌이고 그가 말하는 방식입니다. 어떤 마스터들은 자신을 이름으로 지칭하지 않고, 제자들이 그를 부르는 것처럼 자신을 3인칭으로 부릅니다. 예컨대 모든 사람이 켄Ken처럼 나를 성부(Father Divine)라고 부른다면 나는 성부에 '대해' 이야기할 겁니다. 나, 혹은 레스터 대신 '그(자신을 가리키며), 성부에 대해' 이야기할 겁니다. 이게 바로 모두가 하나이고 같은 그런 경지에 있을 때 경험하는 느낌입니다. 자신을 한갓 몸과 동일시하지 않게 되지요.

내가 이 점을 강조한 것은 꽤 많은 사람들이 성과 속, 이 둘이 사실은 같은 것인지를 모르는 채 그에 대해 묻고, 이야기하기 때문입니다.

질문자 다른 점이 없다구요?

레스터 없어요. 올바로 보면 그건 하나이고 같은 것입니다. 미망에 빠진 눈으로 그릇 바라보면 분리되어 보일 겁니다. 이건 영이고 이건 세상이고, 이건 성스럽고 이건 속되다는 등의 차이가 보일 겁니다.

질문자 '나(Me)'들은 에고인가요?

레스터 예. '나'라고 말하는 것은 마스터가 외견상의 에고들과 소통하기 위해 자신을 낮추어 표현하는 것입니다. 마스터에게는 마스터들밖에 보이지 않습니다. 모두가 같은 모습을 한 무한한 빛의 점들 — 열띠게 타오르며 눈부시게 빛나는 존재들, 모두가 하나인 있음의 점들. 이것이 실제로 마스터의 눈에 보이는 모든 사람의 모습입니다. 그는 사람들을 우리가 보는 식으로 보지 않습니다.

질문자 그는 사람들을 다양한 색조로 보나요, 아니면 모두를 하나의 색조로 보나요?

레스터 모든 곳이 중심이고 모든 곳이 가장자리인, 하나인 빛의 대양 속에서 눈부신 광채를 발하는 똑같은 광점들입니다. 그게 어떤 모습인지 상상해보고 있나요?

질문자 그와 비슷한 모습을 본 적이 있습니다. 그건 타오르는 태양과 같은 빛이었어요.

레스터 예, 눈부시게 타오르는 태양이지요. 마스터는 우리 안의 마스터밖에는 볼 수가 없습니다. 그리고 동시에 그것이 다른 식으로 보이는 것처럼 가장하여 말할 수 있습니다. "해리, 맞아, 당신은 문제를 겪고 있어." 혹은 "해리, 당신은 몸을 가지고 있고 아파트에서 살고 있지." 하지만 그들이 그렇게 말할 때 그건 마치 꿈속의 목

소리가 이야기하는 것과도 같습니다. 아니, 그렇게 이야기하는 것처럼 보입니다. 그건 모두가 겉모습일 뿐이고 가장입니다. 그들은 사실 그런 척하고 있는 것입니다. 그들이 보고 있는 편재하고 무한한 일체는 결코 변함이 없으니까요.

질문자 그들은 이원성을 가장하고 있고 우리는 실제로 이원세계에서 살고 있다는 거죠?

레스터 예, 하지만 우리도 가장하고 있는 겁니다. 단지 자신이 가장하고 있다는 사실을 모를 뿐이지요. 마스터는 가장하면서 자신이 가장하고 있다는 걸 알지만, 우리는 자신이 가장하고 있다는 사실을 모릅니다.

질문자 마스터들이 그런 식으로 우리의 수준으로 내려온다는 말이죠, 레스터?

레스터 그렇습니다. 오로지 우리를 돕기 위해서요.

질문자 인간인 나는 "난 야구 게임을 할 거야"라고 할 수 있잖아요. 나는 내가 야구선수라고 선언하고 야구 게임의 모든 규칙을 따르기로 마음먹을 수도 있지만, 그렇다고 해서 야구 게임을 꼭 해야만 하는 건 아니에요. 마찬가지로 신도 "난 로버트가 된 게임을 할 거야"라고 할 수 있잖아요. 그러고 제가 야구를 할 때 야구의 규칙을 따르기로 하는 것처럼 그는 자신이 정의한 로버트의 모든 한계를 따르기로 하는 거죠. 그런데 신은 왜 로버트나 레스터가 되어서 감각의 한계 속에 갇히는 놀이를 즐기지 않나요? 야구를 할 때는 야구선수가 지켜야 할 규칙 속에 자신을 한정시켜

따르지요. 그러면 저는 로버트이면서도 신나게 야구를 즐길 수 있잖아요.

레스터　신은 그렇게 할 수 있고, 실제로 그렇게 하고 있어요. 하지만 그는 자신이 신임을 절대 잊어버리지 않지요! 당신은 잊어먹지 않나요?

질문자　그러니까 저는 로버트가 된 게임을 하는 신인데 지금은 그걸 잊어먹고 있는 거란 말이죠?

레스터　말로만이 아니라 정말로 알 때만 당신은 로버트가 된 게임을 하는 신입니다. 립서비스는 실제로 아는 것과는 달라요.

질문자　그렇군요.

레스터　그러니까 이론적으로는 당신이 맞아요. 그런데 중요한 것은 그것을 실질적으로 실천하는 것입니다. 게임을 하는 동안에도 자신이 신 안의 있음임을 알고, 자신이 신이지만 하나의 몸과 그 밖의 온갖 것에 한정되는 게임을 하고 있음을 아는 것 말입니다.

질문자　그리고 원하지 않는다면 언제든지 그만두어도 되지요. 그리고 나는 게임의 창조자니까 한정되는 특정한 단계들을 거치지 않아도 되고요. 규칙도 내가 만드는 거니까 야구를 해야만 하는 게 아닌 것처럼 이 게임도 해야만 하는 건 아니에요.

레스터　그렇죠. 그런데 자신이 신이란 사실을 정말 모른다면 '나'의 근원을 추적해가서 발견해낼 수 있어요. '나'라는 에고의 근원을 추적해가면 우리는 그것의 무한한 있음을 발견합니다. 마음의 근원을 추적해가도 같은 것을 발견하게 됩니다. 그 무한한 있음이 이 한계와 에고와 마음이라는 가면을 덮어쓰고 있습니다. 그래서 우리는 이 세상이란 다름 아니라 한계라는 이름의 게임을 벌이고 있는 신이라는 이 실상을 보지 못하는 겁니다. 이 실상을 파헤치는 방법은 에고의 근원을 추적하는 것입니다. 그리고 끈질기게 추적해가면 그것은 실로 무한한 나, 나인 그것임을 발견할 겁니다.

질문자 당신의 책에 따르면, 예컨대 로버트의 비유를 빌려서, 야구를 하면서 신을 숭배하고 있다면 나는 야구를 만든 사람이 아닙니다. 무엇을 하든지 신의 자리에서 굽어보면서 한다면 그건 내가 누구인지를 아는 겁니다. 하지만 밖으로부터 신을 숭배하면서 게임을 한다면 그건 모르는 것이지요.

레스터 맞아요. 그것을 그리스도로 바꿔서 말하자면, 그리스도를 숭배하거나 믿는다면 그건 잘못 가고 있는 것입니다. 그리스도의 눈을 통해 보아야 합니다. 그리스도가 믿은 대로 믿어야 합니다. 내가 그리스도가 되어야 하는 겁니다.

질문자 그건 당신의 책에 쓰여 있었는데 오늘 아침 《바가바드 기타》를 읽으니 거기에도 그렇게 쓰여 있더군요. 그러니까 당신은 훌륭한 원전에서 그런 내용을 얻어내는군요.

레스터 책의 서두에도 이 지식은 내 것이 아니라고 밝혔지요. 그 지식은 진실(Truth)입니다. 그건 내가 만들어낼 수도 없고 없앨 수도 없습니다. 나는 그것을 알아보거나 알아보지 못할 수만 있을 뿐입니다. 그게 우리가 할 수 있는 선택이지요. 진실을 알아보거나 못 알아보거나 하는 것 말입니다. 우리는 진실을 만들어낼 수도 없고, 그것에 대해 아무것도 할 수 없고 단지 알아볼 수만 있을 뿐입니다.

질문자 제가 읽은 책들은 모두 같은 말을 합니다. 파탄잘리도, 요가난다도, 《바가바드 기타》도, 《베다》도, 모두 같은 말을 해요.

레스터 맞아요. 그들은 천 년 전에, 백만 년 전에 십억 년 전에, 억겁 이전에 그렇게 말했고, 앞으로도 똑같이 그렇게 말할 겁니다. 진실이란 결코 변하지 않는 것이기 때문입니다. 진실은 변함이 없습니다. 근본적인 진실은 영원히 변하지 않을 것이고, 온 우주를 통틀어 보아도 이 사실을 알 수 있습니다. 그러니 만일 억겁 광년 떨어진 행성에서 온 누군가가 달리 말한다면, 그가 아무리 고매한 듯이 보이고 말하고 행동하더라도, 그것이 불변의 진실에 관해 당신이 알고 있는 것과 맞지 않는다면 그가 틀렸다고 확신해도 됩니다. 그가 설사 신처럼 보이고, 또 그렇게 행동한다고 하더라도 말입니다.

내가 무슨 말을 하는지 아시겠습니까? 천사가 와서 말하더라도 그것이 진실과 부합하지 않는다면 거부하세요. 당신이 스스로 진실을 깨닫기 전에는 당신을 아주 쉽게 속여넘길 수 있는, 신처럼 높아 보이는 존재들이 많습니다. 진실은 무한을 통틀어 보아도 동일합니다.

질문자 우리는 가능한 한 빨리 나아가려고 애쓰고 있습니다. 가르침을 듣고 책을 읽고 구도의 길을 열심히 가야 한다고 생각하지요. 그런데 교회에 가서 높은 수사들을 만나보면 그들은 그 길을 이미 수십 년 동안 힘써 가고 있습니다. 눈앞에서 나보다 훨씬 더 오랫동안 길을 가고 있는 분들이 아직도 헤매고 있다면 나는 어떻게 그보다 더 빨리 갈 수가 있겠습니까?

레스터　이렇게 보십시오. 로스앤젤레스에서 뉴욕으로 가려고 하는데 가장 빠른 지름길을 모른다면 당신은 탐사를 시작하겠지요. 우선 워싱턴주로 올라가서 동쪽으로 가다가 네바다주로 내려와서 다음엔 몬태나주로. 하지만 지름길을 안다면 곧바로 가서 훨씬 더 빨리 도착하겠지요. 탐사는 평생이 걸릴 수도 있습니다. 알려진 지름길로 가면 사나흘이면 갈 수 있는 길을 말입니다.

질문자　알겠으니 나중에 딴말은 마세요.

레스터　염려 마세요. 수사들은 지름길을 모르고 그저 탐사길에 나서서 조금씩 조금씩 배워가고 있는 겁니다. 미국 전역을 헤매더라도 열심히 가다 보면 결국은 뉴욕에 도착하겠지요.

질문자　하지만 우리는 저마다 능력이 다르지 않나요? 어떤 사람은 장애물을 아주 쉽고 빠르게 넘어가지만, 어떤 사람은 뿌리 깊은 오래된 문제가 있어서 그걸 극복하려면 매우 힘들게 발버둥을 쳐야만 하지요.

레스터　그렇습니다. 하지만 깨달음의 속도는 열망의 강도에 의해 정해집니다. 우리의 열망은 얼마나 강렬한가요? 열망이 정말 강렬하다면 깨달음은 쉽게 빨리 옵니다.

질문자　그러면 그 깨달음을 지키면 됩니까?

레스터　예. 깨달음은 떠나지 않고 정말로 머물러 있습니다. 말하지만, 나는 당신들을 가르치고 있는 게 아닙니다. 여러분은 이미 알고 있던 것을 깨닫고 있습니다. 늘 알고 있던 것을 다시 기억해내고 있는 겁니다. 나는 이 앎을 여러분에게 줄 수가 없습니다. 아무도 그럴 수가 없어요. 나는 그저 그것을 제시해주고, 여러분은 잠재의식 속에서 이미 알고 있었고, 늘 알고 있고, 늘 알고 있을 그것에 자신을 엽니다. 달리 말하자면 그저 자신의 참자아의 한 페이지를 읽는 것입니다.

질문자 그러니까 셀프 깨달음이군요.

레스터 그렇죠. 그리고 이것도 사실입니다. — 아직 많이 성장하지 못했더라도, 혹은 다른 사람보다 어리더라도 깨달음에 대한 열망이 매우 강렬하기만 하면 그 사람보다 훨씬 더 멀리 갈 수 있습니다. 오직 온전한 깨달음에 대한 강렬한 열망만이 이 생에서 깨달음을 가져다줄 것입니다. 오로지 진실에 대한 열망밖에 없는 사람이 온전한 깨달음에 빨리 도달합니다. 원하기만 한다면 과거의 프로그래밍을 뭉개 없애버릴 수도 있습니다.

무한하고 전지한 존재가 자신이 전지하고 전능하고 편재함을 알려면 얼마나 오래 걸릴까요? 그가 그것을 깨달으려면 얼마의 시간이 필요할까요?

질문자 한 번의 깨달음요.

레스터 그러겠노라고 뜻을 내기만 하면 그는 즉석에서 완전히 해방됩니다!

그러니 이 성장이란 것은 사실 알고 보면, 지금도 그러고 있듯이 우리는 이 길 위에서 놀고 있는 겁니다. 깨달음을 하나씩 둘씩 쌓아가다가 어느 날 이렇게 외치게 되지요. '오, 이런! 내가 언제나 바로 이 놀라운 존재였다는 사실을 까맣게 모르고 있었단 말이야? 내이 무슨 바보 같은 놀음을 하고 있었던 거야? 젠장!' 그러면 펑! 게임이 끝나는 겁니다.

질문자 그리고 그 순간 그는 신의 자리로부터 굽어보고 있겠군요!

레스터 그렇죠. 신의 자리로부터 모든 것을 한눈에 굽어살피다가 자신이 꾸고 있는 바보 같은 제약 놀이(the game of limitation) 꿈을 깨닫고는 그 자리에서 완전히 다 놔버리지요!

사랑에 관하여

오해

사랑은 내가 잘 사용하지 않는 단어다. 너무나 잘못 이해되고 있기 때문이다. 우리는 이 말을 정의한답시고 거기다 더 많은 말을 덧붙이는데, 아무리 그래도 그 뜻을 온전히 전달하지 못한다. 사랑이 무엇인지는 오로지 각자의 성장을 통해서만 이해할 수 있기 때문이다. 하지만 사랑은 구도의 길에 절대적으로 필요한 성분이다. 당신이 행여나 온전한 깨달음을 기대하고 있다면, 사랑을 부단히 키워서 온전한 사랑으로 완성해야만 한다.

하지만 내가 이야기하는 사랑은 섹스와는 아무런 관계도 없다. 섹스는 육체의 만족을 위한 행위이다. 그런데도 우리는 대부분 그것을 혼동하여 사랑과 결부시킨다. 섹스가 무엇이고 사랑이 무엇인지를 깨닫고 나면 그 둘은 전혀 다른 별개의 것임을 알게 될 것이다. 그 둘은 결합될 수도 있지만, 둘이 반드시 함께 있어야 하는 것은 아니다.

내가 말하는 사랑은 예수 그리스도의 사랑이다. 그것은 완전한 사랑으로서, 그것을 극단적으로 표현한 말은 "네 원수를 사랑하라"이다. 사랑을 가장 잘 정의한 말은 이것이라고 생각한다. ― '대가에 대한 아무런 기대 없이 그저 베풀고 싶어하는 느낌'. 그것은 완전히, 그저 주는 것이다. 그리고 그것은 변하지 않는 태도다. 사랑은 변하지 않는다. 우리가 가지고 있는 사랑은 모든 사람에게 똑같이 적용된다. 가족을 사랑하는 것과 똑같이 낯선 사람도 사랑한다. 이상하게 들릴지 모르지만 이것은 사실이다. 우리는 낯선 사람을 사랑할 수 있는 그만큼만 가족을 사랑할 수 있다.

소유개념은 사랑의 의미와 정반대의 개념이다. 사랑에는 집착이나 울타리 같은 것이 없다. 사랑은 사랑하는 사람을 자유롭게 놓아준다. 사랑은 상대방이 좋아하는 것을 가지기를 바란다. 이같은 사랑의 가장 좋은 예는 자식에 대한 엄마의 사랑이다. 엄마는 자신을 돌보지 않고 모든 것을 희생하여 아이에게 준다.

다른 정의들

사랑에 대한 다른 정의들도 있다. '받아들임'도 훌륭한 정의 중 하나다. 사랑하면 우리는 상대방을 있는 그대로 받아들인다. 세상을 사랑하면 세상을 있는 그대로 받아들인다. 그것을 바꾸려고 하지 않는다. 있는 그대로 놓아둔다. 세상에 있을 권리를 부여한다. 마찬가지로 우리는 모든 사람에게 있을 권리를 부여해야 한다. 그들이 원하는 방식으로 존재하게 하라. 결코 그들을 바꾸려고 하지 말라. 그들을 바꾸려는 것은 우리의 에고를 그들에게 주입시키는 짓이다. 그들이 자신이 원하는 모습으로 존재하기를 소망하라.

'하나되는 것'도 좋은 정의이다. 사랑은 상대방, 혹은 다른 모든 사람과 하나가 된 느낌, 동화된 느낌이다. 온전한 사랑이 있으면 자신을 곧 상대방으로 느끼고, 상대방을 마치 자신을 대접하듯이 대접한다. 거기에는 완전한 동일시가 있다.

완전한 사랑의 상태에는 변함없는 감사의 느낌이 수반한다. 모든 것에 감사를 느낀다. 심지어는 좋은 것에나 나쁜 것에나 모두 신께 감사한다. 이것을 이해하려면 사랑의 높은 경지에 올라야 한다. 그래야만 나쁜 것에 대해 신께 감사드리는 것의 의미를 알 수 있다. 이것의 실질적인 측면은, 감사의 상태에 있기를 힘쓸수록 사랑에 차있게 된다는 것이다. 이 진실을 몸소 터득해보라.

사랑은 하나의 느낌일 뿐만 아니라 엄청난 힘이다. 이것을 세상 사람들은 거의 모른다. 이런 사랑의 예를 우리는 마틴 루서 킹에게서 보았다. 그는 사람들이 아무리 공격해도 사랑밖에는 돌려주지 않았다. 그는 비폭력을 가르쳤다. 이 같은 사랑의 가장 훌륭한 예는 아마도 대영제국과 싸워 이긴 마하트마 간디가 보여준 본보기일 것이다. 그는 무기도 없이 그저 자신의 가르침을 통해서 승리했다. ─ "영국인은 우리의 형제들이다. 우리는 영국을 사랑한다. 영국과 영국 군인들에게 저항하지 말고 오로지 사랑하라." 그렇다. 간디는 이것을 잘 이해하고 있었고, 이것이 실질적인 힘을 발휘하도록, 인도에서 충분한 숫자의 추종자를 얻어낼 수 있었다.

가장 강력한 힘

의심의 여지 없이, 사랑의 배후에 감춰져 있는 힘은 수소폭탄보다도 훨씬 더 강력하다. 사랑이 무엇인지를 알면 그 사랑은 우주에서 가장 강력한 힘이 된다. 말로 배운 대로가 아니라 진정 있는 그대로의 사랑을 표현하면 그것은 비범한 힘을 발휘한다.

신은 사랑이라고들 한다. 나는 거기에 덧붙인다. —"신과 하나가 되면 다수가 된다." 사랑밖에 가진 것이 없는 한 개인이 온 세상에 항거하여 일어설 수 있다. 사랑은 그토록 강력하기 때문에. 사랑은 우리가 말하는 참자아나 다름없다. 사랑은 신이다. 우리가 오로지 사랑일 때, 우리는 신이다. 성경의 말씀을 인용하자면, "하나님은 사랑이시다. 하나님은 전능하시다." 그러니 내가 하는 말에는 말하는 내가 아닌 어떤 권위자가 있다. 사랑은 우주의 모든 권능을 다 줄 뿐만 아니라 모든 기쁨과 모든 앎을 다 준다.

그럼 어떻게 하면 실제로 그렇게 될까? 사랑의 품을 키우는 최선의 방법은 지혜와 이해를 통하는 것이다. 또한 일상 속에서 사랑을 키워주는 일을 할 수도 있다. 사랑을 실천할 첫 번째 장소는 가족이 사는 집이다. 우리는 가족을 더더욱 사랑하도록 애써야 한다. 누구나 사랑의 멋진 경험을, 한 사람을 사랑한 경험을 해보았을 것이다. 40억 지구인을 다 사랑한다면 어떨지를 당신은 상상할 수 있겠는가? 그것은 40억 배 더 즐거울 것이다! 가정은 우리 주변인들의 존재를 인정함으로써 그들에 대한 우리의 사랑을 키워나갈 수 있는 첫 장소이다. 가족 간에 이것은, 특히 상대방이 어린아이라면 가장 행하기 어려운 일이라고 나는 믿는다. 그러나 모든 아이들은 온전하고 완전하고 무한한 하나의 인간, 신의 자녀다.

집에 있는 사람들을 사랑한 다음에는 이웃을, 그다음에는 더 많은 이웃을, 자신의 주에 사는 사람들, 나라 전체를 사랑하도록 해야 한다. 그다음에는 온 세상의 모든 사람을 사랑하도록 해야 한다.

문답

질문자 소련사람들도요?

레스터 소련사람들조차도요.

질문자 중국인들도요?

레스터 얼마 전에 로버트가 그에 대해서 한 말을 들었습니다. 그는 이렇게 말했죠. "사람들이 '예수가 오늘날에 돌아온다면 공산주의자들을 어떻게 대할까?' 하고 묻더군요." 그는 이렇게 대답했다고 합니다. "그는 사람들이 예상하는 식과는 다르게 반응할 거예요. 그는 어떤 사람도 어떤 식으로든 반대하지 않을 거예요. 그는 공산주의자들을 미워하지 않을 겁니다. 그는 그릇된 행위, 악행에는 반대하겠지만 사람에게는 결코 반대하지 않을 겁니다."

우리가 사랑의 힘을 이해한다면, 그리하여 대부분의 미국인이 소련사람과 중국사람들을 사랑한다면, 미국은 무기 없이도 세계를 제패하리라고 나는 믿습니다.

이 세상의 모든 사람을 사랑하는 것을 배웠다면, 이 세상 밖에서 더 많은 이가 기다리고 있습니다. 이 세상의 모든 사람을 사랑하면 그다음에는 다른 세계의 형제자매들을 만날 기회를 얻게 되리라고 나는 생각합니다. 이 우주에는 집이 많고 많기 때문이지요. 살 곳이 많고도 많아요. 우리는 이 행성 위에서조차 사랑할 능력이 없기 때문에 외계의 형제자매들을 차단한 것입니다.

실질적인 측면으로 되돌아와서, 사랑의 품을 키우면 키울수록 우리는 우주의 조화로운 경지에 더욱 다가가게 됩니다. 그러면 우리의 삶은 더욱 아름답고 풍요롭고 기뻐질 겁니다. 그것은 나선의 상승 사이클을 가동시킵니다. 사랑은 사랑을 낳습니다! 사랑이 사랑과 사랑에 빠지는 겁니다!

또 한 가지 있습니다. 사랑받고 싶다면, 사랑을 얻는 방법은 사랑을 하는 것입니다. 그것은 가장 좋은 방법일 뿐만 아니라 그것만이 유일한 방법이라고 나는 생각합니다. 사랑을 받으려면 사랑을 해야만 합니다. 왜냐하면 주는 것은 반드시 돌아오기 때문이지요. 사랑 없이 사랑을 찾아 두리번거리기만 하는 것은 사랑을 가져다주지도, 우리를 만족시켜주지도 않습니다. 이것이 너무나 많은 사람들의 생각 속에서 일어나는 오류입니다. 그들은 실제로 사랑을 받고 있을 때조차 그것을 느끼지 못하는 채로 사랑받기만을 원하면서 생을 지나갑니다. 사랑의 느낌은 우리 안에 있는 것입니다. 내가 당신을 사랑한다면 나는 멋진 기분이 됩니다. 당신이 나를 사랑한다면 당신이 멋진 기분이 됩니다. 멋진 기분이 되는 것은 사랑하는 사람입니다. 그러니 사랑받기를 원하는 것은 만족될 수 없는 길로 들어서는 짓입니다. 행복한 사람은 사랑하는 사람, 베푸는 사람입니다. 베푸는 사람은 복이 있나니, 베푸는 만큼 더 행복해지기 때문입니다.

사랑은 모든 사람에게 동등하게 느껴져야만 합니다. 우리가 어떤 사람을 다른 사람보다 더 사랑한다고 말할 때, 그것을 추적해서 내면으로 들어가보면 우리가 더 사랑하는 그 사람은 우리가 필요하다고 생각하는 사람, 우리가 갖고 싶은 것을 갖고 있는 사람입니다. 그래서 우리는 그 사람을 더 사랑한다고 말하는 것입니다. 그것은 사랑이라는 이름의 밑밥일 뿐입니다.

사실 사랑은 쪼갤 수가 없습니다. 자신의 사랑이 어느 수준까지 왔는지를 알려면 적을 바라보세요. 이건 정말 실감 나는 시험입니다. 거기까지는 해보고 싶지 않다면 낯선 사람을 바라보세요. 사랑은 다음 중의 하나는 되어야만 합니다. — '그들은 나야, 그들은 나의 가족이야, 모든 어머니는 나의 어머니야, 모든 아버지는 나의 아버지야, 모든 아이들은 나의 아이들이야.' 이것이 이해를 통해서 우리가 얻게 되는 태도입니다. 이것이 사랑이란 말의 진짜 의미입니다.

질문자 레스터, 당신은 사랑을 베푸는 것, 자신과 그 밖의 어떤 것을 베푸는 것이라고 말씀하시는 것 같은데요, 저는 자신을 남에게 내놓으면 사람들이 더욱더 많이 가져가려고 하는 경향이 있는 것 같아서 가끔씩 갈등을 느낍니다. 그래서 결국 그만두지 않으면 그들은 나를 정서적, 정신적, 재정적으로 고갈될 때까지 목발처럼 써먹습니다.

레스터 그건 불가능한 일입니다. 진정한 사랑을 느껴서 사랑의 올바른 태도를 지니고 있으면 그런 일은 일어나지 않습니다. 당신이 한 것과 같은 말을 종종 듣습니다. 우리에게 필요한 것은 진정한 사랑이 무엇인지를 아는 것입니다. 베푸는 것은 하나의 태도입니다. 우리는 언제나 사랑의 태도를 유지할 수 있습니다. 베푸는 사람들의 대부분은 사랑으로써 그것을 베풀지 않습니다. 그들은 베푸는 대가로 얻게 되리라고 생각하는 사회적 인정을 위해 베풉니다. — '보라, 나는 선행을 하고 있다!' 혹은 '신문에 내 이름이 날 거야' 하는 등등으로요. 아시나요, 그런 식의 사랑은 우리를 문제에 빠뜨립니다. 사람들은 그런 것으로 상대방을 빨아먹습니다. 대가를 찾아야 하니까요. 우리는 앞으로 나아가려고 하지만 그들이 우리를 아래로 끌어당깁니다.

질문자 이웃집 사람보다 수천 킬로미터 떨어져 있는 사람을 사랑하기가 더 쉽다고 생각하지 않나요?

레스터 우주에서 가장 쉬운 일은 모든 사람을 사랑하는 것입니다. 이게 나의 생각입니다. 이것이 내가 발견한 것입니다. 사랑이 무엇인지를 터득하고 나면 그건 가장 하기 쉬운 일이 됩니다. 모든 사람을 사랑하지 않으려면 엄청난 노력을 쏟아야만 합니다. 그렇게 날마다 쏟아지는 노력을 우리는 늘 목격하고 있지요. 하지만 사랑하면 우리는 그들과 하나가 되고, 평화를 누립니다. 그리고 모든 것이 멋지게 제자리로 돌아갑니다.

중요한 것은 내가 정의하고 있는 그런 의미의 사랑을 터득하는 것입니다. 그러면 그런 일은 일어나지 않습니다. 하지만 세상 사람들이 사랑이란 말에서 이해하는 그런 의미의 사랑이라면 당신의 말이 맞습니다. 하지만 나는 그것을 사랑이라 부르지 않습니다.

질문자 그럼 뭐라고 부르시나요? 당신에겐 그걸 부르는 이름이 따로 있나요?

레스터 사실 그건 이기심입니다. 우린 사실 자신을 돕기 위해서 모든 행위를 합니다. 하지만 진정한 사랑, 영적인 사랑도 자기를 버리지는 않습니다. 모든 사람을 사랑한다고 해서 그것이 자신에게 해로워야 하는 건 아닙니다. 그리고 실제로 그것은 자신에게 해가 되지 않습니다. 사랑할 때, 거기에는 서로 주고받는 느낌이 있습니다. 서로 오고 가는 것이 올바른 것입니다. 사랑하면 당신은 이 법칙을 따르고, 그러면 사람들도 당신을 이용하지 않습니다. 사랑할 때, 당신은 우주에서 가장 강력한 힘을 발휘하고 있습니다. 단, 내가 이야기하고 있는 것은 예수 그리스도의 사랑이지, 세속적이고 이기적인 사랑이 아닙니다.

실질적인 이야기로 돌아와서, 만약 사람들이 당신에게 해를 입히려고 해도 그들에게 그저 사랑만을 느낀다면 그들이 그 짓을 계속한다면 오히려 그들이 해를 입는 것을 당신은 목격하게 될 것입니다. 그래도 그 짓을 계속하면 그들은 더 큰 해를 입습니다. 그래서 그들은 더 이상 당신에게 대들지 못하게 될 것입니다. 하지만 우리는 여태껏 알아왔던 그런 사랑이 아니라 내가 말하고 있는 이 사랑을 연습하고 실천해야만 합니다.

질문자 그건 근본적인 태도네요. 육체적인 것도 아니고, 심지어는 정신적인 것도 아니고요. 맞나요?

레스터 우리가 수행할 때 길러지는 지속적이고 변함없는 태도입니다. 하지만 말했듯이 우리는 사랑을 연습하고 실천해야만 합니다. 첫째, 가족에게요. 가족 모두에게 그들 스스로의 존재를 인정해주세요. 할 수 있다면 말입니다. 안 된다면 계속 노력하세요. 할 수 있을 때까지 노력하십시오. 그다음에는 그것을 친구들에게, 그다음엔 낯선 사람들에게, 그다음엔 모든 사람들에게 실천하세요. 이로써 당신은 사랑을 키워갈 수 있습니다. 그게 마치 스위치를 올리듯이 쉽게 되는 일은 아니라도 말입니다.

질문자   어떤 면에서 그건 우리 모두가 가지고 있는데 단지 온갖 태도에 덮여 있는 것이겠죠?

레스터   맞습니다. 그릇된 태도들 밑에 깔려 있지요. 내가 이야기하는 이 사랑이야말로 우리 본성입니다. 그래서 사랑하는 것이 그토록 쉬운 겁니다. 그 반대로 하려면 노력이 들어가야 하고요. 우리는 본연의 참자아로부터 멀어져서 그것을 그릇된 태도들로 깔아뭉개고 있는 것입니다.

질문자   사랑이란 거의 이기심 같은 것 아닌가요? 누굴 사랑하는 건 너무나 좋은 느낌이잖아요.

레스터   그건 말뜻의 문제지요. 당신이 말하는 뜻으로 하자면 그렇습니다. 하지만 일반적인 의미의 이기심은 아니지요.

질문자   누굴 사랑할 때는 기분이 정말 좋다는 걸 저도 알아요. 기분이 참 끝내주지요.

레스터   사랑이 무엇인지를 깨달을 땐 정말 그렇지요. 그건 온 우주에서 가장 멋진 일입니다. 그건 모든 사람이 원하는 것입니다. 왜냐하면 애초에 그것이 바로 그들의 본성이기 때문이지요. 본질적으로 모든 인간은 지극히 사랑으로 가득한 존재들입니다.

질문자   이 기쁜 느낌에 대해 이해하고 싶은데, 그건 생각이 가라앉아 마음이 고요해졌을 때나, 상대방을 받아들이게 되어서 마음이 가라앉을 때 느껴지는 것과 같은 종류의 것인가요?

레스터   그렇습니다. 사랑할수록 생각은 할 필요가 없어지지요. 내가 당신을 사랑하지 않으면 나는 자신을 방어해야 합니다. 자신을 보호해야 하지요. 세상을 사랑하지 않으면 세상으로부터 나 자신을 보호해야 하고, 그러면 생각이 점점 더 많아집니다. 그것은 나를 극도로 방어적으로 만들고, 그것이 잠재의식 속에 여러 해 동안 쌓이면 나는 세상으로부터 자신을 보호하려는 생각의 덩어리가 됩니다. 하지만 세상을 사랑하면 세상이 나를 해칠 수 없습니다. 그러면 생각이 고요히 가라앉아 마음이 평화로워지고, 무한한 참자아가 바로 거기서 발견됩니다. 이것이 바로 그 엄청난 기쁨의 경험입니다.

질문자 달리 말해서 참자아를 끌어내는 것은 사물이 아니네요. 실제로 그 있음이 조금씩 조금씩 드러나게 만드는 것은 고요해진 마음이고, 그게 실은 사랑의 경험이군요, 그렇죠?

레스터 예, 그래요.

질문자 드디어 참자아가 빛을 발하는!

레스터 예. 당신의 말은, 우리가 무한한 있음, 무한한 기쁨을 누리다가 그것을 잡념으로 덮어씌워 버린다는 거죠. 우리는 한계 없는 본연의 상태를 누리다가 그것을 제약의 생각들로 덮어씌워 버립니다. 그 생각들이 우리 자신인 이 무한한 참자아를 깔아뭉갭니다. 그저 있음을 즐기는 능력을 깔아뭉갭니다. 그러니 우리가 해야 할 일은 단지 생각을 고요히 잠재우거나, 자신에게서 모든 생각을 제거하는 것입니다. 그러면 남는 것은 우리 자신인, 우리 본연의 상태인 무한하고 찬연한 있음입니다. 그것이 우리의 상태였고, 앞으로도 우리의 상태일 것입니다. 사실 우리는 지금도 그런 상태이지만 그것을 깨닫지 못하고 있습니다. 우리 자신인 이 무한하고 찬연한 있음은 절대적으로 완벽하기 때문에 결코 바뀔 수가 없습니다. 그것은 언제나 거기에 있습니다. 다만 우리가 그것을 보지 못하고 있을 뿐입니다. 우리는 딴 곳을 보고 있습니다. 그와는 한참 다른 곳을 보고 있지요. 우리가 해야 할 일은 마음을 내면으로 돌려 그것을 보기 시작하는 것입니다. 그곳을 자주 바라볼수록 그것이 더 선명히 보입니다.

모든 것이 같은 방향을 가리키고 있는 것 같지 않나요? 우리가 삶이란 무엇인지, 우주란 무엇인지를 좀더 잘 이해해가면 그런 일이 일어납니다. 갈수록 모든 것이 제자리에 더 잘 맞아떨어지기 시작하고, 갈수록 일이 단순해집니다. 그리하여 마침내 신이라 불리는 하나의 절대적인 단순성만이 남지요. 신은 단순합니다. 그 밖의 모든 것은 복잡합니다. 복잡할수록 우리는 신으로부터 더 멀리 와 있습니다. 신은 하나요, 유일합니다. 둘도 없는 하나입니다.

질문자　다른 어떤 사람이 원하는 게 있는데 내가 거기에 맞추다간 손해를 볼 것 같다는 느낌이 있다면 그건 사랑이 아니죠. 하지만 그가 무엇을 원하든 나도 그것을 원할 정도로 나의 사랑이 온전하다면 겁날 게 없겠지요?

레스터　예. 그런 것을 요새는 함께하기(togetherness)라고 말하더군요. 참 좋은 말이에요. 함께하기, 당신이 한 말과 잘 어울리지 않나요?

질문자　자신의 있음(beingness)을 깨달으면 다칠 수가 없다는 생각이 떠올랐어요. 그러니 누가 나를 해칠 수가 있겠어요?

레스터　맞는 말입니다. 온전히 사랑할 때는 다칠 수가 없습니다.

우리는 사랑할 때만 경이로운 기분을 느낍니다. 사실은 그야말로 가장 경이로운 기분이지요!

질문자 어떤 사람과는 다른 사람들보다 더 함께인 느낌을 느낀다면 분리되기 시작하고 있는 건가요?

레스터 예. 그건 온전한 사랑이 아닙니다. 편파적인 사랑이지요. 그렇게 편파적으로 치우칠수록 기분은 덜 좋아집니다. 온전히 사랑할 때 우리는 모든 존재를 사랑하게 됩니다. 만사가 순조롭고 모든 사람이 괜찮다는, 엄청나게 경이롭고 훈훈한 태도밖에는 아무것도 없습니다. 우리는 오로지 완벽함만을 봅니다. 세상을 바라보는 눈이 그렇게 됩니다. 미움에 빠지면 똑같은 세상이 그와는 정반대로 보이지만요.

질문자 베푸는 것에 대해 이야기하실 때, 물질적인 베풂을 말하는 건가요, 아니면 영적인 이해를 돕는 것을 말하는 건가요?

레스터 사랑은 베풀고 싶어하는 태도입니다. 이런 태도로 물질을 베풀면 그건 사랑입니다. 상대방이 나를 좋아하게 하고 싶어서 무엇을 베푼다면 그건 사랑이 아닙니다. 그건 에고의 책략입니다.
가장 큰 베풂은 이해를, 지혜를 주는 것입니다. 궁핍한 사람에게 한 끼 음식을 주면 그는 네 시간 후면 또 음식이 필요해집니다. 하지만 그에게 끼니를 해결할 방법을 가르쳐준다면 그는 다시는 굶주리지 않을 것입니다. 한 가지 말씀을 인용하고 마칩시다.

"사랑은 오래 참습니다. 사랑은 친절합니다. 사랑은 시기하지 않습니다. 사랑은 자랑하지 않습니다. 사랑은 교만하지 않습니다. 사랑

은 무례하지 않습니다. 사랑은 사욕을 품지 않습니다. 사랑은 성을
내지 않습니다. 사랑은 앙심을 품지 않습니다. 사랑은 불의를 보고
기뻐하지 아니하고 진리를 보고 기뻐합니다. 사랑은 모든 것을 덮
어주고 모든 것을 믿고 모든 것을 바라고 모든 것을 견디어냅니다.”

카르마

검증된 방법

우리의 방법은 묻고 답하는 것이다. 내가 문답법을 이용하는 이유는 그것이 진실을 발견해내는 데는 최고의 방법 중 하나임을 알았기 때문이다. 가장 효과적인 가르침은 그룹 수업이나 대중 수업보다는 일대일 수업이다. 우리가 추구하는 앎이나 진실은 지적으로 배울 수가 없기 때문이다. 그것은 책에서 얻을 수 없다. 만약 책에서 얻을 수 있었다면 모든 사람이 이미 그것을 다 터득했을 것이다. 누구나 책은 읽을 테니까.

하지만 나는 진정으로 효과적인 유일한 가르침은 스승이 답을 체험할 학생을 만났을 때만 이뤄진다는 사실을 발견했다. 답을 체험했을 때만 진정으로 그것을 이해할 수 있는 것이다. 이 체험을 깨달음이라고도 부른다.

문답

질문자 카르마는 어떻게 작용하고, 왜 그렇게 작용하는지를 좀더 알고 싶습니다. 무엇이 카르마가 작용하게 하는지, 무엇이 그 쳇바퀴를 돌아가게 하는지도 알고 싶습니다. 당신의 책에서는 그것이 생각이라고 하셨지요.

레스터 '카르마'란 말은 행위라는 뜻의 산스크리트어입니다. 일반적으로는 행위와, 그 행위에 대한 반작용을 뜻합니다. 다른 설명으로는 원인과 결과라고도 하지요. 뿌린 대로 거둔다, 준 것은 자신에게로 돌아온다는 겁니다.

카르마는 생각 속에서 촉발됩니다. 생각이 원인이지요. 행위는 그 결과입니다. 욕망을 일으키면 그 욕망은 뭔가를 원하는 생각을 촉발합니다. 뭔가를 원하게 되면 그것은 우리로 하여금 그 뭔가를 얻으려는 행위를 하게 만듭니다. 그래서 그것을 가지게 되어도, 보통은 그것으로 충분히 만족을 못하고 욕망을 더 키웁니다. 이 과정이 계속 반복 진행되어서 결국 우리는 욕망에 옭매이게 됩니다. 우리는 그 욕망을 결코 만족시킬 수 없기 때문에 그것은 무의식이 됩니다. 욕망을 만족시킬 수 있었다면 우리는 아무런 욕망도 가지고 있지 않겠지요, 그렇지 않나요?

질문자 다시 한 번만 말씀해주시겠습니까?
레스터 욕망을 만족시킬 수 있다면 우리의 모든 욕망은 이내 채워졌을 겁니다. 그러면 우리는 아무런 욕망도 가지고 있지 않을 거라고요!

질문자 그것이 우리가 성취해야 할 경지란 말이죠?

레스터 예, 우리는 욕망이 없는, 아무것도 갈망하지 않는 경지에 이르러야 합니다. 그러면 언제나 행복해질 것입니다.

질문자 당신의 말을 '카르마는 행위와 그에 대한 반작용의 법칙이고, 그것은 그릇된 행위에 대한 벌의 의미가 아니라 훌륭한 행위에 대한 보상의 의미로 사용될 수 있다'라고 이해하면 맞을까요?

레스터 우리는 자신이 좋아하지 않는 것을 창조해놓고는 그것을 벌이라 부르고, 자신이 좋아하는 것을 창조해놓고는 그것을 상이라 부릅니다. 창조는 마음속에서 일어납니다. 마음은 선악을 구별하지 않고 그저 창조합니다. 그러고 나서 창조한 것이 우리의 마음에 들지 않을 때(그리고 그 창조에 대한 책임을 지지 않을 때), 우리는 자신이 벌을 받고 있다고 말합니다.

카르마가 무엇인지에 대한 질문으로 돌아가봅시다. 모든 행위에는 그와 반대되는 동급의 반작용이 있습니다. 그것을 보상의 법칙이라고 합니다. 그것은 마음속에서 촉발됩니다. 우리가 품는 모든 생각은 진공의 빈자리를 만들어냅니다. 자연이 그 빈자리를 메꾸는 속도도 우리의 생각에 의해 결정됩니다. 그리고 모든 생각은 이전의 욕망에 의해 촉발됩니다.

욕망은 실재하는 것이 아니라 가정된 결핍, 무엇이 필요하다고 가정한 데서 비롯되는 고뇌여서 그것은 결코 만족되지 않고, 오히려 만족시키려고 하면 할수록 더욱 강해집니다.

행복해질 수 있는 유일한 방법은 모든 욕망을 놓아 보내는 것입니다. 그러면 우리는 완전히 만족하게 됩니다.

질문자 그러니까 카르마에는 두 가지 요소가 있군요. 욕망 없이 생각만으로는 그런 일이 일어나지 않겠네요.

레스터 욕망이 없으면 생각을 품게 될까요?

질문자 안 그럴 것 같습니다.

레스터 맞습니다. 욕망이 없으면 아무런 생각도 없어집니다.

질문자 지적인 욕망도 있지 않나요?

레스터 예, 하지만 그것도 욕망입니다. 그것이 욕망이 아니라면 아무런 생각도 없을 테니까요. 우리는 관심받기를 원하고 사람들과 소통하기를 원합니다. 이것은 몸이 필요로 하는 아이스크림이나 음식이나 물건에 대한 욕망 같은 것은 아니지만 인정받고 싶은 욕망일 수 있습니다.

그러니 욕망이 이 모든 순환을 촉발시킵니다. 그 맨 처음으로 돌아가보면 그것은 뭔가 결핍돼 있다는 하나의 생각에서부터 출발했습니다. 그다음에 그 결핍을 메꾸고자 하는 욕망이 있었고, 그 욕망은 더 많은 생각을 일으킵니다. 그리고 그 생각들이 행위를 일으키지요. 하지만 행위는 욕망을 충족시키지 못하기 때문에 우리는 계속 욕망과 행위를 부풀리고 키워서, 결국은 이 순환의 쳇바퀴만 하염없이 돌리고 있게 되는 것입니다. 만족은 영원히 맛보지 못한 채 말입니다.

현재 우리의 모든 생각은 과거의 어떤 것으로부터 촉발되었습니다. 현재 우리의 총체적인 기분은 모두 과거의 생각과 행위로부터 비롯된 것입니다. 그러니 지금의 모든 생각은 이미 일어난 것들로부터 촉발된 것입니다. 행위와 반작용은 그렇게 계속 되풀이되어서, 결국 우리는 그 쳇바퀴 속에 갇힙니다. 모든 생각은 과거의 생각을 바탕으로 나오므로 독창적인 생각을 품는 것은 거의 불가능해집니다.

질문자 그럼 돌아가서, 그건 언제 시작된 건가요?

레스터 그건 시작도 없고 끝도 없습니다. 한 단계 더 올라가보죠. 밧줄을 뱀으로 오인한 우화를 살펴봅시다. 길을 가다가 땅에 밧줄이 떨어져 있는 것을 보고 뱀으로 착각합니다. 카르마는 뱀이라는 착각, 곧 환영의 세계에 속해 있습니다. 당신이 그것을 뱀이라고 생각하고 있다면 뱀은 언제 시작됐고 언제 끝날까요? 그것은 시작도 끝도 없습니다. 왜냐하면 사실 그것은 존재한 적이 없으니까요. 그건 언제나 밧줄이었단 말입니다. 당신이 카르마 속에 있다면 그건 영원합니다. 당신이 그 속에 있지 않다면 그것은 존재한 적이 없습니다. 이해하시겠나요? 카르마는 시작도 없고 끝도 없답니다.

그러니 카르마를 없애는 것은 불가능합니다. 어떤 전통은 카르마를 소멸시켜야 한다고 가르칩니다. 그러면 카르마를 소멸시키려고 애쓰는 한편으로 당신은 새로운 카르마를 지어내게 됩니다. 그러니 그건 없앨 수가 없는 겁니다.

그럼 어떻게 해야 할까요? 단 한 가지 방법밖에 없습니다. 환영에서 깨어나서 실상을 보는 것입니다! '뱀'이 밧줄이었다는 사실을 깨달으세요! 밧줄이 실체였음을 깨달으면 뱀은 존재하지 않습니다. 자신의 실상을 깨달으면 이 모든 행위와 반작용은 꿈이요 환영임이 드러나고, 그러면 그것은 더 이상 우리를 건드리지 못합니다.

질문자 그러면 우리는 관찰자가 된다고 하지 않으셨나요? 깨달음을 얻든지 말든지 상관없이 카르마의 순환은 마쳐야 한다고 이해하고 있는데요?

레스터 아닙니다. 온전히 깨닫고 나면 그 순간부터 더 이상 카르마는 존재하지 않습니다. 내가 "관찰자로 남아 있으라"고 말할 때, 그것은 아직도 이원성의 세계 속에서 이원성을 목격하고 있을 때의 얘기입니다. 그래도 그것은 거대한 진일보입니다. 그건 행위자인 에고의 느낌을 놓아 보내는 방법입니다. 성장을 위해서 취할 수 있는 아주 좋은 태도이지요.

하지만 완전히 깨달으면 세상을 바라봐도 모든 사람, 모든 것에서 오로지 단일한 일체성밖에 보이지 않습니다. 그리고 그것은 다름 아니라 바로 자신의 참자아임을 깨닫게 됩니다. 참자아는 참자아일 뿐입니다. 그러니 그때 세상에서 실제로 일어나는 일은, 당신이 세상을 있는 그대로의 모습으로 보게 되는 것입니다. 뱀으로 보는 것이 아니라 밧줄로 보게 되는 것이지요. 그러면 당신은 카르마에서 벗어나고, 카르마는 더 이상 존재하지 않게 됩니다.

그러니 가장 높은 관점에서는, 자신이 누구인지, 무엇인지를 깨닫고 나면, 카르마는 존재하지 않습니다. 자신의 참자아를 깨달으면 거기에는 오로지 있음밖에 존재하지 않습니다. 행위와 반작용은 외견상으로만 일어나는 것처럼 보일 뿐입니다.

질문자 제가 운전을 하고 가다가 맞은편에 한 사람이 오는 것을 보고 가속페달을 밟아 정면으로 돌진한다고 합시다. 그러면 제게는 어떤 일이 일어나나요? 여기서 돌아오는 반작용이 있나요?

레스터 이 꿈의 세계에서는 낱낱의 모든 일에 행위와 반작용이 존재합니다.

질문자 모든 인간의 — 저도 다르지 않다는 걸 알지만 — 큰 문제 중 하나는 섹스에 관한 생각입니다. 이건 아주 강력한 상호작용이어서 힘이 셉니다. 이걸 어떻게 소멸시킬 수 있을까요?

레스터 그건 초월하기가 가장 힘든 것 중의 하나입니다. 하지만 초월할 수 있습니다. 욕망의 덫에서 빠져나오기만 하면 당신이 섹스를 통해 추구하고 있는 모든 희열을 늘, 훨씬 더 깊이 맛볼 수 있다는 사실을 깨닫고 나면 초월하기가 더 쉬워집니다. 내가 "섹스를 하려면 그보다 더 큰 희열을 포기해야 하는, 그런 높은 경지에 도달하라"고 하는 이유도 이 때문입니다. 그러면 성욕을 놓아 보내기가 쉬워집니다. 그렇게 되기 전까지는 절제하는 것이 최선입니다. 행복이란 다름 아니라 바로 당신의 참자아입니다. — 당신의 본성이 바로 행복이란 말입니다. 그것을 가지기 위해서 외부의 어떤 것도 필요하지 않습니다. 하지만 당신은 필요하다고 생각합니다. 이 행복 위에다 겹겹이 두꺼운 한정(limitation)의 이불을 덮어씌웠기 때문이지요. — '행복해지려면 이것을 가져야 해, 저것을 가져야 해.' 이것은 오랜 세월 동안 끝없이 되풀이된 일입니다. 하지만 자신이 누구이고 무엇인지를 깨달아갈수록 당신을 지배하고 있는 욕망의 힘은 줄어듭니다.

질문자 당신이 방법을 가르쳐주신 덕분에 섹스보다 더 멋진 것이 있다는 것을 깨달았습니다. 이젠 저도 섹스란 사실 저급한 느낌을 위해 더 높은 느낌을 포기하는 것임을 압니다. 이쪽 관점에서 이해하는 게 훨씬 더 쉽더군요.

레스터 섹스는 당신을 지상에 묶어놓습니다. 그 위로 솟아올라야 합니다. 섹스를 하는 것이 깨달음을 향해 가는 것을 막지는 않습니다. 하지만 거기에 몰두하는 동안 당신은 그것의 노예가 되어서 결코 온전한 깨달음을 얻을 수 없습니다. 당신은 희열을 육체적인 것으로 만들어놓고 있지만 그것은 육체적인 것이 아닙니다. 실상은, 당신 자신이 바로 그 희열이요, 백만 배나 더 강렬한 희열입니다! 당신이 섹스에서 얻는 느낌이 아무리 강렬할지라도 그 희열은 그보다 훨씬 더 차원이 높고, 종일 느낄 수 있습니다. 당신이 진정으로 찾고 있는 것은 이 무한한 희열인데, 당신은 섹스를 위해 그것을 버리고 있습니다.

질문자 어떤 일을 하는데 그것을 해서는 안 된다는 사실을 깨달았다면 그 반대의 일을 하는 것으로 그것을 상쇄할 수 있을까요?

레스터 반대의 일을 한다면 당신은 다시금 행위에 빠져드는 겁니다. 미래에 올 반대의 카르마를 지어내면서요.

질문자 그저 욕망이 없어야 하는가요?

레스터 예, 바로 그겁니다! 욕망이 없으면 당신은 자신이 누구인지, 무엇인지를 깨닫게 됩니다. 당신은 이 모든 카르마의 환영을 굽어보고, 그 환영이 더 이상 당신을 건드릴 수 없음을 깨달을 것입니다.

질문자 그것을 깨달으면 해방감이 엄청나겠네요. 섹스에서 해방되는 것처럼요.

레스터 훨씬 더 엄청나지요. 훨씬 더.

질문자 어떤 것에 대한 욕망을 내려놓으면, 그래도 카르마가 생기나요?

레스터 아니오. 욕망이 카르마의 원인이니까요. 마음속에서 욕망을 내려놓음으로써 카르마를 마음으로 지울 수 있습니다. 카르마는 잠재의식의 마음속에 남아 있는 욕망에 의해 일어납니다. 욕망을 내려놓으면 그에 관한 모든 생각이 끊어집니다. 잠재의식에서 욕망을 지우면 거기엔 카르마의 씨앗이 더 이상 없습니다. 이것이 카르마를 지우는 가장 빠르고 가장 좋은 방법입니다. 카르마를 지우고 싶으면 마음속에서 지워버리세요. 그걸 거듭거듭 되풀이해서 경험하며 시달릴 필요가 없습니다. 마음에서 놓아 보내버리면 그걸 경험할 필요가 없어집니다.

예수께서 말씀하셨습니다. "음욕을 품고 여인을 바라보는 자는 누구든 이미 간음을 했느니라." 행위는 마음에서 비롯되어 나옵니다. 우리가 품는 모든 부정적인 생각이 우리가 싫어하는 카르마를 만들어냅니다. 그래놓고 우리는 그걸 악업이라 부르지요. 사람들이 이걸 알기만 하면 좋을 텐데 말입니다! 그걸 행동으로 옮기느냐 마느냐는 상관없습니다. 씨앗은 이미 생각으로 뿌려진 겁니다.

카르마에 대해 반추해볼 생각들이 여기 더 있다.

카르마는 자기파멸의 씨앗을 뿌린다.

우리가 겪고 있는 일은 과거에 겪었던 일들에 의해 정해진 것이다. 이것이 업보, 곧 카르마의 법칙이다. 새로운 육신을 입기 전에 우리는 과거에 겪은 일들로부터 특정 부분을 택하여 다음 생에 겪을 일을 설정한다. 이번만은 거기서 초월하여 벗어날 수 있길 희망하면서 전생과 비슷한 상황들을 설정하는 것이다. 우리에게는 언제나 또 다른 기회가 주어진다. — 무한정으로.

악업은 그 부정성으로 우리를 너무나 불행하게 만들지만, 악업을 선업으로 바꾸어놓으면 그것은 쇠사슬이 아니라 금사슬이었음이 드러난다. 자유는 카르마를 초월해 있다.

한 단계씩 올라갈 때마다 어떤 일이 일어나서 우리를 시험한다. 실제로 일어나는 일은, 잠재의식 속에서 우리가 스스로에게 더 많은 카르마의 짐을 지우는 것이다. 자신이 강해져서 그것을 감당할 수 있을 것임을 알기 때문에.

카르마란 다름 아니라 잠재의식 속에서 작용하고 있는 과거의 축적된 사고습관이다.

카르마란 당신을 운전하고 있는 잠재의식 속의 모든 생각의 덩어리이다. 이 생각들을 제거하여 마음을 완전히 고요히 잠재우라. 그러면 카르마가 사라진다.

카르마는 어디에 있는가? 그것은 환영의 세계 속에 있다.

카르마에 관련된 일들은 정말 우스꽝스럽다.

카르마는 망치다. 카르마는 속박의 밧줄이다.

남을 심판하는 것은 자신을 해치는 행위다. 그것은 카르마가 되어 자신에게 돌아오기 때문이다.

카르마를 벗어나는 가장 빠른 방법은 성장하는 것이다.

카르마와 환생은 환영의 세계에 속한 것이어서 실재(Reality) 속에는 발 디딜 곳이 없다. 전생은 실재에 포함되어서는 안 된다. 카르마는 현실이 아닌 것들과 어울려 뒹굴면서 현실인 것처럼 가장한다.

카르마를 받아들이라. 카르마에 맞서 싸울 수 있다는 생각은 그것을 받아들이는 것과 반대다. 카르마를 받아들이면 당신의 두려움, 좌절, 긴장, 불행 등등은 누그러들고, 더 이상 카르마를 피하려는 노력으로써 오히려 그것을 붙들고 있지 않게 된다. 카르마에 대해 당신이 할 수 있는 일은 아무것도 없으니, 그저 내버려두라. 이 육신이 겪어야 할 모든 일은 겪게 될 것이다. 이것을 이해하고 당신의 본성인 자유로 남아 있으라.

육신이 겪게 될 일을 당신이 바꿀 수는 없다. 그것은 당신의 이전의 행위에 의해 결정되었기 때문이다. 하지만 당신은 그 육신이 아니라 참자아이기를 택할 수 있다.

에고는 자신에게 자유의지가 없다는 말을 듣기 싫어한다. 하지만 에고 자체가 카르마의 산물이다.

카르마가 존재한다면 충고와 조언이 무슨 소용이 있는가?

카르마를 잘 들여다보면 카르마와 운명은 하나이고 같은 것임을 발견할 것이다.

결과에 대한 기대 없이 행해진 행위는 카르마를 지어내지 않는다.

집착과 저항이 없는 행위는 카르마를 지어내지 않는다.

무집착의 경지에 이르면 카르마를 지어내지 않고 세상을 즐길 수 있다.

참자아로서 있게 되는 것은 카르마와 선악 너머로 솟아오를 때이다.

무한한 있음이 어떻게 한계의 극치인 카르마에 휘둘릴 수 있겠는가?

카르마를 소멸시키려고 애쓰지 말고 카르마 너머로 솟아오르라.

모든 것이 마음의 작용이며 나는 마음이 아님을 깨달으면 카르마는 종식된다.

모든 카르마를 종식시킬 수 있는 딱 한 가지 방법이 있다. ─ 참자아로 있으라!

육신이 행할 모든 행위는 존재로 발을 들이기 전에 당신이 이미 정해놓았다. 당신이 가진 유일한 자유는 자신을 육신과 그 행위에 동일시할 것인지 말 것인지를 택하는 것이다.

배우가 임금님이나 거지의 역할을 연기할 때 그는 자신이 그 배역이 아님을 알므로 배역에 영향받지 않는다. 우리는 이와 똑같은 태도로 세상에서 자신의 역할을 수행해야 한다. 임금이 되든 거지가 되든 자신은 그 배역이 아니라 크고 찬연한 존재, 바로 자신인 무한한 참자아임을 알므로.

성장과 수용성

행복 대 성장

행복이 반드시 깨달음의 경지를 일러주는 지표는 아니다. 토착민들도 우리처럼 행복하고, 때로는 우리보다 더 행복하다. 전반적으로, 문명의 정점을 구가하는 우리가 그들보다 덜 행복할지도 모른다. 그들은 대부분 육체적 감각을 통해 즐거움을 누린다. 우리는 그보다는 마음을 통해서 즐거움을 누리고, 그래서 어떤 면에서는 더 많은 기쁨을 누릴 수 있다. 그러나 우리는 더 많은 기쁨을 누릴 수 있는 반면에 더 많은 불행을 겪을 수도 있다.

많은 사람들이, 행복을 가져다주는 일은 영적인 성장을 가져다주므로 그것이야말로 옳고 바람직한 할 일이라고 생각한다. 이 생각은 옳을 수도 있고, 틀릴 수도 있다. 새로운 깨달음에서 얻는 행복은 물론 성장을 가져다준다. 우리는 그 새로운 깨우침에 즐거워한다. 왜냐하면 그로 인해서 조금 더 자유로워지고 조금 더 영구적으로 행복해졌기 때문이다. 그러나 불쾌한 일을 피함으로써 얻는 행복은 성장을 가져다주지 않는다. 사실 그것은 우리의 성장을 돕기는커녕 피하려고 하는 그 불쾌한 일에 오히려 묶여 있게 만든다. 왜냐하면 그것은 직면하고 놓아 보냄으로써 끝장을 내지 않는 한, 잠재의식 속에 숨어 있다가 수시로 나타날 것이기 때문이다. 그러므로 불쾌한 일을 지우려면 그것을 피할 것이 아니라 직면해야만 한다. 그러면 도망 다녀야 할 일은 없어진다.

하지만 성장하는 만큼 더욱 행복해지는 것도 사실이다. 그러면 변덕 없는 행복이 산처럼 쌓여간다. 그리하여 잠재의식의 충동적인 생각들의 끊임없는 괴롭힘으로부터 해방된다. 그것은 안심의 느낌이요, 평온감이다. 외면적으로는 일이 귀찮게 꼬이고 있더라도, 아니, 세상이 온통 우리를 적대시하는 것처럼 보일지라도, 우리는 어느 때보다도 더 큰 내면의 평화를 느낀다.

성장의 척도로 사용해야 할 것은 바로 이 내면의 상태다. 불행한 사람도 한 순간은 행복하게 웃음을 지을 수 있다. 하지만 그것을 그 사람의 지속적인 자유도의 지표로 사용할 수는 없다.

한 사람의 자유도나 행복도는 어떻게 측정할 수 있을까? 모든 일이 꼬일 때를 살펴보면 알 수 있다. 자신을 점검하는 데에 이 방법을 사용해보라. 세상일이 꼬일 때 당신은 얼마나 행복한지를 살펴보라.

문답

질문자 우리는 다른 사람이 나보다 행복한 꼴을 보면 거의 신경

질을 내는 경향이 있는 것 같아요.

레스터 예, 그걸 질투라고 하지요. 나보다 행복한 사람을 보면 기분이 안 좋은 것 말이죠. 때로는 그가 인생의 동반자라도 간접적으로 공격을 합니다.

남녀관계에서 두 사람이 성장해가는 과정에서도 이런 일이 이어집니다. 한 사람이 앞서가면 상대방은 무의식적으로 거기에 분개하여 상대방을 음해하려고 애쓰지요. 그것을 부추기는 것은 흔히 잠재의식입니다. 하지만 그게 표면의식으로 올라오더라도 자신이 왜 그런 짓을 하는지를 이해하지 못하는 때도 있습니다. 그런 짓을 하는 이유는, 두 사람이 만나면 높은 사람은 상대방을 좀 끌어올리고 싶어하고 낮은 사람은 상대방을 좀 끌어내리고 싶어하기 때문입니다. 그래서 결국은 서로가 상대방 쪽으로 움직여가게 되지요. 이것이 두 존재가 만날 때마다 일어나는 무의식의 행태입니다.

아까 하던 얘기로 돌아가서, 성장을 가늠하는 가장 좋은 척도는 그가 내면의 평화를 얼마나 안정적으로 유지하는가 하는 겁니다. 이상적이지 않은 상황에서도 마음이 평화로운지, 골치 아픈 상황에서도 마음이 평화로운지가 좋은 척도가 됩니다. 사면초가의 상황에서도 마음의 평화를 유지할 수 있다면 당신은 정말로 평화를 얻은 것입니다. 내가 이야기하고 있는 이 평화야말로 진정한 행복이고, 그것이 얼마나 동요되지 않고 안정적인지를 통해 행복도를 측량해볼 수 있습니다. 어떤 상황에서도 마음의 평화가 깨지지 않는다면 그는 행복을 얻은 것입니다! 그는 에고를 많이 놓아 보낸 겁니다. 왜냐하면 에고만이 동요될 수 있기 때문입니다. 참자아로서 존재하면 우리는 온 세상을 그저 있는 그대로 받아들일 수 있습니다.

그러니 자신의 경지를 알고 싶다면 불편한 상황에서 자신을 점검해

보세요. 정점에서가 아니라 밑바닥으로 내려가서 자신이 얼마나 성장했는지를 재보세요. 당신은 성장이 오르락내리락하면서 주기를 탄다는 사실을 발견할 겁니다. 가장 밑바닥이 행복인, 그래서 꼭대기는 그보다 훨씬 더 높아지는 그런 경지까지 가야 합니다. 맑고 고요하고 행복한 상태가 흔들림 없는 깊은 평화와 함께해야 합니다.

질문자 이 행복과 기쁨과 평화는 어디서 느껴집니까?

레스터 사람마다 그것을 느끼는 장소가 다릅니다. 실제로는 있음의 한가운데이지만요. 우리는 보통 낮은 지점에서 시작해서 아주 높은 지점에서 끝납니다.

질문자 왜 그런지 아시나요?

레스터 예. 설명해드리고 싶었던 부분입니다. 왜 내려가느냐? 우리는 지적인 사람들이니까 이치를 알지요. 왜 내려갈까요? 지금 느끼시는 것처럼 고양되고 행복해지는 법을 안다면 늘 지금과 같은 상태에 머물지 않는다는 건 멍청한 짓인데 말이에요.

아래로 내려가는 이유는 무의식의 생각을 충분히 지우지 못했기 때문입니다. 나는 당신을 본연의 상태인 무한한 있음을 향해 이끌어줍니다. 경험하시다시피, 당신은 반대되는 생각들을 지워서 더 자유롭고 더 고양된 기분을 느낍니다. 하지만 나중에 혼자 있을 때 무의식 속에 남아 있던 생각들이 다시 나타나서 당신을 점령하고 지배하면 당신은 낮은 곳으로 떨어진 기분을 느낍니다.

해야 할 일은, 무의식 속의 생각들이 더 이상 없어서 거기서 완전히 해방될 때까지 계속 제거하는 것입니다. 오직 그때만 당신은 만족을 느낄 것입니다.

나는 지금 여러분이 계속 성장하기 위해 해야 할 일을 가르쳐주고 있습니다. 지성은 성장을 위한 아주 훌륭한 도구여서 시작할 때 꼭 필요합니다. 지성이 당신에게 올바른 방향을 가리켜주고 앞으로 나아가게 합니다. 그러다가 그것이 더 이상 당신을 이끌어주지 못 하는 지점에 부딪힙니다. 그럼 어떻게 해야 할까요? 지성의 정점에 서 멈춰야 하나요, 계속 가야 하나요? 나는 계속 가자고 얘기하는 겁니다! 그렇다고 지성을 놓아 보내고 잊어버리거나 억압하자는 건 아니에요. 그 너머로 가자는 겁니다. 또 다른 도약으로 크게 전 진하자는 겁니다.

나는 여러분에게 다음 단계가 뭔지를 깨닫게 해주려고 애쓰고 있습 니다. 우선은 다음 단계가 아닌 것은 무엇인지를 말해드리지요. 지성 은 아닙니다. 지적으로는 더 이상 드릴 수 있는 게 없습니다.

그럼 무엇일까요? 그건 실제로 참자아를 경험함으로써 자신의 참 자아를 인식하는 것입니다. 여러분이 내게서 그걸 끌어내기만 하 면 여러분을 그 어느 때보다 훨씬 더 높은 데까지 이끌어드릴 수 있을 텐데요. 이것은 여태껏 경험한 것보다 더 높은 경지를 경험하 게 해줄 겁니다. 그러면 그 경험은 여러분의 앎이 되고, 그것을 경 험하고 나면 해방을 더욱 강렬하게 열망하게 될 겁니다. 그리하여 목표를 향해 더 빨리 움직일 강한 동력을 얻게 되지요.

하지만 난 수수께끼 같은 얘기나 뜬구름 잡는 얘기를 하고 싶진 않 습니다. 지금까지 지성이 이끌어준 것보다 더 멀리 이끌어줄 그것 은 무엇일까요? 그것은 여러분의 수용적인 태도입니다. 수용성이 여러분 안으로 흘러들어올 힘의 양을 좌우합니다. 달리 말해서 의 심과 망설임을 놓아 보내는 것 말입니다. 여러분이 더 잘 받아들일 수록 나를 통해서 여러분들 속으로 더 많은 힘이 흘러들어가서 참자아를 경험할 수 있는 곳으로 여러분을 끌어올려줍니다.

그건 나, 레스터가 하는 일이 아닙니다. 그것은 여러분이 받아들이는 만큼 나를 통해 흘러듭니다. 그것이 여러분을 더 높은 경지로 끌어올려줄 수 있고, 그 경지를 경험함으로써 여러분은 그것을 분명히 알게 됩니다. '내가 곧 그것'(Thou are That)임을 아는 건 좋은 일이지요.

질문자 어떻게 그렇게 할 수 있습니까?

레스터 나를 통해서 오는 인도를, 그리고 행복은 외부에 있는 것이 아니라 내 안에 있다는 사실을, 더 깊이 받아들이면 됩니다. 지금까지의 인도는 잠재의식의 생각들을 살펴보고 놓아 보냄으로써 마음을 고요히 가라앉히는 것이었습니다. 이런 생각들을 놓아 보내면 여러분은 더 자유로워지고, 마음이 더 고요해지고, 참자아의 느낌이 더 선명해져서 참자아로서 머물기가 더 쉬워집니다. 그리고 이런 경험을 많이 할수록 나를 통해 여러분에게로 흘러드는 힘에 의해 참자아 속으로 더 쉽게 끌려들어갈 수 있게 됩니다. 이것을 궁극의 상태에 이를 때까지 계속할 수 있습니다.

여러분은 상당한 정도까지 마음을 고요히 가라앉혔지만 해야 할 일이 아직도 많습니다. 그래서 내가 이렇게 물어보는 겁니다. "자리에 앉자마자 마음을 고요히 가라앉혀서 아무런 잡념도 들지 않게 할 수 있는 분 계시나요?" 그럴 수만 있다면 당신은 마스터입니다. 마음을 고요히 가라앉힐 수 있는 정도만큼 당신은 마스터가 된 겁니다. 이제는 모든 분들이 이전보다 마음이 더 고요해졌습니다. 그리고 나는 더 이상은 그것을 말잔치로, 지성으로는 하지 않을 것이라고 말하고 있습니다. 이제 우린 그걸 참자아의 정적을 경험하도록 직접 돕는 방법을 통해서 할 것입니다.

질문자 마음을 고요히 가라앉혀서 아무런 잡념도 들지 않게 되면 어떤 일이 생깁니까? 아무것도 없는 상태가 되나요?

레스터 아닙니다. 그건 공허가 아닙니다. 공허해질 마음조차 없어요! 우리는 전지의 영역에 있게 됩니다. 더 이상 생각을 할 필요가 없게 되지요. 그저 모든 것을 알고, 매 순간 모든 것이 완벽하게 제자리에 맞아 떨어지니까요. 우리는 직관이라 불리는 느낌에 의해 움직입니다. 이 방 안의 모든 분들이 가끔씩 이런 경험을 해보았을 겁니다.

마음은 생각들의 덩어리 이상의 아무것도 아닙니다. 그 작은 일부는 표면의식이고 대부분은 눈에 띄지 않는 잠재의식인 생각들의 덩어리 말입니다. 정체를 알기만 하면 마음은 복잡한 물건이 아닙니다. 그건 단순히 생각들의 총합일 뿐입니다.

질문자 잠재의식의 생각이란 지금 이 순간에 생각되지 않고 있는 생각 아닌가요?

레스터 아닙니다. 그것은 지금 이 순간 생각되고 있지만, 의식되지 않고 있습니다. 그건 지금 이 순간 잠재의식 속에서 생각되고 있습니다.

질문자 그게 의식적인 생각과 잠재의식적인 생각의 다른 점이란 말이죠?

레스터 예. 잠재의식의 생각은 바로 지금 있습니다. 하지만 우리는 그것을 바라보고 있지 않지요. 심장을 의식적으로 펌프질하나요? 호흡을 의식적으로 하나요? 소화기관의 화학공장을 의식적으로 돌리고 있나요? 이런 일들을 의식적으로 하고 있냐고요. 아니라면 우리는 그걸 잠재의식 속에서 하고 있는 겁니다.

질문자 그건 정확히 의식하지 않았어요.

레스터 알아요. 우리가 의식하지 않아도 바로 지금도 작용하고 있는 모든 생각들을 당신에게 보여주고 싶어요. 몸을 움직이는 데 종사하는 생각들이 엄청나게 많이 있거든요. 몸에서는 지금도 엄청난 작용이 일어나고 있답니다. 우리가 의식하지 못하고 있어도 말입니다.

질문자 자동화되어 있지요.

레스터 맞아요. 헌데 누가 그 자동화된 작용을 가동시키고 있을까요? 우리 자신입니다. 처음엔 몸을 의식적으로 가동하지 않아도 되니까 아주 유용했어요. 그러다 나중에는 우리가 이것을 자동으로 돌아가도록 맡겨놓았다는 사실조차 의식하지 못하게 됐지요. 그래서 이제는 그것이 우리를 가동시키고 있는 것입니다. 우리는 그것이 의식되지 않게 만들어버렸기 때문에 이제는 그걸 바꾸는 것이 어렵게 됐습니다. 하지만 의식이 깨어나면 이것을 자각하고 바꿀 수 있게 됩니다. 그러면 우리는 자동기계 신세에서 벗어나 몸에 대한 통제력을 다시 확보할 수 있습니다.

우리의 목표는 우리를 자동적으로 묶여 있게 만드는 과거의 습관인 무의식적인 생각을 놓아 보내는 것입니다. 습관적인 모든 생각은 일정량의 자유와 행복을 앗아가는 속박입니다. 우리는 이 모든 케케묵은 습관적 생각들을 놓아 보내어 그로부터 완전히 해방되어야 합니다. 그러면 우리는 온전히 깨달은, 해탈한 마스터가 됩니다.

질문자 어떤 말들이 우리를 쿡쿡 찔러 충동질하는 이유가 바로 그거지요. 어떤 말은 우리를 화나서 미치게 만들어요. 어떤 말은 기분이 좋아지게 하고요.

레스터 맞아요! 그러니 우리의 목표는 이 모든 잠재의식의 생각들을 놓아 보내는 것입니다. 우리는 생각과 마음을 이용해서 여기까지 아주 잘 해왔습니다. 이제는 한 걸음 더 나아가서 참자아를 경험함으로써 직접적인 방법으로 마음을 더욱더 고요히 가라앉혀 봅시다.

이것은 명상으로도 할 수 있습니다. 이 '명상'이란 말을 다시 정의해야겠습니다. 내가 명상이라고 할 때, 그건 다른 생각은 다 내려놓고 한 생각만을 붙들고 있는 것을 말합니다. 그리고 그 한 생각은 하나의 질문이어야 합니다. 다른 생각들이 떨어져나가면 마음은 고요해지고 집중됩니다. 마음이 집중되면 여러분은 참자아를 경험하게 되고, 그것이 그 모든 의문에 대한 답을 줄 것입니다. 참자아는 우리의 절실한 의문들에 대답하여 속박의 울타리를 벗어날 길을 보여줄 것입니다.

그런데 명상을 하려고 자리에 앉아 마음을 고요히 가라앉히려는 순간부터 마음은 오히려 더 소란해지는 것 같습니다. 이건 자연스러운 일입니다. 생각은 놓아 보내라고 올라오는 것입니다. 한 생각을 놓아 보낼 때마다 놓아 보내야 할 생각이 하나씩 줄어듭니다. 이렇게 계속 생각을 놓아 보내면서 시간을 보내면 놓아 보내야 할 생각이 점점 줄어듭니다. 그리하여 언젠가는 마음이 충분히 고요해져서, 우리 자신인 이 무한한 있음을 제대로 목격하게 됩니다. 그러면 남아 있는 생각들이 한꺼번에 다 떨어져 나갑니다. 그리하여 더 이상 아무런 생각도 없어지면 우리는 해방되고, 오직 우리의 무한한 참자아만이 남게 됩니다.

질문자 제 마음은 계속 소란해지기만 하는데요.

레스터 아닙니다. 그건 이제는 당신이 잠재의식의 생각들을 더 많이 지켜볼 수 있게 되었기 때문일 뿐입니다. 생각이 더 많아진 게 아니라 생각을 더 많이 자각하게 된 것일 뿐이에요. 당신을 지배하고 있는 무의식의 생각들이 올라올 겁니다. 명상을 할 때마다 그렇게 됩니다. 꾸준히 수행하다 보면 언젠가는 다른 잡념이 끼어들지 않고 하나의 의문, 하나의 생각만을 붙들고 있을 수 있게 될 겁니다. 거기까지 가면 그다음엔 빨라집니다. 잠재의식의 모든 생각이 떨어져나가면 당신은 신이 무엇인지를, 다름 아니라 그는 바로 당신 자신의 있음임을 알게 됩니다.

질문자 명상의 느낌을 확인해보고 싶습니다. 그건 훌륭한 음악에 귀 기울이고 있을 때 느끼게 되는 느낌과 비슷한 건가요?

레스터 예, 그건 우리가 경험할 수 있는 가장 멋지고 고요한 느낌입니다.

질문자 그렇다면 제가 경험하고 있는 바에 따르자면 명상의 과정은 생각과는 관계가 없고 그 느낌과 하나가 되어서 그것이 확장되도록 허용하는 것이네요.

레스터 맞아요! 하지만 이 멋진 느낌은 생각을 고요히 가라앉힘으로써 얻어지는 겁니다. 언젠가는 명상의 느낌이 음악을 들을 때의 느낌보다 훨씬 더 즐길 만하게 될 겁니다.

질문자 그 느낌이 엄청나게 증폭돼서 거의 폭발할 것처럼 될 것 같은데요.

레스터 폭발하진 않을 겁니다. 왜냐하면 자신이 받아들일 수 있는 만큼씩만 받아들일 테니까요. 우리 안에는 엄청난 것이 들어 있어서 그게 다 한꺼번에 온다면 받아들일 수가 없을 겁니다.

질문자 명상은 수용성과 관계가 있나요?

레스터 물론이죠! 명상을 잘할 수 있게 될수록 수용력이 더 커집니다. 그리고 수용력이 커질수록 명상도 더 잘 할 수 있게 됩니다. 나는 명상이 우리가 더 잘 수용할 수 있게 되도록 도와줄 것으로 기대하기 때문에 명상을 강조하고 있는 겁니다. 명상에 관한 이상한 생각들은 놓아 보내야 합니다. 당신이 힌두교도가 되거나 요기가 되어야 하는 건 아닙니다. 토종 미국인으로 남아 있으면서도 아주 훌륭한 명상가가 될 수 있습니다.

명상이란 그저 잡념 없이 하나의 의문이나 한 생각만을 붙들고 있는 것입니다. 그리고 그 의문이나 생각이 '당신의 있음'(your beingness)에 관한 것이라면 그게 바로 올바른 명상입니다. 명상을 잘할 수 있게 되려면 하나의 의문을 붙들고 있으려고 애쓰는 동안 올라오는 다른 잡념들을 놓아 보내야 합니다. 그러고 나면 그 하나의 의문이 뭐든 간에 의문의 답이 주어질 것입니다. '나는 무엇인가?'가 최후의 의문입니다. 이 의문에 온전한 답을 얻으면 궁극의 경지에 도달한 것입니다.

질문자 자신에게 그 의문을 던질 때 저절로 거기에 대답하려고 애쓰게 되지 않나요?

레스터 그렇게 됩니다. 하지만 마음은 거기에 대답을 못합니다. 마음은 '나는 무엇인가?'라는 의문에 결코 답을 제시할 수 없습니다. 왜냐구요? 깨달음이란 마음이 제거된 상태인데 의문을 제기하는 마음은 자신을 제거할 수 없기 때문입니다. 그건 거의 이렇게 말하는 것과 같습니다. ─ '너 자신을 제거해.' 마음은 자신을 제거하고 싶어하지 않기 때문에 '나는 누구인가?'라고 물으면 마음은 영원히 대답하지 않을 겁니다.

지성이 우리를 여기까지밖에 데려다줄 수 없는 이유 중의 하나가 바로 이것입니다. 마음은 답을 줄 수가 없습니다. 왜냐하면 마음은 그 자체가 유한해서 한계 속에 있기 때문입니다. 답은 무한 속에 있습니다. 마음은 '나는 누구인가?'라는 의문을 제기할 수 있습니다. 하지만 그 답은 마음 너머로부터 옵니다. 그러니 오직 마음을 고요히 잠재운 후에만 자신이 누구이고 무엇인지를 깨달을 수 있습니다. 마음은 우리 자신인 무한한 참자아를 덮어 가리는 장막입니다.

질문자 그 모든 것 아래에 있는 그것은 이 행복감, 이 느낌인가요? 전 뭔가 매달릴 것을 찾으려고 애쓰고 있거든요.

레스터 예, 맞아요. 그런데 그 행복감을 잘 들여다보면 그것이 '나'의 느낌, 있음의 느낌이란 걸 깨달을 겁니다.

질문자 우리가 누구나 가끔씩 느끼는 이 느낌이 우리의 진정한 존재가 틈새로 비쳐 나오는 느낌이라면, 우리가 경험하고 있는 그것이 아주 작은 한 조각일 뿐이라고 할지라도 이것이야말로 우리가 도달해야 할 지속적인 경험 아닌가요?

레스터 맞아요! 오로지 그것만 추구하세요. 바로 그겁니다. 그러면 거기에는 언제나 '나'의 경험밖에 존재하지 않습니다. 그러면 당신은 '거기'에 다 온 것입니다.

질문자 여태껏 저는 이런 일에 대해서는 지적인 이해밖에 없었는데, 이건 제가 해본 첫 번째의 구체적인 경험입니다.

레스터 글쎄요, 정말 그렇진 않아요. 무엇을 깨달을 때마다 이런 경험의 느낌이 언제나 있었어요.

질문자 예, 그게 제가 지금 발견하고 있는 겁니다. 이제 난 이 행복감, 이 느낌과 하나가 됐어요.

레스터 예, 그 행복감이 경험이고, 지성보다 높은 것입니다. 그건 그저 경험하기입니다.

질문자 그게 바로 제가 원하는 것입니다. 책은 그걸 엄청나게 복잡한 것처럼 들리게 만들어요. 그건 요가난다의 가르침과는 어떻게 일치되나요?

레스터 요가난다의 가르침은 같은 것을 다른 접근방식으로 말할 겁니다. 이 접근법은 다수의 구도자들을 위한 것입니다. 기독교란 신에 대한 사랑과 헌신과 내맡김의 세계입니다. 요가난다의 가르침도 그렇습니다. 그들은 에고를 제거하려고 용을 쓰는 대신에 "그저 신께 내맡기라"고 합니다. 정말로 내맡긴다면 그건 에고를 내맡기는 것일 뿐입니다. "내 뜻이 아니라 당신의 뜻이 이루어지게 하소서"는 단순히 에고를 내맡기는 것입니다.

요가난다의 가르침은 주로 명상을 통해서 마음을 고요히 가라앉혀서 무한한 참자아가 선명해지게 합니다. 그의 주된 가르침은 크리야 요가라 불리는 수행법인데 누구나 배울 수 있는 통합적인 수행법입니다.

전체를 이해할 수 있으면 불일치가 없다는 것을 알게 됩니다. 나는 여러분이 마음을 고요히 가라앉히고 마음을 놓아 보내게 하려고 애씁니다. 요가난다의 가르침도 결국은 같은 것으로 귀결될 겁니다. 그리고 지적이고 지혜를 동원하는 우리의 방식과 그들의 헌신적인 사랑과 내맡김의 측면을 합하면 균형 잡힌 좋은 배움이 됩니다. 하지만 사실 어느 한 쪽만을 배울 수는 없습니다. 그러니 양쪽 모두에서 접근해가는 것이 이롭습니다. 도움이 되는 것이라면 가능한 모든 것을 이용해야 합니다. 우리에겐 그게 요긴합니다. 우리는 지구에서도 지극히 수준이 낮은 시대를 살고 있습니다. 세상일에 종사하는 한 우리는 하루종일 반발의 기운을 받고 있습니다. 그러니 도움이 되는 것은 뭐든지 이용해야 합니다.

사실 참자아가 되는, 엄청나게 기운 솟는 이 경험보다 더 큰 도움을 주는 것은 없습니다. 자신을 더욱 열어 받아들이고 작은 자아를 내맡겨서 참자아의 힘이 흘러들도록 허용하세요. 그 힘이 당신을 관통해 흐르는 유일한 힘이 될 때까지요. 그 힘에 영광 있기를! 그 힘 안에 머무르세요! 당신의 무한하고 찬연한 참자아로서 머물러 있으세요!

있음의 고요한 명상 상태

분류

인류는 전반적으로 소유(가짐, havingness), 행위(행함, doingness), 존재
(있음, beingness)라는 세 부류의 상태로 나뉜다. 이 중 가장 낮은 상태
는 소유의 상태이다. 대부분의 인간들은 어떤 것을 가질 수만 있다
면 행복할 것이라고 생각한다. — '백만 달러만 있다면 세상에서 가
장 행복할 텐데.' '몸이 강인하고 건강하기만 하다면….' '~을 가지
기만 하면….'

그다음 수준은 행위의 상태이다. '~을 가지기만 하면…' 대신
에 그들은 나가서 무엇을 하고 싶어하는 수준으로 올라와 있다.
그들은 세상에서 다양한 일을 할 수 있다. 거기서 그들은 소유하
기보다는 행위하기에 더 관심을 둔다.

가장 높은 상태는 존재의 영역이다. 이것이 내가 당신을 데려
가려고 애쓰는 상태이다. 당신이 그것을 경험해보기 전까지는 있

음(존재)은 아무런 의미도 없다. 경험을 해봐야만 당신도 그게 무엇인지를 깨닫고, 있음(존재)을 세상의 그 무엇보다도 원하게 될 것이다. 이것은 누군가가 나에게 했던 말을 상기시켜준다.

우리는 1년 동안 만나지 못했던 친구를 만났다. 그녀는 형이상학에 관심이 많았다. 우리 일행이 방문했을 때, 그녀가 말했다. "얘긴 그만하고 명상하자. 잡담이나 하면서 시간을 낭비할 게 뭐니?" 그녀는 이미 이 존재의 영역을 맛봤던 것이다. 거기에 올라가보면 잡담이나 하며 시간을 보내는 건 어리석은 짓으로 보인다. 얘긴 그만하고 그냥 있는 게 무슨 문제인가?

가장 높은 경지

인류의 90퍼센트는 대부분의 시간을 소유의 상태에서 지내고 있다. '아, 무소불위인 돈만 많이 많이 있으면 자유롭고 행복할 텐데….' 하지만 그런 엄청난 부를 축적한 사람들은 무엇을 경험하는가? 그들은 행복한가? 글쎄, 많은 사람이 온갖 문제와 부자유의 짐에 짓눌려 있다. 그들은 행복하기보다는 오히려 불행하다. 그들이 행복을 얻지 못했다는 증거는, 갈수록 더 많은 것을 가지고 싶어하는 그들의 주체되지 않는 욕망이다. 이미 쌓아놓은 것만도 다 쓸 수가 없는데 말이다. 물질이 행복을 가져다주는 게 사실이라면 부자들은 너무나 행복해서 무능해졌을 테고, 가난한 사람들은 너무나 불행해서 살아갈 의미를 못 느꼈을 것이다.

그다음 수준의 상태는 행위의 상태이다. 이 상태의 사람들은 세상 속의 진정한 행위자이자 리더들이다. 이들은 작은 사업가이거나, 크고 작은 정치인, 예술가, 전문인들이다. 이들은 기업주보다 더 독립적으로 일한다. 그들은 행복할까? 아니다! 기업주보다는 더 독립적이므로 좀더 행복하다. 하지만 자유롭지는 않다. 아직도 그들은 충동에 쫓겨 다닌다. 그 증거는, 높은 인기와 부를 얻고도 불행해서 자살을 하거나 불만 속에서 살아가는 배우들이 많다는 사실이다.

이제 우리는 슬픔 없는 행복을 줄 수 있는 유일한 상태까지 왔다. 존재의 상태 말이다. 존재(있음, beingness)는 세 가지 상태 중 가장 높은 상태일 뿐만 아니라 가능한 상태 중에서도 최상의 상태다. 이 궁극의 상태에서 우리는 있음, 모든 존재의 있음이다. 달리 말하면 그것은 모든 의식을 자각하는 자각의식(Awareness, aware of all awareness)이다. 그저 그것일 때, 우리가 오로지 그것일 때, 그것이 가장 높은 경지이다. 궁극의 완성과 만족과 완벽한 충족, 완벽한 기쁨, 완벽한 평화에 도달하는 것은 이 있음이라는 최고의 경지에 이를 때이다.

길

이 길에서는 아무것도 버리지 않아도 된다. 오히려 언제나 더 가지게 된다. 나에게 "전 아무것도 포기하기 싫어요."라고 말하는 사람들은 내가 해온 말을 귀담아듣지 않은 것이다. 왜 안 들을까? 그것은 매우 교묘한 에고의 태만이다. 에고는 이렇게 속삭인다. '난 더 이상 성장하고 싶지 않아.' 이런 일이 일어날 때 나는 그것이 에고의 사보타주sabotage임을 사람들이 알아차릴 수 있도록 보여준다. 그러면 그들은 그것을 놓아 보내고 더 나아갈 수 있게 된다.

우리는 절대적이고 무한한 존재가 될 때까지 무한을 향해 다가가고 있다. 누가 원하지 않을까마는, 궁극의 행복을 원한다면 우리는 끝까지 계속 가야만 한다. 그 상태에 도달하지 않고는 결코 완전히 행복해질 수가 없다. 궁극의 행복과 당신의 참자아는 하나이고 같은 것임이 드러난다. 거기에 도달할 때까지, 의식의 표면 아래에 있는 잠재의식이 우리를 밀어붙이며 괴롭힐 것이다.

오늘날 세상이 행복이라 부르는 것은 불행으로부터의 도피, 불행의 완화에 지나지 않는다. 세상이 가진 얼마 안 되는 행복이란 단지 불행의 경감일 뿐이다. 모든 오락과 친목은 생각으로부터의 도피요, 구조救助다! 실상을 직시하고 잘 살펴서 이것을 깨달으라. 무지개 좇아가기를 그만두라!

소유의 상태에서는 가장 덜 행복하고, 행위의 상태에서는 그보다 좀더 행복하고, 존재의 상태에서는 가장 행복하다. 그 상태가 어떤 것인지를 말로는 설명해줄 수 없다. 그것은 하나의 경험이니, 그저 경험해보아야만 한다.

나는 당신이 그것을 경험하도록 도울 수 있는데, 그 최고의 방법은 당신을 그 상태로 이끌어줄 행동을 당신이 스스로 하도록 만드는 것이다. 그것은 매우 심오하고 고요하고 명상적인 상태이다. 그것은 생각을 놓아버리게 되는 상태이다. 나는 당신이 그 상태 속으로 떨어져 이 있음의 상태를 경험하고, 그것이 무엇인지를 알게 되도록 당신을 인도하고 돕는다. 이 인도는 당신을 올바른 명상으로 이끌고, 명상에 잠겨 있는 동안 힘을 보태주기 위한 것이다.

나의 목적은 이 있음의 상태의 느낌 속으로 더 깊이깊이 들어

가는 법을 가르쳐주는 것이다. 이제 어떤 이들은 있음의 상태 속으로 깊이 들어가서 그게 무엇인지를 안다. 그래도 그것을 묘사해보라고 하면 어려움을 느낄 것이다. 그게 무엇인지는 형언할 수가 없다. 우회적으로 묘사할 수는 있다. 그건 멋지고 평화롭고 맑고 환희로운 것이다. 하지만 그게 뭐란 말인가? 그것은 말로 설명할 수 없다. 그건 오렌지 맛이 어떤지를 설명해주려고 애쓰는 것과도 같다. 그저 불가능하다. 오렌지를 먹어보면 그게 어떤 맛인지를 안다. 이 있음의 깊은 명상 상태도 마찬가지다. 맛을 한번 보고 나면 안다. 그리고 있음의 깊은 명상 상태를 한번 맛보고 나면, 당신은 세상의 다른 어떤 것보다도 그것을 더 원하게 된다.

열쇠

최선의 결과를 얻으려면 최소한 아침에 한 시간, 저녁에 잠들기 전 한 시간 동안 명상하라. 아침의 명상은 그날의 기분을 안정시켜 기분 좋은 하루를 준비해준다. 저녁의 명상은 하루 동안 힘들었던 일들의 흔적을 지워 밤을 평안히 보내도록 도와준다. 잠을 더 푹 자게 되었음을 발견할 것이다. 최대의 결과를 위해서는 일하는 동안에도 아무런 노력 없이도 명상상태가 늘 지속될 때까지 명상 수행 시간을 늘려가라.

당신이 세상의 어떤 것보다도 '있음'을 더 원하게 되었다면, 그것은 당신이 자신의 있음 — 참자아 — 속으로 깊이 들어갔다는 증거이다. 이 경험은 여태껏 경험한 다른 어떤 것보다도 멋진 경험이어서, 당신은 오로지 이것만을 가장 좋아하게 될 것이다. 그리고 이것이야말로 자신이 세상에서 외부적이고 간접적인 수단을 통해 눈먼 채 찾아 헤매어왔던 바로 그것임을 깨달을 것이다. 또한 그것은 당신이 있는 바로 거기에 있었다는 사실도 깨닫는다. 그러니 아무것도 가질 필요가 없다. 그저 당신인 그것으로 있기만 하면 된다. 그건 당신 본연의 상태인 것이다!

당신도 알아차렸겠지만, 나는 명상의 방법이나 수단 같은 것에 대해 이야기하지 않았다. 그에 대해 질문을 받지도 않았지만.

문답

질문자 그에 대해 질문하기를 원하시나요?

레스터 그건 당신 맘대로예요. 여러분 중 일부는 다양한 수행단체에 가입해서 방법들을 배우기 시작하고 있다는 걸 알아요. 명상을 근본적인 수행법으로 가르치는 단체들이 있어서 명상하는 방법과 명상을 할 수 있도록 준비시켜주는 방법들을 많이 가르쳐줍니다.

이것은 중요합니다. 원하지 않는 생각들이 마음을 채우는데 그것을 쫓아내지 못한다면 우리는 자유롭지 못하지요. 반면에 생각이 들어오고 나오고 하는 것을 통제할 수 있다면 우리는 자유로워져서 마음의 주인이 됩니다. 그렇게 되기 전까지는 마음이 우리의 주인이고, 우리는 노예요, 생각의 제물입니다.

그런 상태에서 우리는 습관적인 생각에 의해 사실상 자동인형처럼 이리저리 끌려다닙니다. 사람들이 우리에게 이야기를 하면, 그건 마치 우리를 작동시키는 버튼을 누르는 것과도 같습니다. 그들이 칭찬하면 의기양양해지고, 비난하면 풀이 죽습니다. 그러면서도 우리는 자신이 자유의지를 가지고 있다고 생각하지요! 칭찬에 우쭐해지고 비난에 기가 꺾인다면 우리는 로봇처럼 작동하고 있는 겁니다. 당신을 칭찬하든지 비난하든지 간에 그들이 실제로 하는 일은 거의 아무것도 없습니다. 그저 약간의 음성 에너지만 보낼 뿐이지요. 그러면 당신이 거기에다 자신을 행복하게, 혹은 불행하게 만들 에너지를 잔뜩 갖다 붓는 겁니다. 바로 이게 자동로봇이 아니고 무엇이겠습니까?

그러니 이 자동로봇 상태를 벗어나 마음의 주인이 되는 한 가지 쉬운 방법은 명상을 하는 것입니다. 명상은 자신의 본성을 추구함으로써 마음을 고요히 가라앉히는 수행법입니다. 우리는 이것을 목표지점에 도달할 때까지 수행해야 합니다. 이제부터 우리의 목표는 명상을 더 잘 하는 법을 배우는 것이 되어야 합니다.

말로써 안내하는 것보다는 여러분이 명상 상태에 있을 때, 나는 훨씬 더 강력하게 여러분을 안내해줄 수 있습니다. 하지만 그것을 경험해보기 전에는 결코 알 수 없을 겁니다. 지금까지 여러분이 얻은 도움은 여러분의 마음이 고요해질 때 받을 수 있는 도움에 비하면 적은 것입니다. 여러분의 마음이 고요해지면 나는 여러분과 직접 — 참자아와 참자아가 — 소통할 수 있게 됩니다. 그러면 여러분이 참자아로 머물도록 내가 도와줄 수 있지요. 나만 그런 것이 아니라 마스터들은 다 그렇게 할 수 있습니다. 육신을 지니고 있건 말건 상관없이, 이것이 바로 마스터들이 하는 일입니다. 우리가 고요히 앉아 있을 때 그들이 들어와서 우리가 참자아 속에 안착하도록 도와줍니다. 그리고 우리는 그것을 경험할수록 더 깊이깊이 끝까지 들어가서, 마침내는 하루 24시간 내내 고요한 명상 상태에 머물러 있을 수 있게 됩니다. 이 고요한 명상 상태에서는 결코 의식을 잃지 않습니다. 잠을 잘 때도 자신이 잠자고 있음을 온전히 인식하고 있습니다. 꿈을 꾸고 있을 때도 자신이 꿈꾸고 있음을 온전히 자각하고 있습니다. 꿈을 중단시키려고 마음먹는다면 꿈꾸기를 그칠 수도 있습니다. 잠도 마찬가지입니다. 혹은, 완전히 깨어 있는 상태에서 지금 바로 잠들기로 마음먹는다면 바로 잠들 수 있습니다.

이것은 아무것도 포기하는 것이 아닙니다. 이것은 우리가 날마다 거치는 세 가지 상태 ─ 깨어 있는 상태, 꿈꾸는 상태, 꿈 없이 잠자는 상태 ─ 에 통달한 마스터가 되는 것입니다.

지금까지 이야기한 것을 정리해봅시다. 먼저 우리는 소유, 그다음에 행위에 관해 이야기했고, 지금은 가장 높은 상태인 존재에 관해 얘기하고 있습니다. 지금부터는 있음(존재)의 상태를 길러가야 합니다. 내가 한 이야기에 대해 질문이 있나요? 이해하셨습니까?

질문자 명상의 주된 목적은 마음을 고요히 잠재우는 것입니까?

레스터 맞습니다. 완전히 고요해지도록 마음을 완전히 가라앉히는 것입니다. 마음이 완전히 고요해지면 거기가 목적지입니다.

모든 생각은 한정입니다. 생각은 우리의 무한한 있음을 덮어 가리고 있는 담요요, 장막입니다. 그것을 모두 제거하면 우리의 무한한 있음 외에는 아무것도 남지 않습니다. 장막이란 우리 자신의 생각에 지나지 않습니다. 마음이란 그것을 이해하지 못할 때만 그렇지, 신비하거나 수수께끼 같은 것이 아닙니다. 그것이 무엇인지를 이해하면, 그것은 생각들의 덩어리일 뿐입니다. 단순하지요. 마음이라 불리는 이것은 생각들의 총합입니다. 생각을 멈추면 마음의 작용도 더 이상 없습니다.

명상이란 그저 생각을 고요히 가라앉히는 방법입니다. 모든 생각이 고요히 가라앉을 때까지 명상을 해야 합니다. 마음이 완전히 고요해진 상태는 너무나 엄청난 상태여서 말로는 결코 묘사할 수가 없습니다. 황홀경, 지복, 열반 등의 말도 그것을 제대로 묘사하지 못합니다. 이런 말들은 그것을 그저 가리킬 뿐입니다. 말했듯이, 명상에 어느 정도 깊이 들어가면 그것은 삶에서 경험해본 것 중에 가장 멋진 경험이 될 겁니다. 그리고 그 경험을 자꾸만 하고 싶어질 것입니다. 그것을 늘 유지시켜서 24시간 경험하고 싶어질 겁니다. 이 경험은 다름 아니라 행복이라 불리는, 바로 당신의 참자아임이 드러나고, 그것은 당신의 존재 속으로 고요히 스며들어옵니다.

이 깊고 아름다운 고요의 상태를 얻으면, 잡담으로 그 고요를 엎질러버리지 마세요. 많은 사람들이 스스로 이 아름다운 고요의 상태를 잡담으로 얼마나 많이 엎질러 잃어버리게 되는지를 알아차리지 못합니다. 생각도 마찬가지입니다. 소란한 생각 속에 빠져 있으면 생각도 당신을 이 고요의 상태에서 멀찍이 데려가버립니다. 그러면 그것이 멋진 느낌이었다는 기억밖에는 남는 것이 없습니다. 그 고요한 느낌을 유지하여 보존하려면 가장 좋은 방법은, 명상 후에도 홀로 남아 있는 것입니다.

늘 그 상태에 온전히 안착해 있게 될 때까지는 가능한 한 오랫동안 그 속에 고요히 머물러 있으세요. 그 상태에 안착이 되면 말을 해도 괜찮습니다. 그래도 그 상태를 잃어버리지 않을 겁니다. 그러나 지금의 상태에서는 사람들과 이야기를 하면 명상 속에서 얻어진 깊은 고요의 상태를 놓쳐버립니다. 그건 너무나 귀한 경험을 함부로 낭비하는 짓입니다. 그것이 늘 거기에 있게 될 때까지 그것을 붙잡고 계속 길러가세요.

있음의 상태가 온전해지면 당신은 그것을 알아차리게 될 겁니다. 자신을 모든 있음(all beingness, 만유)으로 바라보게 됩니다. 그것은 단계적으로 찾아옵니다. 먼저 고요하고 평화롭고 맑고 순수한, 이 아름다운 상태를 조금 맛봅니다. 그다음에 그 상태가 발전하면 우리는 자신이 곧 모든 있음임을 점점 더 실감하기 시작합니다. 처음에는 그것이 아주 찰나적으로 느껴지고 지나갈 수도 있습니다. 그러다가 1분 내지 5분 정도 이어집니다. 매번 그 경험은 더 길게 지속되다가 결국은 그것만이 유일한 상태가 됩니다. 그러면 당신은 자신을 오로지 만유인 있음(beingness being all beingness, 모든 있음으로서 있는 있음)으로 인식하게 됩니다. 그때 당신은 신이 무엇인지를 알게 되고 당신의 참자아를 알게 됩니다.

질문자 이 모든 것이 오렌지 맛이 어떤 것인지를 설명해주려고 애쓰는 것과도 같단 말씀이죠?

레스터 예. 하지만 우리 중 대부분의 사람들은 이 있음의 고요를 어느 정도는 경험해보았기 때문에 어느 정도까지는 의미가 통합니다. 그것은 경험해본 만큼의 의미를 가집니다. 거기에 한 마디만 보태지요. — 언젠가는 여러분도 그저 있음으로서 있는 엄청난 경험을 하게 될 테고, 그 이후로는 오로지 그 상태를 영구적으로 안착시키기만을 원하게 될 것입니다. 세상의 다른 모든 것은 부차적인 것이 되어버리지요. 당신은 또 자신이 세상에서 찾아 헤매왔던 그것이 당신이 있는 바로 거기에 있었다는 것을 깨닫습니다. 그건 밖에 있지 않고 안에 있어요. 바로 당신이 있는 그곳에요. 그건 당신의 타고난, 본연의 상태입니다. 그것이 당신의 찬연한 참자아입니다.

질문자 의식을 통해 직접적으로 자신이 무엇인지를 알아내려고 애쓰지 않고 이 상태에 도달하는 방법도 있나요?

레스터 예, 느린 방법이긴 하지만 자신을 내맡기고 신께 헌신함으로써 신을 찾아갈 수 있습니다. 자신을 신께 온전히, 완전히 내맡기면 이 상태에 도달합니다.

질문자 저는 제가 지금 어디쯤 와 있는지를 알려고 애쓰고 있어요.

레스터 제가 알려드리죠. 당신은 마음을 고요히 가라앉힐 수 있는 만큼까지 와 있습니다. 자신이 마음을 얼마나 흔들림 없이 고요히 유지할 수 있는지를 살펴보세요. 당신은 거기까지 성장해 있는 겁니다. 명상에서는, 잡념 없이 한 생각에만 얼마나 잘 집중해 있을 수 있는지가 바로 당신의 현주소입니다.

질문자 저는 생각에 빠져 있어서 그것을 볼 수가 없습니다.

레스터 간접적으로 판단하는 방법도 있습니다. 즉, 다른 사람들이 당신을 얼마나 쉽게 동요시킬 수 있는가, 다른 사람들의 말에 당신은 얼마나 많은 반응을 일으키는가 하는 것 등등입니다. 마음이 정말 고요하면 사람들이 당신에 대해 뭐라고 말하든지 아무런 상관도 하지 않습니다. 그런 데에 신경을 쓰지 않지요.

질문자 하지만 우리는 이미 우리가 찾아 헤매고 있는 그것입니다. 그렇다면 그건 그저 그것을 알아차리느냐 마느냐에 관한 문제 아닌가요?

레스터 예, 그건 그것을 다시 기억해내느냐, 알아차리느냐에 관한 문제입니다. 그것을 알아보려면 그것을 경험해봐야만 합니다.

명상은 그것을 경험하는 방법입니다.

지금 우리는 자신이 몸이고 한계에 갇혀 있다고 확신하고 있습니다. 그것은 거짓 중에서도 가장 큰 거짓입니다. 우리는 무한합니다! 그건 단지 그릇된 인식, 그릇된 관점입니다. 그건 착각이요 환영입니다. 거짓은 진짜가 아닙니다. 진짜는, 우리는 그 몸 배후의 있음이라는 것입니다.

질문자 명상에 들어 있을 때 정말로 해야 할 일은 한계에 갇힌 존재를 보는 것이 아니라 우리의 본성을 보는 것이죠? 이 한계의 느낌을 벗어나려면 어떻게 해야 할까요?

레스터 한계라는 관념을 놓아 보내세요. 그러면 있음을 더 많이 경험하게 되고, 마침내는 오로지 있음만을, 몸과 마음의 바로 뒤에 있는 당신 자신만을 경험하게 됩니다.

질문자 우리가 본성을 보지 못하도록 가둬놓고 있는 건 바로 이 한계에 대한 생각이죠?

레스터 예, 그 자체가 한정인 생각요. 그러니까 한계에 대한 생각뿐만 아니라 우리의 생각 하나하나가 곧 한정입니다.

질문자 의식과 생각은 어떻게 구별합니까?

레스터 의식은 전반적인 인식, 자각입니다. 생각은 어떤 특정한 것에 대한 인식, 자각입니다.

질문자 저에겐 '명상'이란 말을 쓰는 것보다 그냥 '한계의 느낌을 없애고 만유가 된 느낌을 느끼고 모든 것을 의식하고 알기 시작하기'라고 말하는 게 더 의미가 다가옵니다.

레스터 그게 명상이 하는 일이고 성취하는 상태입니다.

질문자 저는 그것을 말로 옮겨야 하는데, 당신은 그걸 직관적으로 아는 것 같아요.

레스터 아닙니다. 나도 그걸 말로 옮깁니다. 나는 명상을 가장 단순하게, '마음을 한 생각에 머물러 있게 하기'라고 정의합니다. 이젠 당신도 이 말을 이해하겠죠. — '나는 무엇인가'와 같은 한 생각을 붙들고 그 생각에만 머무르라는 거요. 그저 오로지 이 생각과 함께 있으세요. 다른 생각은 물리치고요. 그게 명상입니다. 또 다른 생각도 잡아보세요. '세상이란 무엇인가?' 그저 이 생각만 붙잡고 있으세요. 계속 '세상이란 무엇인가?' 하고 물어보세요. 오로지 한 생각밖에 없으면 마음은 고요해집니다. 마음이 고요해지면 마음의 배후로부터 그 답이 나옵니다.

질문자 그건 우리도 익히 알고 있어요. — 장미만 생각하고 다른 생각은 들여놓지 말아라. 당신은 신, 아니면 '나'만 생각하라고 말하고 있지만.

레스터 맞아요. '나는 무엇인가' — 이것이야말로 최상의 의문입니다. 이 의문에 대한 답을 온전하게 얻으면 끝나는 거예요. 이 의문을 마음속에 품고 답이 오기를 기다리면 그게 바로 최상의 명상을 하고 있는 것입니다. 어떤 방법을 사용하든지, 어떤 길을 택하든지 상관없이 결국은 '나는 무엇인가?' 하는 이 의문의 답을 얻게 되어 있습니다. 하지만 이것만 알고 계세요. — 마음은 결코 답을 주지 않는다는 것 말입니다. 마음이 주는 답은 모두가 틀리게 되어 있습니다. 왜냐하면 마음은 생각의 도구이고, 모든 생각은 한계에 의해 한정되어 있기 때문입니다. 그러니 이 의문을 마음속에 떠올리고 답을 기다리세요. 그러면 마음 너머에서, 당신의 참자아로부터 그 답이 올 겁니다.

질문자 이미 알고 있기 때문에 멍청한 짓을 그저 그만두게 된다는 거죠?

레스터 예, 무지한 자의 멍청한 짓을 더 이상 안 하게 되지요.

질문자 그리고 '알았어, 알았어' 하고 깨우쳐가는 동안 제약들이 하나씩 하나씩 제거되고요.

레스터 바로 그겁니다! 그게 이 모든 것의 총정리입니다. 당신도 말했듯이, 당신은 이미 그걸 알고 있습니다. 그래서 그저 그에 반하는 생각들을 놓아 보내는 거지요. 그 앎이 자명해질 때까지요. 그것을 깨달음, 혹은 계시라 부릅니다.

질문자 있음은 의식의 생각이 아닌가요?

레스터 있음이 온전해지면 거기에는 생각이 없습니다. 하지만 있음과 의식은 같습니다. 그것은 지적으로는 알 수가 없고 경험할 수밖에 없습니다. 있음과 의식은 정확히 동일한 것입니다. 그래서 나도 이렇게 말했지요. ― 소에 대해 알고 싶으면 소가 되세요. 나무에 대해 알고 싶으면 나무가 되세요. 그것이니까 그것을 알 수 있습니다. 그것이 되는 것보다 그것을 어떻게 더 잘 알 수가 있겠습니까?

목적지에 도달하면 진짜 답이 올 겁니다. 그러면 당신은 있음과 의식이 같은 것임을 알게 됩니다. 그걸 지적으로 이해하려 들지 말고 하세요, 하세요!

질문자 명상 속에서 아무것도 오지 않을 땐 끔찍하게 지루해요.

레스터 지루할 수가 없어요. 왜냐하면 명상을 할 때 당신은 생각을 고요히 잠재우고 있기 때문입니다. 생각을 잠재우면 잠재울수록 당신은 더욱 행복해집니다.

이제 우리는 모두가 기쁨이 진정 무엇으로 이뤄져 있는지를 살펴보고, 알 수 있겠어요. 음악을 들을 때 우리의 마음은 오로지 음악에만 집중되고, 그러면 다른 모든 생각과 그날의 말썽거리들은 사라져서 음악이 아름답게 들리는 것입니다. 사실 외부의 어떤 것에 주의를 집중하고 있으면 다른 불편한 생각들은 떨어져나가기 때문에 바로 그 상태가 그것을 그토록 멋지게 만들어주는 것입니다.

질문자 방금 당신이 이야기하고 있을 때 떠오른 한 생각을 말해야겠네요. 그건 마치 전기가 모두 한 방향으로 흐르는 것과도 같아요. 방해도 소음도 없이 말이죠. 음악을 들을 때는 오로지 음악밖에는 아무것도 생각하지 않지요.

레스터 예, 다른 모든 생각과 성가신 제약들은 잠시 사라지고 참자아를 훨씬 더 많이 느끼게 되지요. 아름다움 배후의 참된 아름다움, 아름다움의 근원을 목격하기 전에는 결코 진정한 아름다움을 알지 못합니다.

질문자 아름다움의 근원, 그것이 곧 '나'이고요?

레스터   예, 당신의 참자아요. 명상의 능력을 기르면 그것은 당신을 가장 아름답고 행복한 상태로, 열반으로, 평온과 순수의 상태로 데려갑니다. 당신의 본성 — 우주의 진정한 존재, 당신의 무한하고 찬연한 참자아 — 을 아는 고요한 명상 상태로 데려갑니다.

명상

마음 내려놓기

우리가 해야 할 가장 크고 가장 어려운 일은 마음을 내려놓는 것이다. 마음은 오랜 과거로부터 쌓여온 쓰레기 — '나는 한정된 이 몸이야, 나는 문제가 있어' 등등의 제약으로 가득 찬 생각의 쓰레기 — 로 가득한 쓰레기장이다. 모든 생각은 제약을 담고 있다. 우리는 그것을 마음이라 불리는 것 속에다 쌓아놓는다. 마음은 이 모든 생각들을 다 더한 총합체에 지나지 않는다. 그러니 마음은 제약이라는 쓰레기가 잔뜩 쌓여 있는 하나의 쓰레기장이다.

그렇다면 어떻게 하면 마음을 제거할 수 있을까? 마음을 고요히 잠재우면 된다. 마음을 고요히 잠재우고 나면 우리는 자신이 무한하다는 사실을 발견한다. 자신의 한계를 발견할수록 우리는 마음이라 불리는 이 쓰레기장을 자각하고, 그것을 더 많이 놓아 보낼 수 있다. 그렇게 계속 놓아 보내다 보면 마침내는 남아 있는 마음을 한꺼번에 다 내려놓을 수도 있게 된다.

하지만 그 전까지는 생각이 올라올 때마다 그것을 하나하나 계속 물리쳐야 한다. 생각이 올라오면 우리는 그것을 올라오는 족족 놓아 보내고 놓아 보내고 또 놓아 보내서, 마침내는 우리 자신인 참자아가 확연히 드러나게 해야 한다. 그러면 참자아가 우리를 장악하여 길의 끝까지 데려간다. 가장 큰 일은 마음을 고요히 가라앉히는 것이다. 그것은 곧 생각을 제거하는 것, 마음을 제거하는 것이다.

명상은 마음을 고요히 가라앉히기 위해 필요한 단계이다. 이것은 내가 가장 중요하게 강조하는 것이다. ― 명상하라. 명상하는 법을 배우고, 명상 상태에서 풀어놓는 법을 배우라. 깊이 들어갈수록 한계 없는 본연의 희열을 캐내게 된다. 아무리 깊은 희열을 느껴도 언제나 그보다 더 깊이 들어갈 수 있다. 지금보다 30배 더 큰 희열을 느끼게 되더라도 그보다 더 큰 희열을 끝없이 추구해 갈 수 있다. 그 희열은 한계가 없다. 왜냐하면 당신은 무한하니까.

하지만 성취해야 할 가장 중요한 것은 마음을 다스리는 힘, 명상하고 이완하여 언제든지 평화 속으로 빠져들 수 있는 능력이다. 한 사람이 온 나라를 다스린다고 하더라도 자신의 마음을 다스리지 못한다면 그게 무슨 통치력이란 말인가? 그들은 자기 자신의 마음의 노예일 뿐이다. 그들은 자기 생각의 지배자가 아니라 오히려 생각의 산물이다. 그들은 실제로 과거의 습관에 끌려다닌다. 그들은 마스터가 아니다. 자신의 마음을 다스릴 수 있는 사람만이 마스터이다. 자신의 마스터일 뿐만 아니라 자신이 하는 모든 일의 마스터 말이다. 명상이 그 길이다.

여기에 몇 가지 통찰이 더 있다. 이것과 함께하는 시간이 명상이 되게 하라.

명상이란 의도적으로 생각하기이다.

명상이란 마음을 신을 찾아가는 길 위에 올려놓는 것이다.

명상이란 올바른 방향에서 답을 찾는 것이다.

명상이란 올바른 방향으로 생각을 품고 다른 생각은 계속 떨어져나가게 하여 마음이 한 생각에 오롯이 집중되게 하는 것이다. 마음이 집중되면 답이 스스로 확연해진다.

집중이란 잡념을 떨어내고 한 생각만 붙들고 있는 것이다. 그러면 그것은 그의 의식을 고양시켜 성장해가도록 도와준다.

한 생각만을 붙들고 있을 수 있는 능력은 마음을 집중시켜 마음속에 감춰진 비밀을 캐낼 수 있게 해준다.

명상으로 마음이 고요히 가라앉게 하는 것은 좋은 일이다. 명상으로 에고가 원하는 것을 놓아 보내버리는 것은 그보다 더 좋은 일이다. 하지만 '나는 무엇인가'에 대해 명상하는 것이 적극적으로 길을 찾아가는 가장 좋은 명상법이다.

명상은 '나는 무엇인가', '신은 무엇인가', '나는 세상과 어떤 관계에 있나', '이 세상의 실체는 무엇인가', '무한이란 무엇인가', '지성이란 무엇인가', '이 세상은 어디에 있는가' 등의 의문에 관한 명상이나, 아니면 '내가 세상 속에 있는 것이 아니라 내 안에 세상이 있다'는 등의 경구에 관한 명상이어야 한다. 왜 그럴까, 하고 의문을 품으라. 이런 경구 배후의 의미를 깨닫는 데 힘쓰라.

완벽함이 있는 방향을 바라봄으로써, 모든 것은 완벽함을 깨달아야 한다. 완벽함은 외부에 있는 것이 아니다. 우리는 그것을 안다. 완벽함은 우리가 있는 여기에 있다. 우리의 '나'가 있는 곳 말이다. 그러니 먼저 주의를 내면으로 돌려야 한다. — 의문을 제기하고 그 답이 올 때까지 그것을 붙들고 있어야 한다. 마침내 답이 오면 당신은 알게 된다. 그리고 자신이 안다는 것을 안다. '나는 무엇인가'에 대한 답을 얻으려면 마음의 소음을, 곧 생각을 고요히 가라앉혀야만 한다. 생각은 소음이다. 생각은 제약의 관념인데 무수히 많은 생각들이 꼬리를 물고 끊임없이 우리를 폭격해오고 있다. 모든 것의 완벽함이 확연히 드러날 때까지 그 생각들을 계속 내려놓으라.

이 모든 외부의 생각들은 우리가 관심을 두지 않으면 오지 않는다.

마음을 고요히 가라앉히는 방법을 터득해야 한다. 끊임없이 말만 하고 있어서는 결코 그것을 터득할 수 없다. 말은 적을수록 좋다.

명상은 형식을 위한 형식을 갖출 필요가 없다. 언제든지 마음을 고요히 가라앉히고 길을 찾고 있다면 그것이 명상이다. 어떤 이들은 형식적인 것들이 없을 때 명상이 더 쉽다고 한다. 그것은 무의식 속에 형식적인 명상에 대한 저항과 반발이 있기 때문이다. 하지만 그런 저항과 반발은 내려놓도록 힘써서 그로부터 자유로워져야 한다.

마음에 부정적인 생각이 떠오르는 대로 그것을 거꾸로 뒤집어 놓으라(reverse). 그렇게 해서 부정적인 생각을 놓아 보내고, 마침내는 모든 생각을 놓아 보내도록 하라.

얻은 것은 머물러 남아 있다. 하나의 생각을 지우더라도 많은 생각들이 아직도 남아 있어서 또 다른 생각이 올라온다. 하나의 제약적인 생각을 지운다고 해서 잠재의식의 생각들이 다 지워지는 것은 아니다. 남아 있는 것은 놓아 보내야 한다. 하나의 경향성을 내려놓으면 그것을 부추기는 모든 생각들이 함께 떨어져나간다.

명상은 언제나 답을 찾는 구도(seeking)와 함께해야 한다.

사람들이 일을 통해 추구하는 모든 것은 명상과 함께하면 훨씬 더 잘 성취할 수 있다. 명상은 당신이 세상에서 일을 통해 추구하는 것을 더 빨리, 더 훌륭하게 성취시켜줄 것이다.

내면으로 들어가면, 그것은 무한으로 들어서는 것이다. 밖으로 나가면, 그것은 한계 속으로 들어서는 것이다.

주의를 내면으로 돌리라. 외부를 향한 주의는 낭비다.

자신에게 한 일은 당신 자신의 행위이므로 오로지 당신에 의해서만 복원될 수 있다.

오직 올바른 방향을 향한 당신의 노력을 통해서만 신을 알 수 있다. 신의 왕국을 찾으려면 오로지 내면만을 주시하라.

명상을 통해 당신은 자신이 무한한 참자아를 한정된 에고로 덮어 가리고 있었다는 사실을 깨닫게 된다.

명상은 편재(omnipresence)로 가는 길이다.

명상이 습관이 될 때까지 명상 수행에 매진하라. 가능한 한 열심히 명상을 해야 한다. 명상은 마음을 오로지 자신의 본성으로만 향하게 하는 것이다. 그것은 마음을 세속적인 일로부터 돌려 자신이 있는 곳을 향해 집중되게 하는 것이다. 명상은 많이 할수록 좋아하게 된다. 그리고 좋아할수록 더 많이 하게 되어, 결국은 애쓰지 않고도 늘 하고 있는 일이 된다. 무슨 일을 하고 있든지 상관없이, 그 배경에서 명상이 지속적으로 이어진다. 그러면 당신은 실로 잘 나아가고 있는 것이다. 그렇게 되기 전까지는 그리 빨리 나아가지 못한다. 왜냐하면 대부분의 시간 동안 당신은 세상을 향해, 한계 속으로 들어가고 있기 때문이다.

높은 경지에 이르는 데는 오직 한 길밖에 없다. 그것은 마음을 고요히 가라앉히는 것이다. 마음을 고요히 가라앉히는 방법은 명상이다. 명상은 매우 어렵다. 자리 잡고 앉아 마음을 고요히 가라앉히는 순간 생각들이 솟아 올라온다. 생각이 솟아 올라오는 족족 그것을 쫓아내어 떨어져 나가게 하라. ─ 좀더 고요히 앉아 있을 수 있는 상태에 이를 때까지. 그러면 당신은 명상을 좋아하기 시작하게 된다. 참자아의 깊은 경험을 맛보기 시작하기 때문이다. 명상을 좋아하기 시작하면 명상 수행의 큰 장애물이 제거된 것이다. 하지만 명상이 환희로워지는 지점에 이를 때까지 결코 멈춰서는 안 된다. 그다음부터는 수월하게 나아갈 수 있게 될 것이다.

명상은 홀로 하는 것이 가장 효과적이다. 그룹 명상은 초보자가 명상에 익숙해지게 하기 위한 것이다.

명상은 실로 참자아와의 교감이 되어야 한다.

마음이 가라앉은 깊이만큼의 고요 속에서, 당신은 참자아를 만날 것이다.

에고를 제거하는 방법은, 마음이 워낙 고요해져서 자신의 본성이 드러나게 하는 것이다. 그러면 당신은 자신이 에고가 아님을 깨닫고 에고를 내려놓게 된다.

깊이 명상하면 당신은 깨달은 스승, 당신의 스승에게로 인도될 것이다.

오늘날 같은 세상에서 육신으로서의 존재가 자신을 확장시키기는 쉽지 않다. 실제로 우리의 의식을 고양시켜서 육신의 차원으로부터 끌어올려줄 마스터의 도움이 필요하다. 하지만 그것도 우리가 받아들이지 않는다면 그들도 어찌할 수가 없다. 마음이 고요하지 않으면 받아들이는 태도가 갖춰지지 않는다. 명상은 마음을 고요히 가라앉게 해준다.

그저 명상에 들어 마음을 고요히 가라앉히고 높은 곳으로부터의 도움을 기다리라. 그러면 도움이 찾아올 것이다. 신과 구루는 우리를 끊임없이 돕고 있다. 마음을 고요히 가라앉히기만 하면 우리는 그들의 도움으로 의식이 고양되어 참자아를 경험하게 된다.

명상이 당신에게 가장 중요한 일이 되는 지경까지 가야만 한다. 잠깐의 명상도 당신을 멀리까지 데려다줄 수 있다. 깊이 집중된 명상이라면 더욱.

영적인 것은 영적인 눈으로만 식별된다. 영적 지혜는 낮은 곳으로 내려와주지 않는다. 우리가 자신의 수준을 그 높이로 올려야만 한다. 명상은 우리의 의식을 고양시켜준다. 그러니 명상을 통해 의식을 고양시킴으로써 영적 지혜를 얻으라.

명상은 멋진 것이다. 활동하거나 수다를 떠는 중에는 결코 일어날 수 없는 일이 명상 중에 일어난다.

자신의 진정한 정체가 무엇인지를 깨우치고자 하는 열망은 마음을 고요히 가라앉혀준다. 자신의 진정한 정체에 대한 궁금증이 세상과 육신에 대한 관심보다도 더 강렬해지면 그때 당신은 자신을 발견하게 된다. 열망, 그것을 갈구하는 강렬한 열망이 그 열쇠다.

마음을 텅 비우는 명상법은 그릇된 것이다. 마음은 텅 비울 수가 없다.

명상은 '나는 무엇인가' 하는 의문의 답으로 가는 징검다리이다.

언젠가는 명상이 당신이 아는 가장 즐거운 일이 될 것이다.

명상이 지속적인 일이 될 때까지 명상하라. — 무엇을 하고 있든지 상관없이 마음의 배후에서 명상이 이어지게 될 때까지.

그저 고요해지기를 추구하는 명상법이 있다. 수동적으로 그저 고요히 있는 것이 아니라 능동적으로 그저 있는 방법이다. 하염없이 그저 있기만 하는 것은 엄청나게 멋진 경험이다. 그저 있는 느낌은 경이롭다. 하지만 거기서 멈추지는 말라. 에고가 완전히 없어질 때까지 계속 에고를 내려놓으라.

당신도 명상을 다른 어떤 것보다도 좋아하게 되는 시점에 이를 것이다. 자신의 진정한 자아로서 있게 되는 지점에 도달하면 그것이 좋아지기 때문이다. 그것은 이전까지 당신이 바깥세상에서, 아내에게서, 자식들에게서 느꼈던 그 어떤 기쁨보다도 큰 기쁨이다. 당신은 아내와 자식들을 다름 아닌 바로 자기 자신으로 여기게 된다. 그것을 경험할 것이기 때문이다. 그 기쁨은 직접적이고, 늘 변함없이 지속될 것이다.

의문에 대한 답은 머리에서 나오지 않는다. 그것은 고요한 명상으로부터 언젠가 온다. 그것은 그저 당신 앞에 불쑥 나타날 것이다. 너무나 단순하다. 그래서 당신은 외칠 것이다. '아하!'

명상은 사색이다. 하지만 하나의 생각만을 하는 사색이어서 다른 모든 생각은 떨어져나간다. 어떤 한 가지 일에 강렬하게 관심이 꽂히면 다른 생각들은 떨어져나가는 법이다.

마음이 고요할수록 우리는 더욱 참자아로서 있게 된다. 외부적인 활동을 하고 있을 때도 명상이 늘 안정적으로 이어지면, 우리는 자동적으로 몸을 움직여 일하면서도 늘 참자아 속에 머물며 삶을 살아간다.

참자아를 추구해온 성숙한 구도자는 '나는 결코 메인 적이 없다. 나는 언제나 자유롭고 완벽했다'는 깨달음에서 출발하여, 그곳을 박차고 이륙한다.

당신이 아닌 모습 말고 그냥 당신인 모습에 주목하라. 자신의 참모습을 발견하면 당신은 동시에 자신이 아닌 모습을 깨닫고, 그것을 내려놓는다.

'나는 이 몸이 아니다. 나는 이 마음이 아니다'라고 말하고 그 것과 함께 머물라.

자신이 에고가 아님을 깨달으면, 당신은 에고라는 커다란 덩어리를 놓아 보내고 있는 것이다.

명상의 깊이가 에고를 얼마나 지워내는지를 좌우한다.

명상의 깊이란 마음을 고요히 가라앉히는 정도를 말한다.

명상을 오래 할 수 있게 될수록 명상에 더 깊이 들어갈 수 있다.

마음이 평화로워지는 상태에 이르고 나면 자신이 무엇인지를 깨닫게 된다.

기분이 좋아지는 것은 좋은 것이다. 높이 올라갈수록 기분도 더 좋아진다. 하지만 좋은 기분을 목표로 삼고 찾는다면 거기가 끝이다. 성장이란 참자아의 좋은 기분 속에 빠지는 것 이상의 무엇이다. 참자아가 아닌 것, 곧 에고를 내려놓는 것이 성장이다.

명상을 즐기는 것은 하나의 단계다. 거기서 멈추지 말고 그 너머로 가라. 당신은 답을 얻어야만 한다.

명상은 언제까지나, 영원히 할 수도 있다.

명상은 자체가 하나의 여행이 될 수도 있고, 지팡이처럼 이용될 수도 있다. 목표는 깨달음을 얻는 것이다.

온전한 깨달음을 얻으면 당신은 항상 명상 상태에 있게 된다.

사실 명상 상태야말로 본연의 상태다.

끊임없는 명상이란 곧 신, 참자아의 끊임없는 상기이다.

명상은 처음에는 지극히 어렵다. 그러나 시간이 가면 점점 쉬워진다. 그러다가 어느 날 당신은 이렇게 말한다. '우와. 멋진데! 이게 바로 내가 찾던 거야!' 그러면 틈만 나면 명상을 하게 된다. 이제 당신은 영적인 길에 제대로 들어선 것이다.

참자아에 깊이 집중하여 머물라. 마음이 마음을 향하도록 주의를 돌려 마음이 무엇인지를 알아내라. 그런 다음 마음 너머로 가서 당신의 참자아 속에 거하라. 각자가 그것을 경험해야만 한다. 그것은 하나의 인식(perception)이지만, 사실 마음의 인식(mental perception)은 아니다. 마음이 아주 고요해져서 다른 생각들은 다 떨어져나갈 때까지 마음을 한 방향에만 집중시킴으로써 당신은 계시, 깨달음을 얻는다. 한 생각을 붙들어 그것이 당신을 사고작용 바로 배후의 세계로 데려가게 하라. 답은 거기에 있다. 우리는 그것을 체험이라, 계시라 부른다.

자리에 앉으면 세상을 놓아 보낼 수 있도록, 마음을 고요히 가라앉히는 법을 배워야 한다. 오직 그때만 우리는 이 영적인 길의 정말 높은 차원에서 움직이기 시작하는 것이다. 우리는 이 세상을 좀더 나은 세상으로 만들었다. 이 꿈을 좀더 행복한 꿈으로 만든 것이다. ― 그러나 우리는 아직도 이전과 거의 마찬가지로 매여 있다. 나쁜 것에 매여 있던 구속이 좋은 것에 매이는 구속으로 바뀐 것일 뿐이다. 이제 우리는 생각을 ― 모든 생각을 ― 놓아 보내는 법을 터득해야만 한다. 그 방법은 명상, 올바른 명상을 통해서이다. 마음을 고요히 가라앉혀 생각을 잠재우고, 마침내는 모든 생각을 제거하는 것 말이다.

여럿이 함께 명상하면 서로가 서로를 도와주게 된다. 힘이 배가되어 시간이 갈수록 명상이 더욱 깊고 고요해진다. 하지만 가장 좋은 명상은 다른 사람들의 도움 없이 홀로 하는 것이다. 그러면 시간에 구애받지 않게 된다. 다섯 시간, 열 시간, 심지어는 스물네 시간도 명상할 수 있다. 이런 일이 일어나야만 한다. 명상이 너무 좋아져서 밤을 새며 하고 있게 된다면 명상이 잠보다도 더 좋은 것이 된 것이다. 당신의 수행이 동력을 받은 것이다. 그러면 당신은 참자아를 깨닫고, 그것으로 있게 될 것이다.

마음을 지배하는 한 방법은, 참자아 속으로 빠져드는 것이다. 당신은 너무나 즐거운 곳에 이르러, 거기에 계속 머물러 있는 것 외에는 아무것도 하고 싶지 않게 된다. 만사가 매우 수월하고 편안해진다. 수월하고 편안해지는 지점에 이르면 그저 그것을 지속시키라. 끝장을 볼 때까지 그것과 함께 있으라. 변함없는 그 상태로 인해 당신은 점점 더 고요해지고, 그러면 참자아가 당신의 눈앞에서 계속 에고를 태워 없애고, 그러면 마음은 더욱더 고요해진다.

사마디 속에 떨어질 수 있게 되면 그때부터 진정한 영정 성장이 시작된다고들 한다. 나는 이렇게 말하는 것을 좋아하지 않는다. 사마디란 생각 속에 완전히 빠져드는 것이라고 말하면 일부 사람들은 실망하기 때문이다. 사마디는 전적인 집중이다.

초보 때는, 명상이란 신, 참자아에 관한 생각을 붙들고 다른 생각은 물리치는 것이다. 깨달음을 얻고 나면, 명상이란 누구에 의한 것도, 무엇에 관한 것도 아닌 자각의식(awareness) 자체로서, 오로지 의식을 자각하는 의식의 흐름이다. 거기에는 타자他者도 행위도 없지만 정신적, 육체적 기능은 아무런 문제 없이 온전히 발휘할 수 있다.

명상의 길 끝에 이르면 당신은 웅대하고 찬연한 당신의 참자아를 발견하고, 그 참자아로서 있게 된다.

게임

제약

우리는 누구나 무한하고 완벽한 존재들이다. 나는 대부분의 사람들이 최소한 이론적으로는 이것을 받아들인다고 본다. 우리는 이런 말을 경전에서, 특히 힌두교 경전에서 접한다. 마스터들이 우리에게 이렇게 말한다. 나도 장단 맞춰 같은 말을 한다. 하지만 우리는 왜 이 무한하고 완벽한 우리의 본래 모습을 표현하지 못하고 있는 것일까?

그 이유는 우리가 습관을 통해 무수한 생에 걸친 제약의 게임을 벌여왔기 때문이다. 이 제약의 게임을 너무나 오래 해온 나머지, 우리는 자신의 본성이 무한하다는 사실을 까맣게 잊어버린 것이다. 우리는 우리 자신인 이 무한한 존재에게로 눈을 돌리지 않는다. 우리는 날마다, 순간순간, 우리가 스스로 만들어 매어놓은 이 작은 꼭두각시 인형을 바라보면서 자신을 그 육신으로 여긴다. 이 육신을 바라보면서 그것을 자신으로 여기는 한, 우리는 곧장 거기에 갇혀버린다. 자신의 무한성을 보지 못하니, 자신이 무한함을 깨닫지 못한다. 그리하여 우리는 자신을 육신으로 오인한 채, 하염없이 무수한 생애를 들락거리면서 살아간다.

우리는 너무나 오랫동안 이 짓을 해왔다. 사실, 반대쪽으로 고개를 돌려서 우리 자신인 무한한 존재를 보고 깨닫는 데는 초인적인 의지가 필요하다. 이 초인적인 의지만이 순간순간 자신이 이 한정된 육신이라 여기고 있는 우리를 일깨워 눈을 돌리게 해줄 수 있다. 단 1초라도 그렇게 눈을 돌려 자기 자신인 무한한 존재를 보기만 한다면 우리는 그 1초를 많은 제약을 지워 없애는 데에 쓸 수 있을 것이다. 하지만 먼저 우리는 자신이 무한하다는 사실을 받아들여야 한다. 그런 다음 제약을 지워 없애는 일을 시작해야 한다. 우리는 실제로 자신이 이 육신이 아니고 이 마음도 아니라는 사실을 받아들여야 한다. 그리하여 '한정된 육신 되기 게임'이라 불리는 이 함정에서 벗어날 길은 절대 존재하지 않는다는 생각을 지워 없애야만 한다.

그러니, 경전이 말하듯이, 그대는 그것이니(Thou Art That), 침묵하여 그것을 깨달으라. 우리가 품는 낱낱의 생각들은 모두가 '한정하는 생각'이다. 생각을 놓아 보내고 침묵하라.

다른 방법들

알다시피 방법은 마음을 고요히 가라앉히는 것이다. 마음을 가라앉히는 방법은 한 생각을 붙들고 있는 것이다. ― 찾아볼 수 있는 가장 높은 수준의 생각을 붙들고 있으면서 다른 모든 생각은 놓아 보낸다. 마음이 충분히 고요해지는 순간 우리 자신인 이 무한한 있음이 스스로 확연히 드러난다. 그러니 방법은 매우 단순하다. ─ 당신 자신인 이 무한한 있음이 보이도록 충분히 마음을 고요히 가라앉히는 것이다. 당신 자신인 이 무한한 있음을 발견하는 순간, 당신은 즉시 당신이 무한하지 않다고 최면을 거는 나머지 생각들을 지워 없애는 작업에 착수하게 될 것이다. 그리하여 제약하는 생각들이 더 이상 남아 있지 않게 되면 거기에는 오직 무한한 있음만이 남는다.

너무나 역설적이게도, 당신이 찾고 있는 그것은 당신에게 가장 가까운 곳에 있다. 당신이 '나'라고 말할 때마다 가리키는 그 '나'가 바로 그것이다. 당신이 '나'라고 말할 때, 당신은 바로 그 무한한 있음을 가리키고 있다. "나는 육신이다"라고 말할 때, 당신은 "무한한 있음인 '나'는 한정된 마음을 가진 한정된 육신이다"라고 말하고 있는 것이다. 실상은 이토록 단순하다. 하지만 단순하다는 이 말이 당신이 억겁을 매달려온 그 습관을 놓아 보내는 것이 쉬운 일이란 뜻은 아니다.

모든 사람이 찾아 헤매고 있는 이것, 모든 사람이 행복이라 부르는 이것은 다름 아니라 바로 우리 자신인 무한한 있음이다. 모든 사람이 자신의 낱낱의 행위를 통해 바로 자기 자신인 이 무한한 참자아를 찾아 헤매고 있다. 그것을 저마다 돈, 행복, 성공, 사랑 등등의 다른 이름으로 부르면서 말이다. 이 말을 들었다면 ─ 아니, 우린 이 말을 무수히 들었다 ─ 우리는 왜 자신이 아닌 육신이 되려고 애쓰기를 당장 때려치우고 그저 우리 자신인 그것이 되질 않는가? 누가 여기에 대답해줄 수 있는가? 왜 한정되어 있기를 그만두지 않는가 말이다.

문답

질문자 그만둘 수가 없기 때문이지요.

레스터 무한한 있음이 한정되어 있기를 그만둘 수 없단 말인가요?

질문자 그러길 원하지 않으니까요.

레스터 맞아요. 우린 그러길 원하지 않아요!

질문자 무한한 있음이 그러길 원하지 않는단 말인가요?

레스터 예. 무한한 있음이 자신은 한정된 육신이라고 생각하지요. '난 이걸 너무나 오랫동안 해왔기 때문에 무한한 있음인 나는 내가 이 한정된 육신이라고 생각하기를 멈추고 싶지 않아.' 이해가 되나요?

질문자 예.

레스터 우리는 '나'라고 말할 때마다 — 딱 거기서 그치기만 한다면 — 우리 자신인 무한한 있음을 가리킵니다. 하지만 우리는 곧장 '(나)는 이 몸이야'라고 덧붙이지요. 만일 우리가 지금부터 '나'-'나'-'나'라고만 말하면 우리는 완전히 깨달을 겁니다. 왜냐하면 '나'-'나'-'나'라고 할 때 우리는 '나'에만 집중하고, '(나)는 온갖 것을 필요로 하는 작은 육신이야'라는 말은 하지 않기 때문입니다. 그러니까 자기 자신인 무한한 있음을 매 순간 경험하고 있지 않은 사람은 없습니다. '나'를 경험하는 한 우리는 우리 자신인 이 무한한 있음을 경험하고 있는 겁니다.

하지만 우리는 그것을 보고 싶어하지 않습니다. 우리는 육신이 되어 있고 싶어합니다. 그렇다면 필요한 건 뭘까요? 첫째, 자신에게 '나는 이 육신이 아니야. 나는 이 마음이 아니야. 그럼 난 뭘까?' 하고 물어보는 겁니다. 자신이 이 육신도 마음도 아니라는 것을 충분히 인식하면 우리인 그것은 스스로 자신을 확연히 드러내게 됩니다.

우리는 결코 무한한 있음이 '될(become)' 수 없습니다. 왜냐하면 우리는 그것'이니까(are)'요. 우리는 단지 우리가 그것이 아니라는 생각을 놓아 보낼 수만 있을 뿐입니다. 우리가 이 육신이고 마음이라는 생각을 놓아 보낼 수만 있는 겁니다. 가장 먼저 필요한 것은, 우리가 자기라고 '생각하고' 있는 이 한정된 있음을 놓아 보내버리고 싶어하는 열망입니다. 목적지에 얼른 도달하기 위해 필요한 유일한 것은, 우리 자신인 무한한 있음으로서 있고자 하는 아주 강렬한 열망입니다.

하지만 우린 그걸 원치 않습니다. 정말로 원했다면 가지고 있겠지요. 물론 어려운 점이 있습니다. 그게 뭘까요? 습관입니다. 무의식 속의 습관적인 생각, 그건 마음입니다. 그래서 우리는 이 아주 깊은 무의식 속에서 생각하는 마음을 공격함으로써 습관을 공략합니다. 마음이야말로 우리 자신인 무한한 있음을 덮어 가리고 있는 유일한 담요입니다. 우리 자신인 그것을 보려면 충분히 오랫동안 생각을 멈추고 있어야 합니다. 그리고 그 '충분히 오랜' 시간은 딱 1초일 수도 있습니다. 단 1초라도 생각(무의식의 생각도 포함해서)을 멈추고 있으면, 자신의 본래 모습을 목격하는 그 어마어마한 해방의 충격이 당신으로 하여금 바로 자신의 것인 무한한 힘을 발휘하여 마음을 태워 없애버리게 할 것입니다. 생각을 하지 않는 그 한계 없는 상태 속으로 단 한 순간이라도 떨어지는 낱낱의 순간마다, 마음은 대거, 상당한 양이, 태워져 없어집니다.

그럼 다음 질문을 예상할 수 있겠네요. ― 그런 열망을 어떻게 하면 일궈낼 수 있을까요? 그 열망만 충분히 강렬하다면 누구라도 몇 주일, 몇 달, 아니면 몇 년 만에도 무한한 있음을 깨달아 온전히 그것으로서 있을 수 있습니다. 여러분 중의 누구라도 이 무한한 있음을 깨닫고자 하는 강렬한 열망만 있으면, 그리고 오로지 그 열망만을 품고 있으면 몇 달 안으로 우리 자신인 그 무한한 있음을 목격하고, 그것으로서 남아 있게 될 겁니다. 더 이상 자신을 한정된 육신이라고 상상하지 않게 될 겁니다. 그러니 열쇠는 바로 열망입니다. 아름다운 몸을 갖기를, 건강한 몸을 갖기를 열망한다면 그렇게 될 수 있습니다. 하지만 이 모든 생각들은 당신이 자기 자신인 무한한 있음을 깨닫지 못하게 합니다. 그러니 더 멀리까지 가려면 방법은 단순합니다. 당신의 그 모든 열망을 당신의 무한한 참자아를 발견하고야 말겠다는 단 하나의 열망과 맞바꾸세요.

이제까지 한 얘기에 관해 질문이 있나요?

질문자 '나는 무엇인가?'라는 의문을 궁구하는 중에 하늘의 별을 봤는데, 내가 별이 될 수도 있겠다는 생각이 떠오르더군요.

레스터 당신은 최상승의 수행법인 자아궁구법(Self Inquiry)을 말하고 있군요. 우리 모두가 답해야 할 궁극의 의문은 '나는 무엇인가?'입니다. 그리고 그 답이 오면 그게 끝입니다. 그렇다면 그냥 처음부터 이 의문을 품으면 안 될 게 뭐가 있나요? 하지만 '나는 무엇인가?' 하는 의문을 품을 때 마음이 하는 대답은 옳을 수가 없습니다.

왜냐하면 마음은 참자아를 덮어 가리고 있는 담요이기 때문입니다. 마음은 당신을 한정하는 울타리입니다. 그러니 방법은 오로지 '나는 무엇인가?' 하는 이 의문만을 품고 있는 것입니다. 다른 생각이 들어오면 '이 생각은 누구에게 떠오르는 거지? 나에게 떠오르지. 그럼 이 나는 무엇이지?' 이렇게 물어보면 그 생각은 금방 떨어져나갑니다. 그러면 곧바로 가던 길로 돌아오게 되지요. 생각을 넘어서 앎으로 들어설 때까지 이 길을 계속 따라가세요.

질문자 알겠습니다. 감사합니다.

레스터 이 방법을 잘 활용한 사람은 지구상에 몇 명 되지 않습니다. 그래서 우리가 이 방법을 사용하자고 하는 겁니다. '나는 무엇인가?' 하는 이 의문의 답을 늘 궁구하세요. 낮 동안 무슨 일을 하고 있든 간에, 명상 중이든 독서 중이든 마음의 배후에서 늘 이 의문을 품고 답을 기다리세요. 나는 '누구인가' 대신 '무엇인가'를 씁니다. 왜냐하면 '누구'는 사람을 암시하기 때문에 자신을 몸으로 여기게 만드는 경향이 있기 때문입니다. 하지만 '무엇'은 사람을 가리키지 않지요. 아무튼 이 의문은 항상 품고 있어야 합니다. 자신이 어떤 길을 따르고 있든지, 어떤 수행법을 실천하고 있든지 간에 마음의 배후에서는 늘 '나는 무엇인가?' 하는 의문을 품고 있어야만 합니다. 그렇게 하면 언젠가는 마침내 온전한 답을 깨닫게 될 겁니다.

질문자 레스터, 이 방법에서 이 의문을 몇 번이나 물어봐야 하나요?

레스터 잡념이 마음에 떠오를 때마다 물어보세요. '이 생각은 누구에게 떠올랐지? 나에게. 그럼 나는 무엇이지?' 잡념이 떠오를 때마다 이렇게 되풀이해서 물어봐야 합니다.

질문자 생각이 떠오르지 않으면 물어볼 필요가 없고요?

레스터 맞아요.

질문자 그럼 답을 기다리고 있으면 되는군요.

레스터 깨닫게 되기를 기다려요. 답을 기다리는 게 아니에요. 답은 마음으로부터 오지요.

질문자 깨닫게 되기를 기다린다고요?

레스터 예, 깨닫게 되기를 기다립니다. 참자아가 스스로 확연히 드러나는 것을요. 갑자기 그것이 거기에 있는 겁니다. 그리고 당신은 그것이 사실은 늘 거기에 있었다는 것을 깨닫습니다. 자신이 몸이고 마음이라고 생각하도록 스스로 미혹시켜서, 거기를 보지 않고 여태껏 엉뚱한 곳만 두리번거리고 있었다는 사실을 깨닫게 되지요. 그리고 당신은 자신이 곧 만유임을 깨닫습니다. 당신은 모든 사람, 모든 동물, 모든 곤충, 우주의 모든 원자로서 있습니다. 우주의 있음이 곧 다름 아닌 당신의 있음임을 깨닫습니다. 그건 여기에 있어요. 바로 지금 여기예요! 그러니 눈을 참자아에게서 돌려 엉뚱한 곳만 바라보고 있기를 그치세요. 마음을 고요히 가라앉히세요. 나인 '나'가 거기에 있습니다. 이보다 당신에게 가까이 있는 것은 아무것도 없습니다. 그것을 밖에서 찾지 마세요. 몸을 통해서 찾지 마세요. 그건 밖에 있지 않습니다. '나'는 여기에 있어요. 이것이 무한한 있음입니다.

이 의문을 품고 있는 것은 쉬운 일이 아닙니다. 그래서 늘 품고 있기를 권하는 겁니다. 자신이 무엇인지를 늘 궁구하는 습관을 들이라는 겁니다. 그리하여 마침내 마음이 고요히 가라앉으면 '나는 무엇인가?' 하는 의문 외에는 다른 생각이 없어지고, 그때 당신의 참 자아가 선연히 드러납니다. 그건 당신이 있는 바로 거기에 있습니다. 당신이 어디에 있든지 간에 '나'가 있는 바로 거기에 말입니다. 그러니 다시 말하지만 이 의문을 품고 계세요. 답이 스스로 나타날 때까지, 그것이 확연해질 때까지 말입니다.

질문자 참 어려워 보이네요.

레스터 어렵습니다. 매 순간 자신이 한정된 육신이라고 생각하는 습관을 놓아 보내기가 어렵지요. 우리는 생각으로써 자신을 폭격 합니다. 나는 몸이다, 나는 몸이다, 나는 몸이다… 이것이 늘 이어 지고 있으니 자기 자신인 무한한 있음을 보지 못하지요. '나는 몸 이다'라는 생각의 끊임없는 폭격 말입니다.

명상은 한 생각만을 붙들고 있음으로써 다른 생각들은 떨어져나가 게 하여 마음을 고요히 가라앉히려는 노력입니다. 한 생각만을 붙 들어 오로지 그 한 생각만이 존재하는 상태에 이를 수 있다면 우리 는 자기 자신인 무한한 있음을 볼 수 있을 만큼 충분히 고요해진 것입니다. 마음을 고요히 가라앉히지 않고 무한한 있음이 스스로 확연해지게 하는 방법은 없습니다.

질문자 "스스로 확연해진다"고 하셨는데 참자아는 어떤 느낌으 로 느껴지나요?

레스터 비베카난다Vivekananda가 말했듯이, 끝을 향해 다가가면 오 로지 '나' 외에는 아무것도 없었음을 깨닫게 됩니다. 오로지 '나' 외 에는 아무것도 없다면, 내가 모든 것이고 모든 사람입니다. 다른 모 든 육신들을 나의 육신으로 여깁니다. 모든 사람들을 나로 여깁니다. 나의 몸을 나로 여기듯이 모든 사람을 나로 여기게 됩니다.

그 느낌은 형언할 수가 없습니다. 그것은 너무나 강렬한 경험이어서, 현재의 제약이 허용하는 그 어떤 것과도 까마득하게 먼 경험이어서, 직접 경험해보지 않고는 알 수가 없습니다. 하지만 우리의 눈높이에서 보면 그것은 우리가 행복이라 부르는 그것입니다. 그것은 한정 없는 희열, 무한한 희열입니다. 처음엔 그것이 아주 고양된 느낌으로 옵니다. 그것은 압도적이어서 주체하기가 어렵습니다. 그래서 불편해지지요. 행복으로 뺨을 맞은 것 같기도 하고, 펀치를 맞은 것처럼 얼떨떨하면서 황홀합니다. 그래서 그것이 성가시게 느껴지기까지 합니다. 그러면 당신은 그 느낌을 떨쳐버리려고 애쓰게 됩니다. 그것이 지나간 다음에 남는 것은 매우 깊고 심오하고 유쾌한 평화입니다. 그것은 이전에 느꼈던 지극한 희열보다도 더 나은 평화의 느낌이어서 당신은 더 이상 그 희열을 찾으려 하지 않습니다. 희열의 상태는 궁극의 상태가 아닙니다. 궁극의 상태는 평화입니다. 우리는 모두가 가끔 이것을 맛볼 수 있습니다.

질문자 그럼 그 상태를 맛봤다가 잃어버릴 수도 있단 말씀인가요?

레스터 그럼요. 많은 사람이 그렇게 됩니다. 처음으로 그 상태에 빠질 때는 그것을 지속시킬 수가 없습니다. 생각하는 습관이 다시 돌아오기 때문이지요. 그리고 생각을 하고 있는 순간 우리는 한정됩니다. 모든 생각은 한정하는 생각이니까요.

한정에 갇히는 이 게임을 그만 놓아 보내세요. 세상을 놓아 보내세요. 세상을 통제하려 하지도 말고 즐기려고 하지도 마세요. 모든 즐거움을 내면에서 구하세요. 그러면 전에는 게임이었던 것이 이젠 다른 그림 찾기가 돼버립니다. 모든 것이 똑같아집니다. 모든 것이 똑같다면, 그리고 그것이 절대적으로 사실이라면 게임은 발붙일 데가 없어집니다. 게임 속에 빠지면 영원한 환영 속에 갇히는 겁니다. 게임은 결코 끝나지 않을 겁니다. 게임 속에 있다면 당신은 무한한 있음에서는 멀어져 있습니다. 게임에는 언제나 일정한 한계가 있어서, 그것이 당신이 온전한 만족을 맛보지 못하도록 늘 가로막고 있습니다.

그러니 자신을 몸으로 여기는 게임보다 높은 단계가 있는데, 그것은 모든 것이 정확히 똑같아지는 단계입니다. 그 똑같은 그것은 오로지 당신, 당신의 있음입니다. 무한한 일체성만이 남고, 그 무한한 일체성은 당신이요, 당신의 있음입니다. 그건 만유인 있음입니다. 물론 이 있음이 무엇인지를 제대로 알려면 그것을 경험해보아야만 합니다. 나는 이 지고의 경지를 가장 잘 묘사하는 말은, '모든 있음으로 있는 있음'(beingness being all beingness, 만유인 있음)이라고 확신합니다.

질문자 그것에 대한 열망을 어떻게 하면 키울 수 있을까요?

레스터 오직 당신 자신만이 할 수 있습니다. 아무도 대신 해줄 수 없습니다. 이 일이 유독 그런 일이어서, 오로지 당신 스스로가 해야만 합니다.

우리가 말을 통해 듣고 있는 은총은 늘 거기에 존재하고 있습니다. 우리가 본연의 상태를 회복할 때까지 우리를 좀이 쑤시도록 만들고 있는 것은 바로 우리 자신인 내면의 있음입니다. 행복에 대한 열망, 그것이 은총입니다. 그것은 늘 거기에 있습니다. 해야 할 일은 오로지 그것을 알아차리고 받아들이는 것뿐입니다.

질문자　신이 어떻게 인간으로 만들어질 수가 있죠? 인간이 신으로 돌아가려는 건 어쩐지 신성모독 같은데요?

레스터　아닙니다. 지고의 경지를 성취하기를 원하지 않는 사람이야말로 신성을 모독하는 것입니다. 아무튼 그건 이렇게 일어납니다. — 그건 밤에 꿈을 꾸는 것과도 같습니다. 당신은 자신이 갓난아이의 몸으로 태어나는 꿈을 꿉니다. 그러고는 일주일, 1년, 20년, 40년 나이를 먹어갑니다. 그리고 끝없이 온갖 문제를 겪는 꿈을 꿉니다. 기억하세요, 이건 단지 꿈일 뿐입니다. 그렇게 하염없이 문제에 시달리던 끝에 당신은 몸이 죽는 꿈을 꿉니다. 그러고는 꿈에서 깨어납니다. 그 꿈을 꾸고 있는 동안 당신은 변한 적이 있나요? 변하지 않았습니다! 결코 그런 적이 없습니다. 그건 모두가 마음속에서 지어내진 것입니다.

우리가 '깨어 있다'고 말하는 지금의 이 상태에서도, 우리는 정확히 똑같은 짓을 하고 있습니다. 이 깨어 있는 상태가 사실은 잠들어 있는 상태입니다. 우리는 바로 우리 자신인 이 무한한 있음이라는 실재에 대해 까맣게 무지한 채 잠들어 있습니다. 바로 지금도 우리는 밤에 잠든 것만큼이나 까마득히 실상 앞에 잠들어 있습니다. 자신이 깨어 있다고 생각하는 꿈을 꾸고 있을 뿐입니다. 우리는 바로 이 잠든 상태로부터 깨어나야 합니다. 그러다가 깨어나면 우리는 깜짝 놀라며 말합니다. '맙소사, 내가 저 한계에 갇힌 육신이었던 적은 없었구나! 난 언제나 무한한 있음이었고, 그게 나였어!'

그러니까 우리는 '깨어 있는 상태'라 불리는 꿈을 마음속에서 지어내고 있는 겁니다. 하지만 그건 착각이요 환영입니다. 그것이 꿈이라는 것을 알아차리려면 이 상태에서 깨어나야만 합니다. 이해되시나요? 그러니까 "우리가 어떻게 그렇게 했죠?"라는 질문의 답은,

우리는 그런 꿈을 꾸고 있다는 것입니다!

질문자 의도적으로요?

레스터 예, 일부러요. 우린 수동적인 무한한 있음으로부터 시작합니다. 거기서 밑바닥으로 내려갔다가 — 바로 지금 우리가 거기에 있지요 — 꼭대기로 올라가 무한한 자신을 다시 보는 거지요. 하지만 이 과정을 거친 후에는 자신의 무한성에 대한 능동적인 앎이 생겨납니다. 이전에는 수동적인 앎밖에 없었는데 말입니다.

그건 마치 이런 거예요. — 완벽한 건강을 타고 태어나서 평생을 건강하게 산 사람에게 '완벽한 건강'이란 말은 의미가 없지요. 그는 그게 무슨 뜻인지를 능동적으로 알지 못합니다. 그래도 그 상태에 있으면 좋긴 합니다. 하지만 그는 수동적으로 건강합니다. 즉, 건강의 의미를 제대로 음미하고 즐기지 못하지요. 그런데 그가 깊은 병에 걸려서 여러 해 동안 죽을 고비를 넘기다가 완벽한 건강을 다시 회복한다면, 그때 그 완벽한 건강 상태는 아프기 전보다 훨씬 더 의미심장한 것이 됩니다.

그런데 바로 이것이 우리가 우리 자신에게 하고 있는 실없는 짓입니다. — 무한으로부터 이곳까지 떨어졌다가 다시 무한으로 돌아가는 것 말입니다. 하지만 이번엔 우리 자신인 무한에 대한 능동적인 앎을 지니고 갑니다. 그런데 그 떨어지는 길에, 우리는 자신이 무엇을 하고 있는지를 까먹어버릴 정도로 일을 밀어붙였습니다. 그래도 내면을 들여다보기만 하면 우리도 이 사실을 깨닫게 될 겁니다.

질문자 이 모든 혼란에 대해 그럴듯한 설명을 듣기는 처음입니다. 우리가 왜 이 밑바닥까지 끌어내려졌는가에 대해서는 난생처음으로 듣는 설명이에요.

레스터 그럼 이젠 다시 올라가세요.

질문자 이것을 하고 있는 사람이 한 사람(one person)이라도 있나요?

레스터 이것을 하고 있는 한 있음(one Beingness)이 있지요. 이것을 가장 잘 설명해주는 비유는 대양과 물방울입니다. 있음의 대양인 우리가 자신의 일부의 둘레에 상상으로 작은 동그라미를 치고는 그걸 물방울이라고 불렀습니다. 그러자 물방울이 말합니다. —"나는 저 물방울과 별개이고 다른 모든 물방울들과도 별개야." 그건 대양의 작은 일부의 둘레에 상상으로 쳐진 동그라미인데, 그것이 자신을 물방울이라고 부르고 있는 겁니다. 하지만 모든 물방울이 사실은 대양입니다. 그건 대양의 모든 성질을 다 지니고 있지요. 축축하고 짜고 H_2O로 되어 있는 등등. 이 비유가 설명을 잘 해준다고 생각해요. 아니면 머리빗의 각각의 빗살들이 서로 "난 너와는 별개야" 하는 것과도 같습니다. 낱낱의 빗살들이 모두 하나의 빗인데 말이죠. 우리는 이 빗의 빗살들처럼 서로가 별개의 존재라고 말합니다. 사실은 하나의 빗일 뿐인데요. 명심하세요. 당신은 하나인 무한한 있음의 대양입니다. 그것은 당신인 '나'입니다. 그것을 찾으세요. 그것을 보세요. 그것을 영원히 붙잡으세요!

무의식 내려놓기를 통한 깨달음

당신의 본성

다양한 계보의 가르침들은 우리가 논하고 있는 주제를 저마다 다른 이름으로 부른다. 나는 그것을 행복이라 부르기를 좋아한다. 그 궁극의 행복을 가져다주는 것은 실상에 대한 깨달음이다. 자신을 온전히 알게 되면 우리는 이 궁극의 희열에 도달하고, 그와 함께 충족 속의 평화가 찾아온다. 우리는 자신이 곧 만유임을 깨닫고, 여태껏 세상에서 자신이 찾아 헤매왔던 것은 바로 자기 자신이었음을 깨닫는다. 당신은 사실 자신의 진정한 자아를 찾아 헤맸지만 찾지 못했고, 그 결과 한 번도 만족하지 못했다.

나는 무수히 되풀이해서 말했다. ─ 당신이 바로 행복이라 불리는 바로 그것이라고. 당신의 본성은 마음의 상상력을 까마득히 넘어선 무한한 희열이다. 그래서 우리는 모두가 자기도 모르게 그 행복을 찾아 헤매는 것이다. 우리는 모두가 그 놀라운 본연의 상태로 돌아가려고 애쓰고 있다. 하지만 우리는 그쪽을 보지 않고 늘 그 반대쪽만 보고 있기 때문에 그것을 찾지 못한다. 그것을 찾으려면 자신의 내면을 들여다보아야 한다. 거기서 우리는 자신이 무한한 있음임을 깨닫는다. 우리는 한계가 없다. 모든 앎을 지니고 있고 모든 권능을 지니고 있다. 우리는 모든 곳에 있고, 지금 여기에 있다. 이 세 가지를 지니고 있지 않은 사람은 없다.

우리 삶의 목적과 목표를 발견하는 일을 어렵게 만드는 것은, 우리는 무한하여서 자신을 무한히 작게 만들 수도 있다는 사실이다. 아니, 이미 그렇게 해버렸다. 바로 지금 우리가 한정되어 있는 상태 이상으로 더 한정되기도 어렵다. 무한히 광대한 이 우주에서도 우리는 한계와 제약의 극단에 꽁꽁 묶여 있다. 우리는 자신을 육신으로 상상하여 꽁꽁 얼려놓았다. 그리고 너무나 오랜 세월 동안 그렇게 해온 결과, 이제는 자신이 육신이라고 철석같이 믿게 되었다.

존재들은 자신의 세계보다 밀도가 높은 모든 세계를 볼 수 있다. 가장 영묘한 세계인 원인계의 존재들은 그보다 밀도가 높은 아스트랄계와 물질계를 인식할 수 있다. 아스트랄계의 존재들은 그보다 밀도가 높은 물질계를 인식할 수 있다. 물질계의 존재인 우리에게는 이보다 더 밀도 높은 세계가 인식되지 않으므로, 우리는 존재하는 세계 중 가장 밀도 높은, 가장 한정된 세계에서 살고 있는 것이다.

육신

육신은 우리에게 가능한 가장 극단적인 제약이어서, 우리는 속박을 느낀다. 우리는 아파하면서 밖을 향해 허우적거린다. 그리고 물질계 속에서 우리의 자유를 표현하려고 애쓴다. 시간과 공간의 벽을 제거하려고, 더 빨리 더 멀리 가려고 애쓴다.

나는 지금 우리가 육신 속으로 들어온 이래로 제약을 어디까지 받아들이게 되었는지를, 그리고 바로 그 때문에 대부분의 사람들이 자신에 관한 진실 — 나는 한계 없는 존재라는 — 을 깨닫기가 그토록 어렵다는 점을 말하고 있다.

하지만 매우 한정된 이 상태에도 이점은 있다. 우리는 너무나 속박되어 있기 때문에 거기서 벗어나고 싶은 욕구를 더 강렬히 느끼게 된다. 모든 것이 원하기만 하면 나타나는 조화로운 천국에서 편안하게 살고 있다면, 삶이 우리를 계속 들쑤셔서 자유를 얻고자 발버둥치게 만들어주지는 못할 것이다. 그러니 이곳에 산다는 것은 아주 드문 이점이 있는 것이다. 우리는 이곳을 탈출하려고 발버둥 칠 수밖에 없도록 떠밀리고 있다. 다양한 방법으로, 온갖 경로로 우리는 자유를 추구하고 있다.

방법이 무엇이든 상관없이, 모든 방법은 똑같은 결과를 가져와야만 한다. — 제약적인 생각들로부터 자신을 해방시키는 것 말이다. 그 방법은 생각을 잠재워서 우리의 마음을 고요히 가라앉혀주어야 한다. 모든 생각은 제약의 틀이다. 생각들이 지워지고 나면 남는 것은 우리 자신인 무한한 있음이다. 유감스럽게도 우리는 잠재의식이라 불리는 자동사고 기능을 가동시켰다. 우리는 생각을 무대 뒤로 몰아내어 거기에 주의를 보내지 않아도 작동하게 만들어놓고는 그 일에 대해서는 잊어버렸다.

처음엔 그것이 몸을 작동시키기에 유리했다. 왜냐하면 원래는 몸의 모든 부분들 — 낱낱의 세포와 낱낱의 장기 — 을 의식적으로 작동시켜야 했기 때문이다. 그렇게 모든 부분에 신경을 써야 할 필요를 없애기 위해 잠재의식을 통해 자동제어 시스템을 가동시킨 것이다. 그런데 생각을 놓아 보내려고 할 때는 이 잠재의식이 가장 큰 난관이 된다. 그것이 난관이 되는 이유는, 그것을 돌아보지 않는 습관이 들어버렸기 때문이다. 돌아보지 않으니 우리에게는 그것이 보이지 않고, 보이지 않으니 그것은 무수한 생애를 걸쳐 저 혼자 끊임없이 작동한다. 사실 우리는 생각과 단단히 혼약을 맺고 있어서 헤어지는 것은 꿈조차 못 꾸고 있는 형국이라고 말할 수 있다. 그리하여 생각과 결별하기 전까지는 계속 눈먼 채 육신에 붙들려 가련한 삶을 살아갈 것이다. 왜냐하면 우리가 얻고자 하는 즐거움이란 사실 자신의 참자아를 만나는 데서 오는 것이지만 우리는 그것을 몸을 통해, 바깥세상에서 찾으려고 헛되이 발버둥 치고 있으니, 한 되의 즐거움을 한 말의 고통으로 사야만 하니까 말이다.

육신을 넘어서

그 자유를 수복할 방법은, 먼저 생각을 고요히 가라앉힌 다음 생각들을 하나씩 제거해가는 수순이어야만 효력을 발휘할 수 있다. 잠재의식의 생각들이 의식 표면에 떠오르도록 의식적으로 노력하여, 그것이 의식 표면에 떠오르면 내려놓으라. 실제로

의식 표면에 떠오른 잠재의식의 생각들은 전반적으로 매우 제약적이고 부정적인 것들이어서 내려놓고 싶어지고, 실제로 그렇게 하게 된다. 상당량의 생각을 내려놓고 나면 그때부터는 많은 생각들을 한꺼번에 내려놓을 수 있게 된다.

많은 생각들을 한꺼번에 내려놓으려면, 한 가지 특정한 일에 관련하여 쌓여온 생각으로부터 생겨난 습성이나 경향성을 내려놓아야 한다. 습성이나 경향성을 내려놓으면 그것이 생겨나게 한 원인이 되는 모든 생각들도 함께 떨어져나간다. 이렇게 하면 한 덩어리의 생각들을 한꺼번에 내려놓을 수도 있다.

예컨대 단것을 좋아하는 습성이 있다면 한 번에 한 가지 종류의 단것에 관한 생각을 잠재의식으로부터 떠올리고 그것을 하나씩 하나씩 차례로 다 놓아 보낼 수도 있다. 하지만 보다시피 그건 많은 시간이 걸릴 것이다! 하지만 단것을 좋아하는 습성 자체를, 모든 종류의 단것에 대한 집착을 놓아 보내버린다면, 그 습성을 형성시킨 잠재의식의 모든 생각들이 한꺼번에 떨어져나간다. 그러면 그는 단것에 대한 욕망에서 완전히 해방된다.

나중에는 남아 있는 모든 생각들을 한꺼번에 내려놓을 수 있는 경지에까지 이른다. 왜냐하면 당신은 무한한 권능을 지니고 있으므로 자신이 지닌 그 무한한 권능으로써 남아 있는 마음을 모조리 지워 없애버릴 수도 있다는 사실을 알게 되기 때문이다. 이 때문에 깨달음은 한순간에 일어난다고들 하는 것이다. 거기에까지 이르러 그러한 권능이 자신의 손안에 있음을 깨달으면 당신은 남아 있는 생각들을 한꺼번에 다 지워 없애버린다. 그러면 당신은 완전한 해탈을 얻는다. 끝까지 간 것이다.

이런 일이 일어나도 당신은 좀비가 되거나, 사라지거나, 빛이 되어 올라가지 않는다. 당신은 자신이 육신을 위해 설정해놓았던 과정을 육신이 거쳐가도록 놓아둔다. 그리하여 육신이 거쳐야 할 과정을 다 거치고 나면, 희열 속에서 육신을 떠난다. 당신은 자기만의 고유한 방식으로 육신을 떠나고, 오래 입어 해진 외투는 놓아 보낸다.

당신은 결코 죽지 않는다. 주변 사람들은 당신이 죽었다고 말할 수 있다. 그러나 당신 자신은 죽지 않는다. 그저 낡은 외투를 벗어놓듯이 의식적으로 육신을 내려놓는 것일 뿐이다. 그러나 다시 말하지만, 당신이 육신을 위해 설정해놓은 과정을 다 거칠 때까지는 그렇게 하지 않는다. 나는 당신이 깨달음을 얻는 순간 죽음을 두려워하지 않도록 이것을 말해주는 것이다.

그러니 궁극의 경지에 이른다는 것은 무無로 화하는 것이 아니다. 그것은 육신의 억류에서 벗어나와 편재의 경지로 들어서는 것이다.

욕망의 가치

이를 위해서는 그러고자 하는 강렬한 욕구가 있어야 한다. 자기 자신인 무한한 있음으로서 있지 못하게 막는 유일한 것은 한정된 육신으로 있고 싶어하는 당신의 욕망이다. 이 극단적인 제약에서 벗어나고 싶어하는 쪽으로 욕망이 바뀐다면 그것이 출발점이다. 하지만 그 길을 끝까지 가려면 육신으로서 있고 싶어하는 욕망보다 더 강렬한, 완전한 자유를 향한 열망을 지녀야만 한다.

실제로 그것을 성취하는 사람이 그토록 적은 이유는, 대부분의 사람들에게 자유롭고 무한한 있음으로서 있고 싶은 의식적인 열망보다는 육신으로서 있고 싶어하는 잠재의식의 욕망이 더 크기 때문이다. 이것을 직면하여 자신이 정말 무엇을 원하는지를 직시하기 전에는 완전한 해탈, 완전한 깨달음이 일어날 수 없다. 자신의 욕망을 표면의식으로 떠올리기 위해서는 잠재의식 속으로 파고 들어가야 한다. 그것을 보지 않고는 그것을 놓아 보낼 수가 없기 때문이다. 당신이 육신에 한정되어 있는 유일한 이유는, 당신 스스로가 잠재의식 속에서 이 한정된 육신으로 있고 싶어하는 강한 욕망을 품고 있기 때문이다. 육신의 한계에서 벗어나고자 하는 의식적인 열망이 육신으로서 있고 싶어하는 잠재의식의 욕망보다 더 강렬해지면 당신은 금방 해탈을 이룰 것이다. 그리고 거기에 궁극의 행복이 있다.

문답

질문자 어떻게 하면 잠재의식을 파고 들어갈 수 있습니까?

레스터 좋은 질문입니다. 그렇게 하고 싶어하는 것이 첫 번째 할 일입니다. 처음에는 매우 어렵습니다. 하지만 하면 할수록 쉬워집니다. 실제로 그것이 아주 쉬워지는 시점에 도달할 수 있습니다. 꾸준한 실천이 당신을 그런 시점으로 데려다줍니다. 잠재의식의 생각을 떠올리기를 꾸준히 연습하면 할수록 더 쉽게 해낼 수 있게 됩니다.

그렇게 하는 데는 여러 가지 보조기법이 있습니다.《영원한 진실》

(Eternal Verities)⁎이라는 책에는 이런 방법이 있습니다. —"아무도, 아무것도 당신을 동요시키지 못하는 경지로 가라." 누군가가 당신을 동요시키는데 이유를 모르겠다면 그 생각은 잠재의식의 생각입니다. 그 생각을 떠올리세요. 끊임없이 연습하면 실제로 생각을 떠올리는 습관이 길러집니다. 당신은 그 배후에 제약적인 생각, 에고, 이기적인 동기 등이 숨어 있는 것을 발견하고 내려놓게 됩니다.

질문자 잠재의식의 생각이나 동기를 그저 알아차리는 것만으로 충분합니까?

레스터 그저 바라보는 것만으로는 충분하지 않습니다. 의식적으로 그 생각을 내려놓거나 의식적으로 습성이나 동기를 버려야 합니다. 이런 생각들은 모두가 제약적이고 부정적인 것이기 때문에, 나는 당신이 그것을 없애고 싶어한다는 가정하에 이야기하는 겁니다. 우리가 그것을 파고들고 싶어하지 않는 이유 중의 하나는, 자신의 끔찍한 꼴을 보고 싶어하지 않기 때문입니다. 하지만 선악은 없습니다. 그저 올바른 방향으로 가느냐 엉뚱한 방향으로 가느냐만이 있을 뿐입니다. 엉뚱한 방향으로 가면 우리는 더 많은 제약을 향해 가는 것이고, 그것이 바로 '나쁜' 것입니다. 하지만 만사는 경험입니다. 그리고 자신을 심판하지 않으면 훨씬 더 빨리 갈 수 있습니다.

질문자 자신을 심판하지 않으면요?

레스터 네, 자신을 심판하지 않으면요. 무슨 일이 닥치든, 그게 뭐

⁎ 20세기 중반에 신지학神智學 쪽에서 교재로 쓰던 작자 미상의 책을 가리킨 것으로 추정되나 확실하지는 않다. 편집부 주.

가 어때서요? 이만큼이나 제약 속으로 들어오기까지 당신은 온갖 험한 일을 다 겪어왔습니다. 그것들이 표면의식으로 올라올 겁니다. 하지만 그것은 과거의 경험으로부터 나온 것입니다. 깨어나면 당신은 자신이 온전하고 완벽하고 완전하고 무한한 참자아로부터 한시도 떨어진 적이 없었음을 깨달을 겁니다. 그리고 마치 꿈속에서 일어나는 모든 일이 실은 당신이 상상으로 지어낸 것이듯이, 이 모든 경험들도 다 당신이 마음속에서 지어낸 것임을 깨달을 겁니다. 하지만 꿈속에 있는 동안에만은 그것이 현실처럼 생생합니다. 꿈속에서 누군가가 당신을 죽이려고 달려들면 그건 흡사 현실처럼 생생하게 느껴져서 당신은 살려고 발버둥을 칠 것입니다. 하지만 꿈에서 깨어나면 뭐라고 하죠? — '에이, 꿈이었잖아, 내가 지어낸 것이었어.' 우리는 지금의 이 깨어 있는 상태도 꿈속만큼이나 생생한 현실처럼 느낍니다. 우리는 모두가 자신이 육신이 되어 있는 꿈을 꾸고 있습니다. 우리는 지금 이 모든 것을 꿈꾸고 있는 것입니다. 하지만 여기서 깨어나려면 먼저 잠재의식의 생각을 상당 부분 내려놓아야만 합니다.

질문자 꿈이었음을 깨달은 후에 돌아오면 그것이 어떻게 보입니까?

레스터 간밤에 꾼 꿈을 지금 바라보듯이, 그렇게 바라보게 됩니다. 그건 꿈이었다고 생각하지요. 그만큼 중요하지 않게 되는 겁니다. 깨어나기 이전과 이후에 바라보이는 모습의 차이는 그저 관점의 차이일 뿐입니다. 꿈속에서는 자신이 육신 속에 한정된 존재였고 이 모든 육신들과 그 행동들이 너무나 현실적으로 느껴졌는데, 깨어난 이후에는 그걸 마치 영화와 같은 꿈으로 바라보게 되지요.

하지만 스크린 위의 인물을 보고 있노라면 어느새 자신을 잊어버리고 스크린상의 인물과 동화되어서, 그가 비참해하면 당신도 덩달아 비참한 느낌 속으로 빠져들기 쉽습니다.

질문자 하지만 이전에 품고 있는 모든 욕망은 그대로 지니고 있지 않나요?

레스터 아무런 욕망이 없어집니다. 왜냐하면 당신은 무한한 존재가 된 현실 속으로 깨어나니까요. 당신은 곧 만유이니, 갈망할 것이 없습니다. 욕망은 당신을 한계 속에 가둡니다. '나는 모든 것을 가지고 있지 않아. 그러니 저걸 가져야만 해.' 그래서 당신은 그것을 가지려는 욕망을 지어냅니다. 그러니 욕망이란 곧 한계요, 자기제약일 뿐입니다. 존재의 실상을 깨달으면 절로 모든 욕망을 잃어버립니다. 자신이 곧 만유라면 갈망할 게 없어지니까요.

현실적인 관점에서 말하자면, 꿈을 꾸기로 마음먹었다면 당분간 욕망을 연기演技할 수도 있습니다. 그리고 그것이 만족된 것처럼 연기할 수도 있고요. 하지만 그건 단지 연기일 뿐입니다. 당신은 그런 척하고 있는 겁니다.

질문자 마음은 어떻게 선악을 분별합니까?

레스터 '이건 좋은 거야, 이건 나쁜 거야'라고 말함으로써요.

질문자 선악의 분별은 사람마다 다른가요?

레스터 물론입니다. 한 나라에서는 옳은 일이 다른 나라에서는 그른 일이 됩니다. 당신에게는 옳은 일이 다른 이에게는 그른 일이 될 수도 있고요. 그건 정말 개인적인 판단이지요. 물론 무엇이 옳고 그른지에 대한 전반적인 합의가 있긴 합니다. 남을 죽여서는 안 된다는 데는 전반적으로 모두가 동의하지요. 그러나 옳고 그른 것에 대한 기준은 매우 개인적인 것입니다. 그래도 기준이 필요하다고 한다면, 우리의 성장에 도움이 되는 것은 옳은 것이고 성장을 방해하는 것은 그른 것입니다. 이것은 옳고 그른 것의 기준이 될 수 있습니다.

질문자 우리는 경험을 통해 무엇이 옳은지를 배우는 걸까요?

레스터 예. 그른 일을 함으로써 옳은 일이 무엇인지를 깨우치게 되지요. 옳은 것을 경험함으로써 배우기도 하고요. 유감스럽게도 사실 우리는 대부분 그른 짓을 하다가 그걸 깨우치게 되지요. 손을 데고 나서야 불에 가까이 가서는 안 된다는 것을 깨우치듯이요. 삶 속의 고난과 역경 — 이게 무엇보다도 우리를 쿡쿡 쑤시면서 가르쳐주는 것 같아요. 우린 누구나 삶의 불행에서 벗어나고 싶어하지 않나요? 그 반대가 되어야 하는데 말이죠. 옳은 길을 가는 것이 주는 멋진 매력이 우리를 이끌어가야 하는데 말입니다. 그런 지경에 이르면 우리는 매우 빠르게 성장해서 종착지로 다가갈 겁니다.

질문자 "깨달음을 얻은 후에도 이전에 설정해놓은 삶을 살아가게 된다"는 말이 무슨 뜻인가요?

레스터 우리는 이 육신 속으로 들어오기 전에 육신이 할 행동들을 미리 설정해놓습니다. 자신에게 배움을 줄 경험들을 겪게 하기 위해서 말입니다.

질문자 이번 생에 깨달음을 얻을 것을 알고 말입니까?

레스터 아니요. 전생에 자신이 행위와 반작용, 원인과 결과, 카르마(이 모두가 다 같은 것이지만)의 법칙에 종속되어 있었다는 것을 알고, 자신이 그 게임을 계속하기를 원한다는 것을 알고 말입니다. 당신은 이전에 육신이었을 때 어떤 특정한 행위를 했고, 그래서 다음 생에서도 비슷한 상황을 설정해놓고는 자신이 후회하는 그 행위를 올바른 행위로써 보상하고 싶어하는 겁니다. 그런데 스스로 그 육신을 위해 설정해놓은 것은 변경할 수가 없습니다. 들어오기 전에 설정해놓았던 일을 그 육신이 정확히 행해야만 하는 겁니다. 이 속세의 삶에는 자유의지가 없어요. 하지만 자유의지로 할 수 있는 것이 딱 한 가지 있습니다. 그 자유의지는 자신의 진정한 자아와 하나가 될 것인지, 육신과 하나가 될 것인지를 택하는 자유입니다. 육신과 하나가 되면 고난 속으로 들어서는 것입니다. 그러니 자유의지란 자기정체성 선택의 자유입니다. 이것을 알면 삶이 훨씬 더 쉽고 편안해집니다. 삶과 맞붙어 씨름할 필요가 없어지지요. 그저 올바른 자기정체성만을 찾아가면 됩니다.

질문자 처음으로 행복을 찾아 나설 때, 지극한 행복을 찾고자 하는 열망만 있으면 충분할까요?
레스터 물론입니다.

질문자 진지하게 구도를 하고 있는데도 성공하지 못할 때 구루가 도와줄까요?
레스터 깨달은 스승은 모든 도움 중에서도 가장 큰 도움을 줍니다. 하지만 그도 당신이 스스로를 돕는 것 이상으로 당신을 도와주지는 못합니다. 이게 가장 중요한 점입니다. ─ 구루조차도 당신이 스스로를 돕는 것 이상으로 당신을 도와주지는 못한다는 것 말입니다. 당신이 스스로를 도우려고 애쓸 때는 그도 합류해서 당신이 준비하고 있는 그 깨달음을 향해 가도록 당신을 도와줍니다.

질문자　그가 도와준다고요?

레스터　그, 혹은 그녀가 당신이 준비하고 있는 그 깨달음을 향해 가도록 도와주지요. 구루가 당신의 가슴을 건드리면 당신은 우주의식 속으로 빠져드는 겁니다. 그건 당신이 이미 준비되어 있었기 때문입니다. 구루의 도움이 가장 큰 도움이 되는 이유는, 구루는 그 길을 앞서갔으므로 당신도 그 길을 가도록 도와줄 수 있기 때문입니다.

질문자　마야maya(육신을 입은 에고가 경험하는 환영의 세계인 이 우주)의 꿈과 같은 얼개를 간파하고 참자아를 깨달았는데 다음 순간 다시 꿈속으로 떨어져서 꿈이 실재라고 믿게 된다면 어떤 일이 일어납니까?

레스터　참자아를 깨닫고 나서 세상 속으로 다시 떨어지는 일이 일어날 수도 있습니다. 왜일까요? '나는 이 육신이고 이 세상은 실재하는 현실이야' 하는 잠재의식 속의 생각을 아직 놓아 보내지 않았기 때문입니다. 잠재의식 속으로 들어가서 이 모든 생각들을 의식의 표면에 떠올려야 합니다. 아니면 마음은 내가 지어낸, 내 밖에 있는 것임을 알고 그저 지워 없애버릴 수도 있습니다. 마음을 지워 없애버릴 수 없다면(극소수만이 할 수 있는 것이긴 합니다) 생각들을 하나하나 잠재의식으로부터 떠올려서 내려놓으세요. 아니면 습성을 내려놓음으로써 생각을 한 덩어리씩 한꺼번에 지워버릴 수도 있습니다. 예컨대 담배 피우기를 좋아하는 습성을 가지고요. 당신은 오랜 세월 동안 담배를 피워와서 담배를 피우고 싶어하는 작은 욕망들이 무수히 많습니다. 흡연의 습성은 강력합니다. 하지만 의지력을 가지고 스스로에게, '이건 웃기는 짓이야! 이젠 그만할 거야!'라고 말하고 다시는 담배 생각을 하지 않게 될 수도 있습니다. 이것이 습성을 의지력으로써 내려놓음으로써 담배를 피우고 싶어하는 모든 생각을 한꺼번에 지워 없애는 방법입니다. 흡연 ─ 이게 모두 한 덩어리인 겁니다.

질문자 덩어리로 ─ 한꺼번에 몽땅 지워서 되돌아간단 말이죠?

레스터 완전히요. 나는 사람들이 흡연에 대해 아무 어려움 없이 이렇게 해내는 걸 많이 봤습니다. 그들은 그저 그렇게 마음먹었고, 그걸로 끝이었어요!

질문자 우리를 괴롭히는 것들을 그런 식으로 하나씩 제거해간단 말이죠?

레스터 예. 질투가 많다면 그걸 들여다보세요. 자신의 질투에 신물이 난다면 '이걸로 끝이야. 볼일 다 봤어. 사라져버려!' 이렇게 말하고 모조리 지워 없애버릴 수도 있습니다. 마음의 한 부분을 뭉텅 덜어내어 보내버리는 겁니다. 잠재의식 속에 품고 있었던 질투하는 무수한 생각들을 놓아 보내는 방법입니다. 그런 습성을 한꺼번에 지워 없앨 수 있게 되려면 당신이 좀 성숙해야 합니다.

질문자 정말 그렇게 하면 돌아오지 않는단 말이죠?

레스터 그렇습니다. 단단한 각오와 결심으로 정말 내려놓으면 그건 사라져버립니다.

우선은 그보다 작은 것을 가지고 해볼 수 있습니다. 성공하면 그보다 큰 것들을 다뤄나가세요. 한 가지를 지워 없애고, 그다음엔 두 가지를 지워 없애고, 그다음엔 모든 것을 지워 없애세요. 당신이 할 수 있는 것을 지워 없애세요. 이걸 날마다 계속하세요. 오래 걸리지 않을 것입니다. 이걸 일상으로 만들어서 날마다 성장해가세요.

모든 상황과 사건이 성장의 기회입니다. 당신이 경험하는 모든 일은 제약과 한정의 경험입니다. 당신을 화나고 짜증나게 만드는 모든 일이 그것을 극복하고 초월하게 해줄 훌륭한 기회입니다. 잠재의식 속으로 파고 들어가서 짜증과 화를 일으키는 생각을 캐내어 내려놓기를 습관적인 일과로 만드세요. 나날이 끊임없이 이어지는 노력이 종착지를 앞당겨줍니다.

왜 끝까지 가지 않는가?

방향을 알려드렸고, 끝까지 가는 방법을 일러드렸습니다. 문제는, 충분히 끌리는가 하는 것입니다. 뭔가 기대에 가슴이 두근거리나요? 끝까지 갈 수 있나요? 곧장 끝까지 갑시다!

문답

질문자 끝까지 가고 싶어요. 하지만 그게 늘 다음 언덕 너머에 있더라고요. 거기까지 가면 거기가 다가 아니고, 다음까지 가면 거기도 끝이 아니에요.

레스터 그렇지 않아요. 왜냐하면 그곳은 바로 당신이 있는 곳이 기 때문입니다. 다음 언덕 너머엔 그것이 없습니다. 그것이 있는 곳 은 당신이 있는 바로 그곳, 당신의 '나'가 있는 그곳입니다.

질문자 우린 왜 그걸 모르고 있죠?

레스터 그러게요, 왜일까요? 나도 그걸 알고 싶어요.

질문자 그건 제 질문인데요.

레스터 예, 그런데 그 답이 대체 뭘까요? 내 말은, 그걸 모르는 게 참 어리석다는 거예요. 그걸 알기만 하면 그때부터 단 한 순간도 즐겁지 않을 수가 없는데 말이죠. 불행해지는 게 불가능해요. 그게 뭐가 잘못됐죠? 우린 왜 그걸 안 하죠?

나는 여러분이 그걸 제대로 믿지 않기 때문이라고 생각합니다. 자 신이 한계 없는 존재라는 것을, 삶이 매 순간 환희로운 행복이 될 수 있다는 것을 말입니다. 그게 전혀 애쓰지 않고도 된다는 것을, 그리고 그것을 마음으로 할 수 있다는 것을 말이에요.

아니면 우리가 그걸 자꾸 꾸물거리며 뒤로 미루고 있는 걸까요? 나 는 정말로 끝까지 가보고 싶다면 하라고 말합니다. 그러니 다시 말 하지만, 왜 끝까지 가지 않습니까?

질문자 글쎄요, 제 경우엔 그 반대로 믿도록 제가 스스로에게 최 면을 걸고 있나 봅니다. 저는 한정된 나와 함께 평생을 살아왔습니 다. 제 깨어 있는 의식 속에서 그것이 현실로 느껴질 정도로요.

레스터 오, 그럼 당신은 무한이 그 유한을 없애버릴 것이라 생각하겠군요?

질문자 예. 왜냐하면 제가 믿는 것은 유한한 존재니까요. 그게 나에겐 현실로 느껴져요. 당신이 말하는 무한한 존재는 무한한 가능성을 지니고 있지만, 내가 그것을 온전히 받아들이기 전까지는 그건 마치 전구를 만지면 뜨거운데 누가 "뜨겁지 않으니까 만져도 돼"라고 말해도 잠재의식의 반응을 극복하고 그걸 만지기가 어려운 것과도 같아요.

레스터 그럼 이렇게 말하죠. ― 무한은 유한을 포함합니다. 그리고 무한이야말로 유한의 바탕입니다. 무한한 존재일 때, 당신은 모든 유한한 존재들을 다 붙들고 있을 수 있어요, 알겠나요? 아무것도 잃어버리지 않는단 말이에요.

질문자 그렇다면 기꺼이 유한한 존재를 포기하고 무한한 존재가 되겠어요.

레스터 포기한다구요? 어쩌면 우리를 괴롭히는 건 바로 이걸 거예요. 육신을, 가족과 집을 버려야만 할까 봐 두려운 것요. 그런 일은 일어나지 않습니다. 길을 끝까지 간 사람들은 육신도, 가족도, 집도 버리지 않았어요. 그들은 단지 육신과 가족과 집에 대해 이전에 느꼈던 집착과 구속의 느낌만을 버렸지요. 그리고 그 대신 해방감을 느꼈습니다.

질문자 제가 육신으로 경험한 것보다 더 큰 행복이 존재한다면, 이건 엿장수나 줘버려야겠네요!

레스터 다시 말하지만 당신은 몸을 버리지 않을 겁니다. 완전한 자유에 다가갈수록 행복감은 더욱 강렬해지고, 마침내는 그걸 더이상 견딜 수 없는 지경까지 도달합니다. 그러면 당신은 그것을 아주 아름다운 평화의 느낌으로 녹아들게 하고, 그 느낌은 결코, 다시는 흔들리지 않습니다. 그리고 그 평화의 느낌이야말로 강렬한 행복감보다도 정말로 훨씬 더 유쾌합니다. 그러고 나서 당신이 세상에 남아 더 활동하기를 택한다고 해도 그 배후의 평화로운 느낌은 결코 사라지지 않고 항상 느껴질 겁니다. 그리고 당신은 세상에서 무엇이든지 마음대로 할 수 있습니다. 화나거나 겁에 질린 척 연기할 수도 있고 가난뱅이이거나 부자인 척 연기할 수도 있습니다. 원하는 건 무엇이든 할 수 있지만 당신은 사라지지 않습니다.

질문자 아무런 영향도 받지 않나요?
레스터 세상은 결코, 다시는 당신을 건드릴 수 없습니다. 왜냐하면 당신은 흔들리지 않는 평화를 지니고 있으니까요.

질문자 알겠습니다.
레스터 그럼 같이 가지 않을래요?

질문자 저는 제가 나의 수입원은 곧 사업에 쏟아붓는 나의 노력이라고 생각하고 있는 것을 깨달을 때마다 이렇게 혼잣말을 합니다. '이 멍청아, 이건 내 무한공급의 원천이 아니야.' 하지만 그저 '이건 아니야. 난 다른 식으로 하겠어'라고 말할 만큼 강하진 못합니다. 왜냐하면 '그게 먹히지 않으면 어떡하지?' 하는 생각이 있어서요.
레스터 당신은 그것을 시도해보기 전에 가지고 있던 것을 하나도 잃지 않을 겁니다. 하지만 그렇게 말한다면 그건 그 시도가 먹히지 않기를 스스로 기대하고 있는 거로군요.

질문자 예, 거기가 병목이지요. 그건 믿음의 부족인지도 모르겠어요. 그게 먹히지 않은 게 아니라 그게 나에게 먹힐지 확신이 없는 거죠. 당신이 날 도와주실 수 있다면 좋을 텐데요. 그 무한한 힘의 그저 한 조각만이라도 주실 수 있다면…

레스터 잠깐만요. 당신은 이미 도움을 받고 있고, 난 많은 길을 가르쳐줬습니다. 그 중 어떤 길을 따라가더라도 끝까지 갈 수 있어요. 다시 가르쳐드릴 수도 있고요.

질문자 마치 '샌프란시스코' 교통표지판 같군요. 샌프란시스코가는 방향을 가리키는 표지판이야 물론 수백 개가 있겠죠. 하지만 그 표지판으로 가서 그 아래에 널브러져 앉아 있는다고 뭐가 되는 건 아니잖아요. 이게 제가 꼼짝 못하고 주저앉는 대목입니다.

레스터 그래요. 그곳으로 가지는 않고 바라보기만 하고 앉아 있는 거죠. "그 누구도, 그 무엇도 당신을 동요시킬 수 없는 곳으로 가라"는 표지판이라면 당신을 끝까지 데려다줬을 텐데요.

질문자 예, 하지만 그건 마치 달로 가는 것 같네요.

레스터 하기만 하면 쉬워요. 흔들릴 건지, 안 흔들릴 건지는 당신의 결정에 달렸어요.

질문자 어려운 문제네요!

레스터 더 가르쳐드릴까요? 새로운 걸 가르쳐드리죠.

질문자 예.

레스터 완전히 이기심 없는 사람이 되세요. 자신에게는 신경 쓰지 말고 오로지 타인에게만 관심을 두세요. 그러면 이 길이 당신을 끝까지 데려다줄 겁니다. 자신을 위해서가 아니라 상대방을 위해 자신의 행동에서, 태도에서 완전히 이기심을 제거해버리세요. 이 길은 당신을 아주 신속하게 목적지로 데려다줄 겁니다.

질문자 퇴짜 놓으려는 건 아니지만 이건 너무 단도직입적이네요.

레스터 다른 표지판을 또 가르쳐줄게요. 더 이상 욕망이 없는 경지로 가세요. 더 이상 아무런 욕망이 남아 있지 않을 때까지 계속 욕망을 놓아 보내세요. 그럼 끝입니다. 이것도 맘에 안 들죠?

질문자 글쎄, 부분적으로요. 놓아 보내고 싶은 것들이 많아요.

레스터 욕망이 더 이상 없어질 때까지 이것을 계속해가기만 하면 — 그저 떠오르는 족족 놓아 보내는 건데 — 끝을 보게 될 겁니다.

질문자 레스터, 마음에 대해서 저와 했던 이야기 말인데요, 당신은 외부세계의 모든 것을 당신의 마음속에서 봅니다. 모든 것이 마음속에 있는 거죠. 그러니까, 외부세계의 사물들은 단지 당신의 마음이지요. 이걸 깨닫고 나면 마음이 바뀌고 외부세계도 바뀌는 건가요?

레스터 예. 그 표지판이 당신을 목적지로 데려다주겠네요.

질문자 집착도 저항도 없는 상태가 되는 건 어떻습니까?

레스터 그것도 마찬가지입니다. 그것도 당신을 끝까지 데려다줄 겁니다. 하지만 우린 왜 이런 방법들을 활용하지 않았을까요? 새로운 것도 아닌데요.

질문자 그게 제가 솔직히 반성하고 싶은 일입니다. 터무니가 없지요. 제가 얻어들은 이 모든 지적인 정보들 중에서 제대로 실천하고 있는 것은 얼마나 적은지가 말입니다. 부끄러워요. 얼마나 많은 사람이 온 가족을 인도해주는 개인적 스승을 가질 수 있을까요? 당신은 우리에게 이 모든 것을 가르쳐주었으니 그것을 가지고 무엇을 할 것인지는 나의 책임인데 나는 왜 그걸 제대로 활용하지 않았을까, 하고 자문해봅니다.

레스터 그러게요. 하지만 당신의 개인적 스승은 당신 자신입니다. 중요한 사실입니다. ― 당신의 개인적 스승은 당신 자신이라구요!

질문자 길은 오직 하나뿐이지 않나요?

레스터 자신의 본성을 깨달으면 당신에게는 일체성만 보이고 타자(otherness)는 더 이상 보이지 않게 될 것입니다.

질문자 전 그걸 곁눈질하려고 애씁니다. 그런데 아무리 해도 아직도 여전히 분리를 봅니다.

레스터 곁눈질하기, 그게 당신의 접근법입니다. 당신은 눈을 활짝 뜨고 전체를 보려 하지 않습니다. 왜냐하면 자신이 사라질까 봐 두려운 겁니다. 그러니 당신이 해야 할 일은 내면을 파고들어 그것을 끄집어내어서 보는 겁니다. 일단 보고 나면 당신은 자연스럽게 그 두려움을 놓아 보내게 됩니다. 당신은 또 자신의 개체성을 상실할까 봐 두려워합니다. 당신의 개체성은 결코 상실되지 않는 것 중의 하나입니다. 그것은 영원히 당신과 함께합니다. 나인 '나'는 결코 상실되지 않습니다. 단지 그것은 확장되어 더욱더 많은 것을 품고, 결국은 무한을 통째로 품게 됩니다.

말하지만, 당신은 자신을, 자신의 몸을, 마음을, 가족을, 사업을, 그리고 그 모든 하찮은 것들을 잃을까 봐 더 두려워합니다. 잠재의식 속에서 말입니다. 그걸 의식했다면 그걸 바라보고 내려놓고 자유로워졌을 텐데요.

질문자　다른 것들을 덧붙이셨을 때 뜨끔했습니다. 몸에 대한 집착은 보이지 않지만 가족, 사업 등등을 언급하셨을 때 말입니다.

레스터　당신이 육신에 얼마나 집착해 있는지 보여드릴까요? 실제로 그러지는 말고 상상으로만 절벽에서 몸을 던져보세요. 이제 육신에 대한 집착이 보입니까?

질문자　예, 하지만 그런 욕망까지도 없애야 합니까?

레스터　없애는 게 아닙니다. 자신의 본성을 깨달으면 자신이 육신이 아님을, 그리고 육신은 당신의 아주 작은 일부에 불과하다는 것을 알게 됩니다.

질문자　저는 왜 끝까지 가지 못하지요?

레스터　그러면 자신이 사라질까 봐 두렵기 때문입니다. 정말로 끝까지 가면 자신이 사라져버릴까요?

질문자　저는 마음을 잃어버릴까 봐 두렵습니다.

레스터　실제로 마음을 잃어버립니다. 그런 다음에 사람들과 어울릴 수 있도록 마음을 다시 만들어냅니다. 마음을 놓아 보내는 것보다 마음을 다시 만들어내는 것이 훨씬 더 어렵습니다. 왜냐하면 마음이란 것 자체가 엄청난 구속이기 때문에 마음으로 돌아오고 싶지가 않기 때문입니다. 하지만 우리는 돌아오기로 마음먹고 다시 생각을 하기 시작합니다. 그 이전과 이후의 유일한 차이점은, 전에는 사고가 잠재의식이나 강박관념에 휘둘려서 자유롭지 않았지만 이후에는 잠재의식이나 강박관념 같은 것이 없다는 점입니다. 습성이나 경향성에 끌리지 않으므로 모든 생각이 완전히 자유롭습니다. 그러니까 모든 습성과 경향성을 제거하세요. 그러면 끝까지 가게될 겁니다.

나는 기적에 대해 별로 이야기하지 않았습니다. 그렇지 않나요? 여러분은 이제 의식이 많이 높아졌기 때문에 더 잘 받아들일 수 있게돼서, 지금은 기적에 대해서 얘기해도 전처럼 내가 여러분에게 믿음을 강요하고 있는 듯한 느낌이 들지는 않습니다. 처음에 세도나로 와서 혼자 살고 있을 때는 대부분의 일이 사념으로 처리됐는데 난 그걸 자각하지 못했습니다. 하지만 다른 사람들이 들어오기 시작하자 그들을 통해서 이런 기이한 일들을 알아차리게 됐지요. 나에겐 그게 자연스러운 일이었지만 다른 사람들에게는 그렇지 않았던 겁니다.

제가 한두 분에게는 순간이동이 일어난 이야기를 했을 겁니다. 이건 흥미로운데, 왜냐하면 이 사건에는 서로 다른 두 사람이 개입되어 있기 때문입니다. 한 사람은 구도자였고 한 사람은 보통 사람이었습니다. 구도자를 프랜시스라고, 보통 사람을 해리라고 부르기로 하죠. 해리가 피닉스 시에서 세도나로 와서 나에게 산책을 같이 하자고 해서 우리는 자연히 산으로 올라가는 길을 택하게 됐습니다. 우리 세 사람은 1.5킬로미터쯤 걸어서 산중턱까지 왔습니다. 거기서 우리는 샌드위치를 먹으려고 앉았습니다. 우리에겐 0.5리 터짜리 수통에 든 물밖에 없었는데, 올라오는 길에 물을 많이 마셔 버려서 밑바닥에 조금밖에 남아 있지 않았습니다. 반 컵도 되지 않 는 양이었지요. 하지만 우리는 셋 다 목이 말랐습니다. 그래서 나는 '모든 것이 완벽하다!'는 느낌을 방사했습니다. 그리고 수통 안에 물이 충분히 들어 있다는 내적인 앎을 감지했습니다. 그래서 내가 물었습니다. "프랜시스, 물 드릴까요?" "네." 나는 프랜시스에게 한 컵의 물을 따라주었습니다. 다음엔 해리가 한 컵의 물을 마셨습니 다. 그다음엔 나도 한 컵을 마셨고요. 우리는 모두 다 갈증이 풀릴 때까지 계속 돌아가며 물을 마셨습니다. 각자가 일곱 컵씩이나 마 셨지요! 나는 의아해서 수통을 들여다봤는데 거기엔 처음과 똑같 이 물이 밑바닥에 조금밖에 남아 있지 않았습니다.

좀 있다가 우리는 산을 내려오기 시작했습니다. 그런데 몸이 너무 나 피곤해서 더 이상 걷고 싶어하지 않는 것 같았습니다. 나는 그 느낌을 그저 놓아 보내고 말했습니다. '더 나은 방법이 있을 거야!' 그러자 다시 그 생각이 떠올랐습니다. '모든 것은 완벽하다.' '완벽 하다'는 생각이 떠오르는 순간, 우리 세 사람은 한 발은 산 위에 있 다가 다음 발은 저 아래 집 근처를 내딛고 있었습니다. 주변 풍경 은 아래쪽도 산 위와 비슷해서 해리는 그것을 알아차리지 못했지 만 프랜시스는 그걸 알아차리고 외쳤습니다. "레스터, 우리가 순간 이동을 했어요!" 내가 말했습니다. "당신 미쳤군, 프랜시스. 당신은 상상하고 있는 거예요." 왜냐하면 해리가 심히 혼란스러워하며 마 음이 동요되고 있었기 때문입니다. 그는 소스라쳐 놀란 듯 표정이 찌그러져 있었지요. 나는 그를 위해 다시 말했습니다. "프랜시스,

그건 당신의 상상이에요." 하지만 프랜시스는 알고 있었습니다. 나중에 해리가 없을 때 내가 물어보았습니다. "무슨 근거로 우리가 순간이동을 했다고 생각해요?" 그러자 그녀는 웃으면서 대답했습니다. "기억 안 나세요? 해리와 저는 올라가는 길에 돌을 주워 모아서 길 왼편의 몇 군데에 올려놓았어요. (길은 산허리를 파서 만든 길이었습니다.) 내려가는 길에 다시 주워서 가려고요. 그런데 우린 그 지점들을 다 건너뛰었거든요."

이런 일을 하는 데는 단지 애씀 없는 하나의 생각밖에 필요하지 않습니다. 자신을 내맡기고 놓아 보내고 아무런 애도 쓰지 않고 한 생각을 품되 밀어붙이지 않습니다. 그건 품을 수 있는 가장 쉬운 생각입니다. 그러면 그것이 일어납니다.

세도나에 살던 초기에 나는 이런 방식으로 살았습니다. 스스로 그 사실을 자각하지도 못한 채로요. 나에겐 그게 당연하고 자연스러운 일이었으니까요. 어떤 생각을 하든지 나는 그것이 현실로 나타나기를 기대하며 기다렸습니다. 그건 자연스러웠어요. 모든 사람이 자신의 방식을 자연스럽게 여기듯이 말입니다. 그건 정말 당연하고 자연스러운 일이고, 우리는 그런 방식으로 살아가게끔 되어 있습니다. 정말로 그런다면 오늘날의 사회와 잘 어울리지는 못할 테지만 말입니다. 그러니 사람들과 어울려 살려면 보통 사람들과 같은 방식으로 사는 게 좋습니다.

기적이란 그저 이 꿈같은 세상이 즉석에서 꾸어지는 것일 뿐입니다. 그리고 기적이 반드시 영적인 진보를 의미하는 것은 아닙니다. 왜냐하면 우주에서는 대부분의 사람들이 기적을 사용하니까요. 우리보다 딱히 영적으로 진보되지 못한 다른 행성들에서조차 기적을 사용합니다. 그것이 그들에게는 자연스러운 삶의 방식입니다.

하지만 더 편한 삶의 방식은 순전히 마음으로 사는 것입니다. 마음으로 모든 것을 하는 것이지요. 여러분도 이 모든 것을 할 수 있어야 합니다. 왜 끝까지 가서 자연이 여러분을 모시게 하지 않나요? 왜 같은 일을 어려운 방법으로 하시나요? 내 생각엔 여러분은 자신이 사라질까 봐 두려워해서 그런 것 같습니다. 나는 말합니다. "보세요, 나는 이 일들을 다 겪어봤습니다. 그래도 난 이렇게 몸을 가지고 있고, 사라지지도 않았습니다."

질문자 저에게도 당신의 무한성을 보여주실 수 있나요?

레스터 당신 자신이 스스로 시범을 보여야 합니다. 이런 비범한 일들에 대해서는 증거가 충분히 많이 있습니다. 내가 당신을 위해 그걸 보여드리면 그건 당신은 할 수 없다고 말하는 셈이 됩니다. 방금 당신도 할 수 있다고 말했는데 말입니다! 자신을 내맡기고 그저 애쓸 없이 생각을 품기만 하면 됩니다! 그러면 그것을 하는 것은 내가 아니라 나를 통해 역사하시는 아버지라는 느낌을 느끼게 될 겁니다.

해드릴 얘기는 얼마든지 많습니다. 난 여러분을 유혹하려고 애쓰고 있어요. 이동식 주택 생활을 할 때 지금 이곳 라구나 비치에 살고 있는 한 여성이 내게 물었습니다. "저 부탄가스 통은 얼마 만에 한 번씩 충전하세요?"(20리터짜리 통이었습니다.) 나는 "한 달에 한 번요" 하고 대답했습니다. 그 순간 그것을 마지막으로 채운 지 8개월이 지났다는 사실이 기억났습니다. 그 사실을 깨닫고, 나는 그것을 놓아 보내버렸습니다.

물을 절약하는 방법을 보여주려고, 나는 프랜시스에게 내 이동식 주택 옆에 있는 200리터짜리 수조에 물을 채워놓는 임무를 맡겼습니다. 그 물은 아침마다 하는 샤워를 포함해서 내 생활용수를 공급해주고 있었습니다. 내가 그녀에게 수조에 물을 채워놓는 일을 맡긴 이유는 아주 작은 양의 물로도 잘 살 수 있다는 걸 보여주고 싶어서였습니다. 하지만 나는 물을 채운 지 시간이 얼마나 흘렀는지를 잊어버렸고, 그녀에게 그걸 말하자 그녀는 웃음을 터뜨렸습니다. 그녀가 수조를 마지막으로 채운 지 넉 달이 지났다는 것이었습니다. 나는 계속 물을 쓰고 있었는데도 바닥이 나지 않았던 겁니다! 뚜껑을 열고 보니 넉 달 동안 썼는데도 여전히 수조는 꽉 차 있었습니다! 내가 놓아 보내버리지 않았다면 수조는 비는 일이 없었을 겁니다.

질문자 "놓아 보내버리지 않았다면"이라니, 무슨 뜻입니까?
레스터 '정상적'으로 돌아가게 함으로써 그것을 놓아 보내는 것 말입니다.

질문자 그걸 다시 한정된 것으로 생각했단 뜻입니까?
레스터 아닙니다. 그것이 평소처럼 되도록, 혹은 사람들에게 정상적인 그런 상태로 되도록 놓아둔 겁니다. 나는 사람들과 어울리면서 살고 싶었고, 그래서 보통 사람들처럼 살기를 택한 겁니다. 기이한 방식으로 살면 사람들과 어울릴 수가 없습니다. 심지어는 사람들이 겁을 내지요.

질문자 아무도 겁을 내지 않을걸요.
레스터 겁을 냅니다. 봐서 알아요. 내가 뉴욕에서 살 때 이런 일이 처음 생겼었는데 어떤 사람들은 그 때문에 내 근처에는 얼씬거리질 않으려고 하더라고요.

이런 삶의 방식이 뭐가 잘못된 걸까요? 왜 받아들이지 않으려고 하죠? 받아들이기만 하면 내 것이 되는데 말이죠. 난 이걸 아주 매력적인 걸로 보이게 해서 여러분을 유혹하고 싶어요. 여러분도 끝까지 가고 싶어지게 말입니다. 생명을 부지하기 위해서 여러분이 견뎌야만 하는 어려움들을 한번 돌아보세요.

자신에게 물어보세요. '난 왜 끝까지 안 가지?' '난 왜 그냥 생각만 품음으로써 그것을 바로 가지지 않는 거지?' '나는 왜 나의 완벽한 자유를 표현하지 않지?' 그러면 아마 답이 올 것이고, 그러면 자신이 스스로를 밑바닥에 붙들어두기 위해서 무슨 짓을 하고 있었는지를 깨닫게 될 겁니다.

질문자 한 가지 이유는, 우리가 무력해진 상태에 너무나 길들어 있어서 거기서 벗어날 수 있다는 사실을 깨닫지 못하기 때문입니다. 저는 조금 전에도 모텔을 매각하는 문제를 생각하고 있었는데 다음 순간 '내가 정말 그걸 팔고 싶은 걸까?' 하는 생각이 또 났어요. 저도 알지만 전 매번 그래요.

레스터 그렇지요. 그래서 제가 쉬운 방법을 말해주고 있는 겁니다. 습관적인 생각이 당신을 힘든 길로 몰고 갑니다. 잠재의식 속에 들어 있는 습관적인 생각을 모두 지워 없애는 방법 중 하나는, 자신이 마음이 아니라는 사실을 깨닫는 것입니다. 그러면 마음은 시들어서 사라져버릴 겁니다.

질문자 마음이 시들어서 사라지게 하는 방법에 대해 좀더 말씀해주세요. 정말 중요한 이야기 같은데요.

레스터　당신은 최근에 크게 깨달은 게 있군요.

질문자　맞습니다.

레스터　그런데 그걸 계속 밀고 가지 못했군요. 그렇게 깨달음을 얻었을 때 '난 할 수 있어, 난 무한한 존재야!' 하면서 그것을 계속 밀고 나갔어야 했어요. 그 무한한 능력을 가지고 마음을 휘어잡기만 하면 끝나는데요. 그저 마음으로 깨끗이 밀어내버리면 그걸로 끝이라고요. 그게 얼마나 걸리는지 아세요? (손가락을 튕기며) 1초도 안 걸린답니다.

온전한 깨달음을 얻으면 그건 순간이에요. 그 전까지는 건성으로 한 번에 조금씩 내려놓지요. 이런 식으로 계속 해를 넘기다가 마침내 모든 것을 놓아 보내버리기로 마음먹지요. 그러면 온전한 깨달음을 얻습니다. 깨달음이 올 때는, 정말 한순간에 옵니다. 그러기로 스스로 결정하지요. 의지력이 당신의 힘입니다. 의지력을 아주 강력하게 발휘하면 마음을 그저 통째로 지워 없애버릴 수 있습니다. 그러면 당신은 완전한 자유를 얻습니다.

질문자　전혀 말이 안 돼요. 마치 당신이 세상의 모든 돈을 "옛다!" 하고 내게 건네주는데 나는 그저 앉아서 '내가 왜 안 저걸 받지?' 하고 있는 것 같아요.

레스터　그러게요, 왜 안 받습니까?

질문자　내가 뭐가 잘못됐죠?

레스터　무엇이? — 이건 큰 질문입니다. 무엇이 잘못됐을까요? 난 당신이 이것이 가능한 일이라고 생각한다는 걸 알아요. 안 그랬으면 이 이야기를 계속 듣고 앉아 있질 않았겠죠.

질문자 훼방을 놓는 건 지성이에요.

레스터 맞습니다. 그걸 왜 지워 없애지 않습니까? 지성이 곧 마음이에요. 자신이 마음이 아니라는 걸 알아야만 합니다. 마음은 우리 외부의 것임을 알면 그것이 나에게 영향을 못 미치게 되지요. ─ 이런 식으로 하면 됩니다.

질문자 레스터, 전에 당신이 이렇게 말했는데 제게 도움이 됐어요. ─ "이제 레스터를 침대에 눕혀야겠어."

레스터 난 늘 그런 식으로 생각합니다. 레스터와 이 몸을 보내서 이런저런 일을 하는 것처럼 보이게 해야겠다… 이렇게요.
내가 몸이 아니라는 것을 깨달은 후 몇 해가 지나서야 '나'라는 말을 쓸 수 있게 되더군요. 내가 레스터에 대해, '그'에 대해 이야기하고 때로는 '그것'이라고도 부르고 "레스터 그가…" 하는 식으로 말하니까 사람들은 나를 이상하다고 놀리곤 했습니다. 사람들이 말을 고쳐주는데도 난 '나'란 말을 쓸 수가 없었어요. 왜냐구요? 난이 몸이 아니니까요. 이 몸에 대해 이야기할 수는 있지만 나는 이 몸이 아니라는 게 너무나 분명하기 때문에, 당신이 자동차를 자신이라고 하지 않는 것과 마찬가지로 난 내가 이것(몸)이라고 말할 수가 없었지요. 자동차에 자신을 싣고 돌아다닌다고 해서 자신을 그 자동차라고 부르겠습니까? 마찬가지로 나는 이 몸을 그런 식으로 바라봅니다. (이 몸은 내가 쓰고 다니는 껍질입니다.) 난 여러분이 만유를 받아들이지 않고 있는 것이 어리석다고 놀리고 있는 겁니다.

질문자　어리석다는 표현보다 센 단어가 있을 것 같은데요.

레스터　예, 그건 정말 멍청한 짓이에요. 당신 덕분에 말이 나오네요. 원하는 것을 모두 가지고 살지 않는 건, 순간순간 오로지 지극한 희열과 평화와 사랑만으로 살지 않는 건 너무나 멍청한 짓이에요. 날 때부터 당신의 것인데 말입니다.

당신 자신인 그것으로 있는 것은 아무런 힘이 들지 않습니다. 자신이 아닌 무엇이 되는 것이야말로 지극히 힘든 일이지요. ― 온갖 문제와 질병에 시달리고 이것저것 원하는 것도 많은 몸이 되는 것 말입니다. 자신이 아닌 무엇이 되려면 힘이 들지만, 자신인 그것으로 있는 것은 여자가 여성으로서 있거나 남자가 남성으로서 있는 데 노력이 필요하지 않은 것과 마찬가지로 노력이 불필요합니다. 자기 자신인 그것으로 있는 데는 아무런 노력도 필요하지 않습니다. 그런데 여러분은 고집스럽게도 자신이 아닌 것이 되어 있으려고 온갖 애를 다 씁니다. 정말 멍청한 짓이지요!

질문자　저는 당신이 '나'라고 하는 그것으로 있으려고 계속 애를 쓰고 있습니다. 그러니까 애쓰지 않는 상태가 되려고 계속 애쓰고 있는데, 말이 되나요?

레스터　아뇨, 말이 된다고 생각하나요?

질문자　아뇨.

레스터　맞아요. 거기에 문제가 있어요.

질문자　제가 뭐라고 했는데요?

레스터　당신은 애쓰지 않으려고 애를 쓰고 있는데, 그건 불가능한 일이에요! 모순이지요. 애쓰기를 그쳐야만 합니다. 놓을 건 놓아 보내고, 있는 건 있게 해야 합니다. 내가 "놓아 보내고 신께 내맡겨라"고 한 것이 그 뜻입니다. 당신이 그것입니다. 당신이 신입니다. 놓아 보내고 당신의 참자아를 있게 하세요. 하지만 그건 엄청나게 애를 써야 할 것처럼 보입니다. 왜냐하면 당신은 자신의 비자아^{非自我}, 곧 에고를 붙들고 있으려고 엄청나게 애를 쓰고 있으니까요. 당신이 애를 쓰고 있는 쪽은 바로 그쪽입니다. 자기 자신인 그것 — 참자아 — 으로 있는 것은 아무런 힘도 들지 않는 일입니다.

질문자 제가 꿈속에 있는 것이 아니라, 꿈꾸는 자의 관점에 다다를 수 있으면 성공한 것이지요. 그래서 저는 늘 '이건 꿈인가? 누가 이 꿈을 꾸고 있지?' 하고 자문해왔습니다.

레스터 맞습니다! 그 꿈꾸는 자를 찾으세요. 더 친절하게 말하자면, 무한한 있음인 '나'가 한정된 육신이 된 꿈을 꾸고 있는 것입니다. 꿈속에서 자신이 그 꿈속에 등장하는 하나의 한정된 육신이라고 여기면 그 상태는 꿈에서 깨기 전까지 쭉 유지됩니다. 잠에서 깨어 있는 이 현실에서도 마찬가지입니다. 우리는 자신이 한정된 육신으로 존재하는 꿈을 꾸고 있습니다. 우리는 그 꿈에서 깨어나서 자신이 사실은 무한한 존재임을 깨달아야 합니다. 자신이 한정된 육신이라고 믿는 그 생각을 그쳐야 하는 것입니다. 그게 다입니다. 그 생각을 그치고 놓아 보내세요. 있는 그대로 있으세요. 내맡김이 바로 그것입니다. 지금 이 순간 자신을 내맡기면 그게 바로 그것입니다. 내가 아니라 그분. 나의 뜻이 아니라 그분의 뜻 말입니다. 이것이 내맡기는 것입니다. 바로 지금 그렇게 할 수 있고, 그러면 그게 바로 그것입니다. 하지만 그게 잘 안 됩니다. 우린 뭔가를 열심히

하고 있는 분주한 에고의 몸으로 있어야만 합니다. 행위자로 남아 있어야만 하지요.

질문자 몇몇 사람들이 로봇에 대해 이야기를 나누고 있었습니다. 사실 저는 육신을 하나의 로봇으로 볼 수 있다고 생각합니다. 우린 이 육신을 사용하고 있지요. 그리고 다 사용하고 나면 육신을 벗어 놓습니다. 하지만 우리가 가지고 있는 것은 여전히 거기에 있지요.

레스터 그게 육신을 바라보는 아주 훌륭한 방식입니다. 좋습니다, 그럼 이야기를 좀더 해드리지요. 지금까지 내가 한 얘기를 진정으로 확신한다면 여러분은 집으로 가서 다른 것은 모두 잊어버리고 이것을 깨달을 때까지 자리를 틀고 앉아 있을 겁니다. 왜냐하면 이것이야말로 모든 것을 다 가져다줄 테니까요. 생각만 품으면 말이죠. 정말로 확신한다면 여러분은 집으로 가서 이것을 깨달을 때까지 마음먹고 앉아 있을 겁니다. 그리고 정말로 그렇게 하면 여러분은 그것을 깨달을 것입니다! 왕의 자리를 버리고 떠나와 답을 얻을 때까지 그곳을 떠나지 않으리라고 나무 밑에 앉았던 붓다처럼 말입니다. 그리고 그는 답을 깨달았지요.

질문자 우리 중 일부 사람들이, 그리고 어느 정도는 저도, 꼼짝달싹 못하고 걸려 있는 대목이 있어 보입니다. 저는 오랫동안, 생각들을 마음에서 하나씩 하나씩 제거해가야 한다고 느끼고 있었습니다. 그런데 이제야 마침내, 그 위로 솟아올라서 보면 그 낱낱의 생각들이 하나도 서로 다를 게 없다는 사실을 깨닫기 시작했습니다.

레스터 예, 우리는 모두가 처음에는 생각을 하나씩 지워나가는 걸로 시작하지요. 그러면 우리는 자신이 생각의 주인임을 깨닫기 시작합니다. 그다음에는 습성을 통달하여 습성을 다스리기 시작합니다. 이것은 그 습성을 형성하고 있는 온갖 무수한 생각들을 다지워 없애줍니다. 생각을 하나씩 하나씩 붙잡고 지우는 방식을 계속하고 있으면 안 됩니다. 처음에는 괜찮았지만 이제는 더 이상 그럴 필요가 없습니다. 습성을 내려놓으면 그 배후에 숨어 있던 잠재의식 속의 무수한 생각들이 모두 우수수 떨어져나갑니다.

질문자 당신이 처음에 외부에는 아무도 존재하지 않고 나밖에 존재하지 않는다고 이야기하기 시작했을 때 저를 포함해서 일부 사람들은 도무지 그걸 이해하지 못했습니다. 그런데 이제 전 왜 외부에는 아무도 존재하지 않고 나밖에 없는지를 깨달았습니다. 외부를 만들어내는 것은 나이고 외부세계는 내 안에 있기 때문이지요.

레스터 맞아요, 그게 바로 실상입니다!

질문자 그게 수정처럼 선명하게 깨달아지더군요.

레스터 좋아요, 모든 것이 내 안에 있다는 깨달음이 사라지기 전에 '외부'를 말끔히 지워 없애지 그래요?

질문자 지금 그렇게 하고 있습니다.

레스터 시간이 많지는 않아요.

질문자 맞습니다.

레스터 무슨 일을 하든지 항상 그렇게 하고 있어야 합니다. 운전을 할 때도, 사람들과 이야기를 할 때도 계속해서 그렇게 하세요. 제대로 맛을 들이면 그건 너무나 즐겁고 희열을 주는 일이어서 아주 끝장을 볼 때까지 그만두지 않게 될 겁니다. 그거야말로 당신이 하고 싶어하는 유일한 일이 됩니다. 당신은 빛을 보기 시작하고, 그러면 세상의 그 어떤 일도 그보다 더 흥미롭지는 않을 겁니다. 당신은 언제든 그것과 함께 있고, 어디든 그것과 함께 다니게 됩니다. 고통은 방향을 잘못 택한 당신을 돌려세우는 역할을 해줍니다. 하지만 당신을 저 꼭대기까지 올려주는 것은 이 경이로움에 대한 욕망입니다.

질문자 그러면 마음을 마음대로 부릴 수 있게 돼서 이젠 어떤 게임도 할 수 있다는 걸 알지요.

레스터 예. 하지만 대개는 정점에 다다른 후에도 같은 게임을 합니다. 그게 표현되는 방식은 다르지만요. 그건 다른 이들을 돕는 게임이 됩니다. 이거야말로 아주 크고 멋진 게임이지요.

질문자 게임이 흥미로워지지요.

레스터 게임 중에서 최고지요. 가장 보람 있는 게임이에요.

질문자 당신의 가르침은 저에게 정말 큰 도움이 되고 있습니다.

레스터 내가 드리고 있는 건 돈으로 따질 수가 없어요. 난 온 우주를 드리고 있으니까요. 금을 갖고 싶다면 무더기로 쌓아 올릴 수도 있어요. 물론 황금을 무한히 만들어낼 수 있다면 그걸 쌓아놓고 싶지는 않겠지만요. 쓸 수 있는 만큼만 가지게 되지요.

질문자 당신이 제시해준 온갖 다양한 길들 중에서 제가 성공할 수 있는 길이 하나는 있을 것 같아요.

레스터; 그중 아무거나 붙들고 끝까지 가면 그게 그 길이 되겠지요. 전에 말했던 좋다는 방법을 해보세요. — 그 누구도, 아무것도 날 동요시키지 못하는 경지로 가세요. 마음이 동요될 때마다 상황을 바꿔놓고 싶게 만든 에고의 동기를 찾아보세요. 그것을 발견하면 '아, 이거구만. 하고 내가 원하는 대로 상황이 바뀌기를 바라는 에고의 부추김을 놓아 보내세요. 모든 반응이나 습성은 이기적인 것에 바탕을 두고 있습니다. 우린 상황이 내가 바라는 대로 되어가길 바라지요. 이런 습관적인 반응을 계속 놔버리세요. 반응이 일어날 때마다 그걸 살펴서 이기적인 에고의 부추김을 찾아내고 놓아 버리세요. 얼마 안 가서 더 이상 놓을 게 없는 지경에 이를 겁니다. 그러면 당신은 끝까지 다 온 겁니다.

질문자 공격받은 기분이 들 때, 질투 나거나 화나거나 마음이 아플 때 등등, 그게 모두가 에고이고 마음의 작용이란 말이죠?

레스터 맞습니다. 그런 모든 느낌을 다 지워 없애세요. 그러면 끝까지 가 있을 겁니다. 뭔가 새로운 걸 얻으셨나요?

질문자 당신의 말을 이해해야 할 일만 더 주셨습니다. 당신은 그걸 너무나 쉬운 것처럼 들리게 만드는데, 그토록 쉬운 것이 나만은 피해갈 수 있다고 생각하니 모욕적이네요.

레스터 실제로 하면 — 쉬워요. 하지 않으면 — 불가능하지요. 실제로 그렇다니까요. 하기만 하면 그건 쉬워요. 하지 않고 있으면 될 리가 없지요.

질문자 맙소사, 잠깐만요. 하면 쉬운데 안 하면 불가능하다…

레스터 실로 자기 자신인 그것 — 무한한 존재 — 으로서 있는 데는 아무런 노력도 필요하지 않아요. 당신이 지금 택한 것처럼 극도로 한계 지어진 존재가 되려면 그야말로 엄청난 노력이 필요하지요.

내가 알려드릴 수 있는 모든 것을 다 알려드린 것 같습니다. 질문이 더 있으시면 기꺼이 대답해드리고, 아니면 이걸로 끝낼게요.

질문자 저는 당신을 볼 때마다 희망이 있다는 걸 깨닫습니다. 당신이 해냈다면, 누군가가 해냈다면 그건 불가능한 일은 아니지요. 나도 할 수 있어요.

레스터 예, 하세요. 끝까지 가세요. 모두가 빠르게 올라가고 있었는데 그러다가 멈추더니 어떤 이들은 조금 내려와서 거기서 머물러 있습니다.

깨달은 것을 써먹지 않으면 잃어버릴 겁니다. 계속 써먹어야만 합니다. 그러지 않으면 잠재의식에 남아 있는 습관이 지배하여 방향을 잃어버리게 할 겁니다.

질문자 끝까지 가도 우리는 늘 하던 대로 합니다. 여전히 웃고 놀고 온갖 일을 하지요. 어떤 것도 부정하지 않지요.

레스터 그렇습니다. 유일한 차이는 무엇이든 하든지 안 하든지 마음대로 할 수 있고, 이젠 어떤 방향으로 가든 아무런 상관이 없다는 것이지요.

이것에 대해서 날마다, 하루에 두 번씩 시간을 내어 생각해보길 강력히 권합니다. 아침에 일하러 나가기 전에, 그리고 밤에 잠들기 전에 말입니다. 하루도 이것을 하지 않고 보내버려서는 안 됩니다. 조용한 장소에서 거기에 더욱더, 완전히 빠져드세요. 세상이 끌어당기는 힘에 더 이상 끌려다니지 않을 때까지요. 노력이 필요 없으므로 아무것도 할 수 없는 느낌이 드는 지경까지 갈 겁니다. 그런 상태를 유지하세요. 그러면 당신은 아무런 힘도 들이지 않고 자신의 무한성 속으로 빨려들 것입니다.

질문자 때로는 내가 아주 크게 성장하고 있는 것 같다는 걸 알아요.
레스터 거기엔 내맡김의 느낌이 있지요.

질문자 당신의 유명한 말이 있지요. —"놓아 보내고 신께서 역사하시게 하라." 그게 마음을 놓아 보내고 신께 내맡기라는 뜻인 것을 이제야 깨달았습니다.
레스터 예, 달리 표현하면 내맡기라는 거지요. 신이 아니라 산(山)에 내맡겨도 깨달음을 얻을 겁니다.

질문자 에고와 마음과 의지는 모두가 같은 것이지요. 그러니 놓아 보낸다는 건 마음, 에고 그리고 다른 모든 것을 놓아서 보내버린다는 뜻이지요?
레스터 예, 그렇습니다.

질문자 전 가끔 어떤 일이 일어나면 매우 안달복달하는데, 그러면서도 그러는 자신의 꼴을 보고 낄낄대는 저 자신을 발견합니다. 사실 그건 저에게 아무런 영향을 미치지 못해요.
레스터 예, 자유를 얻고 나면 심지어 안달복달하는 것처럼 연기도 할 수 있습니다.

질문자 어떤 쪽이든 연기할 수 있단 말이죠? 자신이 연기자라는 사실을 인식하면서요.

레스터 맞습니다. 끝까지 다 가고 나면 재밌는 일밖에 없어요.

질문자 유머도 간직할 수 있단 말이죠?

레스터 그렇습니다. 하지만 유머를 즐기는 목적은 상대방을 행복하게 해주기 위해서지 에고가 인정받기 위한 것이 아닙니다. 그게 다른 점이지요.

여러분이 올라가다 멈췄다고 말했는데, 그건 고원지대 같은 곳에 올라왔다는 뜻은 아닙니다. 속도가 느려져서 서서히 올라가고 있는 것입니다. 그보다 훨씬 더 빨리 갈 수 있고, 심지어는 곧장 다 가버릴 수도 있는데 말입니다. 끝까지 가세요. 거기서부터는 인생이란 그저 신나는 놀이입니다. 일할 필요가 없습니다. 일하고 싶다면 일해도 됩니다. 언제나 성공할 수 있습니다. 아니면 실패하기를 택할 수도 있습니다. 그저 놀이로 말입니다. 실패하기에 성공할 수 있다면 성공하기에 성공할 수도 있지요.

질문자 타인을 돕는 것이 정말 빠른 길인가요?

레스터 그 목적에 에고의 동기가 숨어 있다면 아닙니다. 하지만 오로지 타인을 위해서만 산다면 그건 아주 빠른 길입니다. 역설적이게도, 당신이 할 수 있는 가장 이기적인 일은 완전히 이타적인 일을 하는 것입니다. 완전히 이타적일 때, 우리는 모든 것을 가집니다. 역설적인 것처럼 보이지요.

질문자 그거예요. 당신은 저에게 모든 것을 주십니다!

레스터 예, 우린 모두가 그것을 짧게 경험해본 적이 있습니다. 우리가 할 일은 그 상태를 영구적으로 정착시키는 것입니다. 늘 그렇도록요.

그러니 다시 말하지만, 날마다 시간을 내서 그것이 일어나게 만드세요. 끝까지 가세요. 여러분은 배후에 무한한 권능을 지니고 있습니다. 당신 자신 외에는 아무도 당신을 멈추지 못합니다. 이것이 일상이 되게 만드세요. 그것이 늘 유지되도록요. 여러분은 할 수 있습니다!

당신 자신, 참자아

당신 자신일 뿐인 참자아가 당신의 진정한 '나'다. 이것만 알면 당신은 알아야 할 모든 것을 안 것이다. 이것을 깨우치도록 도와줄 몇 가지 생각들이 있다. 곰곰이 새겨보라.

참자아를 아는 것은 곧 참자아로 있는 것이다.

우주의 모든 존재들의 궁극적인 목표는 완전한 자유를 얻는 것이다. 오로지 참자아로서 있을 때가 바로 그런 때이다.

참자아를 자각하지 못하는 유일한 이유는 당신 자신이 이 세상에서 하나의 육신으로서 있고 싶어하기 때문이다.

모든 사람이 언젠가는 자신이 참자아라는 사실에 눈을 뜨게 될 것이다.

참자아를 깨달으려면 마음을 충분히 고요하게 가라앉혀야 한다. 마음이 잠재의식 속의 무수한 생각들로 북적거리고 있으면 참자아를 발견할 기회는 거의 없다. 그 무수한 생각들은 모여서 습성이 된다. 그러므로 하나의 습성을 내려놓으면 거기에 종속된 무수한 생각들도 떨어져나간다.

당신이 참자아로서 있지 못하게 막는 유일한 것은 습성이라 불리는 마음의 습관이다. 그것을 의지로써 몰아내라!

습성의 근원이 당신의 참자아라는 사실을 깨달으면 당신은 그 자리에서 그것을 내려놓는다.

마음이 충분히 자유로워지면 참자아가 운전석에 앉고, 그때부터 참자아가 당신을 운전한다.

참자아가 아닌 존재가 되는 것은 많은 노력을 요구하고, 그것이 우리의 삶이 힘들게 느껴지는 이유다.

참자아로서 있는 것은 아무런 노력도 필요하지 않다!

당신은 자신이 참자아로서 있기 위해 노력하고 있다고 생각하지만, 사실은 참자아가 아닌 에고로서 있기에 저항하는 데에 노력을 쏟고 있다.

에고로서 있기를 바라는 마음과 동시에 에고로서 있지 않으려는 마음이 그 노력을 배가시킨다.

진정한 살해는 하나밖에 없으니, 그것은 참자아의 살해이다. 나, 곧 참자아를 죽이면 에고와 문젯거리가 남는다. 그러니 모든 사람은 자신이 에고라고 생각하는, 참자아의 살해자다.

참자아를 자각하지 못하는 유일한 이유는, 그 스스로가 참자아 아닌 다른 것을 원하기 때문이다.

세상을 원하는 만큼 참자아를 원한다면 금방 그것을 가질 것이다.

다른 어떤 것보다 자기 안에서 더 기쁨을 느낀다면 당신은 실로 올바른 방향으로 가고 있는 것이다. 삶에서 기쁨을 발견한다면 당신은 틀린 방향으로 가고 있다. 어떤 것을 즐긴다면 그것은 틀렸다. 내면에서 기쁨을 찾으라. 기쁨이 되라. 당신 자신이 온통 기쁨이라면 즐길 무엇이 필요하지 않다.

무엇을 즐기고 있다면 이원성 속에 있는 것이다. 내가 이것을 즐긴다면 거기에는 '나'가 있고 '이것'이 있다. 신(참자아)만이 있다면 '나'나 '이것'은 존재할 수 없다.

궁극의 진실은, 우리는 온통 기쁨이라는 것이다. 무엇을 즐긴다는 것은 우리 본연의 상태인 온통 기쁨인 상태에 극도의 한계를 가하는 것이다. 무엇을 즐기기 위해서는 내가 아닌 어떤 것을 인식해야 한다. 그러니 되풀이하거니와 그 어떤 것도 즐겨서는 안 된다. 오로지 내면에서 기쁨을 찾으라. 그러면 무한한 기쁨인 본연의 상태를 발견하게 된다.

실로 오직 하나의 행복만이 있으니, 그것은 바로 우리 자신의 참자아로서 있는 것이다. 더 행복할수록 더 자신의 참자아 안에 거하고 있는 것이다.

기분이 고양될 때, 당신은 참자아로서만 있는 것이다. 그것은 엄청난 느낌이다.

참자아 안에서 사는 것은 황홀경 속에서 사는 것이다. 세속적 욕망 속에서 사는 것은 불행 속에서 사는 것이다.

모든 사람이 매 순간 자신의 참자아를 경험하고 있지만 매 순간 그렇지 않은 듯이 말하고 있다.

오로지 생각 없이만 참자아로서 있을 수 있다.

참자아를 찾고 그것으로서 있는 것은 쉽든지, 아니면 불가능하다.

하기만 하면 참자아를 찾는 것은 우주에서 가장 쉬운 일이다. 하지 않으면 — 늘 엉뚱한 곳만 바라보고 있으면 — 결코 그것을 보지 못한다. 그러면 그것은 우주에서 가장 어려운 일이 된다.

참자아로 있는 것은 쉽다. 에고로 있는 것은 어렵다.

자신이 무엇인지를 깨닫는 것은 자신이 아닌 것을 내려놓는 것이고, 그것이 성장이다. 자신이 무엇인지를 깨달을 때마다 자신이 아닌 것을 내려놔야 한다.

모든 사람이 참자아를 찾고 있다. 다만 그것을 다른 이름으로 부른다.

행복을 찾는 사람은 누구나 참자아를 찾고 있는 것이다. 세상에는 두 가지 부류의 사람들이 있다. 의식적으로 신, 행복, 참자아를 찾고 있는 사람들과, 무의식적으로 그것을 찾고 있는 사람들 말이다.

물질을 좇는 의식 속에는 신(참자아)이 없다.

자기 안에서 신을 보기 전까지는 세상에서 신을 볼 수 없다.

신은 모든 것이고, 신은 완벽하다. 그러므로 우리가 완벽하지 않다고 보는 모든 것은 우리 안에 있다.

분리를 본다면 참자아를 보지 않고 있는 것이다.

세상이 실재처럼 느껴질 때, 세상은 무겁다. 참자아가 실재처럼 느껴질 때, 세상은 가볍다.

심신과의 그릇된 동일시가 사라지면 우리의 진정한 정체인 참자아가 나타난다.

우리는 지금 참자아이다. 우리가 해야 할 일은 오로지 우리가 아닌 것들을 놓아 보내는 것이다.

참자아가 신이고, 에고가 악마다.

신(참자아)은 무한히 개인적이고, 개인적으로 무한하다.

가장 아름다운 것은 신이다.

자연보다 훨씬 아름다운 것이 있다. 그것은 자연의 근원, 궁극의 아름다움인 신이다.

인간이 아무리 깊은 문제 속으로 빠져들더라도, 신은 얼마든지 그를 건져내줄 수 있다.

신처럼 행동하면 신 같은 권능을 지니게 된다.

신(참자아)은 무엇이든지 즉석에서 물질화할 수 있다.

신인 만유란 자잘한 온갖 것들이 아니다. 그것은 자잘한 온갖 것들 배후의 하나뿐인 동일한 본질이다.

사람들은 흔히 신(God)과 좋은 것(good)을 동의어로 사용한다. 모든 사람이 좋은 것을 원하므로 그들은 신을 좋은 것으로 만든다. 신은 좋은 것과 나쁜 것 너머에 있다. 하지만 좋은 것은 우리를 신께로 이끌어준다.

신이 만유라면 거기에는 악마가 발 디딜 곳이 없다.

실제로는, 오로지 신(참자아)밖에는 존재하지 않는다.

신보다는 참자아를 생각하는 것이 낫다. 왜냐하면 사람들은 대개 신은 자신이 아닌 존재로 여기고 참자아는 자신이라고 여기기 때문이다.

'신'이라 불리는 외부의 존재 같은 것은 없다. 신은 존재한다. 그러나 그것은 각자의 내면의 있음이다.

있는 모든 것은 참자아이다. 그것은 당신의 참자아, 신 안에 그 있음을 지니고 있다.

신은 곧 이 세상이다. 우리가 보는 그런 모습이 아닌, 있는 그대로의 이 세상 말이다.

신, 진실, 참자아는 변하지 않는다. 신이 변화를 알았다면 불변하지 않았을 것이다. 신 안에는 아무런 움직임도 작용도 없다. 신은 우리가 보는 것과 같은 이 세상에 대해서는 아무것도 모른다. 신은 단지 세상의 배후에 있는 불변의 있음일 뿐이다.

모든 사람은 삶의 매 순간 자신의 참자아를 경험한다.

나의 참자아는 나와 가장 가깝고 가장 친밀하다.

매사에 참자아를 의지하라!

더 큰 위안과 평안을 원한다면 그대의 참자아를 알라.

모든 문제에 대한 유일한 답은 그대의 참자아를 아는 것이다.

온전히 참자아로서 있지 않으면 온전한 만족은 결코 누리지 못할 것이다.

자신의 참자아를 발견하는 것이 당신이 이 세상에 온 이유다.

모든 사람이 모든 행위 속에서 자신의 참자아를 찾아 헤매고 있다.

궁극의 행복은 참자아이다. 그 밖의 모든 행복은 그저 참자아의 한 귀퉁이일 뿐이다.

존재하는 유일한 기쁨은 참자아의 기쁨이라는 사실을 알고 나면, 당신은 이전처럼 그것을 에둘러 찔끔찔끔 가지지 않고 직접, 통째로 가진다.

당신의 참자아를 알 필요가 있는 유일한 사람은 당신 자신이다.

당신의 참자아가 다른 누구이기를 바라는 이 느낌은 우습고 어리석다. 그것은 당신이 당신의 참자아이지 못하도록 제약한다.

모든 사람이 사실은 한정된 몸과 마음에 자신을 동일시하여 참자아를 지극히 제약된 존재로 표현하고 있는 참자아이다. '나'라고 말하고 거기에다 아무것도 덧붙이지 않을 때, 그것이 참자아이다.

에고와 동일시하지 않고 있을 때, 당신은 참자아이다.

유일하게 직접적인 앎은 참자아에 대한 앎이다. 다른 모든 앎은 우리 외부의 어떤 것을 필요로 하므로 간접적인 앎이다.

지금 이 순간 참자아와 하나가 된다면, 당신은 무한하다.

진정으로 있는 당신의 부분, 곧 당신의 있음은 영원하다. 그것이 진정 당신인 '나'이다.

작은 자아인 에고란 다름 아니라 스스로 한정되어 있다고 생각하는 본연의 무한한 참자아이다. 한쪽은 높고 한쪽은 낮은 두 자아, 두 '나'는 존재하지 않는다. 오로지 하나의 자아만이 존재한다. 당신이 그것은 완벽하지 않고 한계에 갇혀 있다고 잘못 생각하든지 말든지 상관없이, 그것은 완벽하고, 언제나 완벽할 것이다. 당신은 지금 당신의 참자아이고, 언제나 참자아였으며, 언제나 참자아일 것이다.

우리는 언제나 자신의 참자아를 경험하고 있지만, 그것을 자각하려면 그것을 향해 눈을 돌려야만 한다.

에고의 근원, 아니, 모든 것의 근원은 참자아이다.

당신은 매 순간 한계 없는 참자아지만 매 순간 '나는 한정된 존재야'라고 말한다. 참자아 안으로 빠져들면 당신은 '나는 한정된 이 몸과 마음이야'라고 말하기를 그친다.

오로지 참자아를 바라보라. 그러면 에고는 제거될 것이다.

참자아 안에 거하면 놓여나고 싶은 욕망이 없어진다. 에고 안에 있을 때만 해방을 꿈꾼다.

참자아는 에고가 있는 줄을 모른다. 에고는 참자아가 있는 줄을 모른다.

무한한 있음인 '나'가 몸인 것처럼 느낄 때, 그것은 무한한 있음이 자신이 몸인 것처럼 느끼는 것을 상상하고 있는 것이다.

참자아가 진짜처럼 느껴질 때는 몸은 진짜처럼 느껴지지 않고, 그 반대로도 그렇다.

몸과 동일시해보라. 그러면 몸의 극단적 한계가 당신의 것이 된다. 참자아와 동일시해보라. 그러면 당신은 모든 것이고, 모든 앎이며, 무한한 권능이다.

한정된 몸과의 동일시를 놓아 보내기만 하면 지금 당장 무엇이든지 물질화하지 못할 사람은 없다.

참자아를 발견하고 나면 몸과 마음은 나의 하인임을 깨닫게 된다.

참자아의 직접적인 경험을 얻고, 유지하라. 직접적인 경험을 얻는 것이 유지하는 것보다 더 쉽다.

'나'라고 말할 때마다 그것은 곧 우주의 모든 것이요, 우주의 모든 권능이다. 거기에다 무엇을 덧붙일 때마다 당신은 그것을 한계 속으로 끌어내린다.

완벽성을 보고 있을 때, 당신은 상대방을 진정 있는 그대로 보는 것이다. 그것이 진짜다. ─ 완벽한 참자아다.

높은 참자아나 낮은 참자아 따위는 없다. 단지 무한한 있음과 동일시하는 당신과 한계에 갇힌 존재와 동일시하는 당신이 있을 뿐이다.

끝까지 갈 때까지 당신은 결코 만족을 얻지 못한다.

온전하고 영원한 만족을 주는 것은 하나밖에 없다. 그것은 참자아에 대한 온전한 자각이다.

모든 사람이 인격을 지닌 자아를 알고 있다. 그것은 자신을 한갓 몸으로 그릇 동일시하고 있는 참자아이다.

그저 알아차리기만 하면, 당신은 당신의 참자아로서 있게 된다.

그저 있기만 하면, 당신은 당신의 참자아로서 있게 된다.

우리 자신인 이 무한하고 찬연한 있음은 절대적으로 완벽하므로 결코 변할 수 없다. 그것은 언제나 거기에 있다.

모든 스승들 중에서 가장 위대한 스승은 당신의 참자아이다.

온전히 보일 때까지 당신의 참자아를 보라.

모든 있음은 신이다, 당신의 참자아이다.

참자아 안에서는 가지는 자도, 가짐도, 가질 대상도 없다. 행위자도, 행위도, 행해지는 대상도 없다. 아는 자도 앎도, 알려지는 대상도 없다. 거기에는 오로지 있음, 모든 있음으로서 있음만이 있다.

인간이 구도에 나서서 구도자를 발견하면, 그는 이것을 깨닫는다.

참자아 안에서는

신은 무엇으로서 있는 것이 아니라 있음이다.

신은 무엇을 의식하는 것이 아니라 의식이다.

신은 무엇을 즐기지 않는다. 신은 즐거움이다.

신은 무엇, 혹은 누구를 사랑하지 않는다. 신은 사랑이다.

사람 안에서는

그의 있음이 신이다.

그의 의식이 신이다.

그의 즐거움이 신이다.

그의 사랑이 신이다.

참자아인 것처럼 행동하라. 그러면 참자아를 보게 될 것이다.

당신의 실재(참자아)는 완벽하고 온통 기쁨이며, 온통 찬연하고 온통 행복하다.

높이 올라갈수록 참자아를 더 깊이 깨달아, 타인을 더욱 자신의 참자아로서 대하게 된다.

참자아로서 있는 것은 곧 이기심이 없는 것이다. 그 상태에서 당신은 오로지 타인을 모시는 데에, 그들을 자신의 참자아로서 모시는 데에만 관심이 있다.

참자아는 형언할 수 없도록 절대적이고 깊은 평화이다.

당신의 참자아를 깨닫는 유일한 전제조건은 마음의 고요다.

참자아를 깨닫고 나면 그의 모든 행동과 소유물은 더 이상 그 자신의 것으로 인식되지 않는다. 모든 것이 참자아이므로 '나', '내 것'을 버려버린 것이다.

참자아를 경험하면 그것에 대해 이야기할 수가 없다. 그것에 대해 할 수 있는 어떤 말도 그것이 아니다. 그것은 단지 있음의 상태이다. 거기에는 아무런 작용도 형상도 없다. 그것은 있음이다. 그게 그것의 전부이다. 그것을 사용할 수도 없고 그것을 알 수도 없다. 오직 그것으로서 있을 수만 있다. 거기에 있으면 존재하는 것은 오직 하나(One) — 당신(You)밖에 없다. 그것이 있는 것의 전부다.

참자아 외의 모든 것은 순전히 상상이다. 에고란 당신이 상상으로 쓴 이야기의 대본 속에 등장하는, 외견상의 한 배우일 뿐이다. 지금 여기서 당신은 그것이다. 자신을 미혹하지 말라. 환영일 뿐인 한계를 내려놓으라. 참자아는 적정寂靜이다. 완벽히 고요한 완벽한 자각의식이다.

이원세계 속에서는 신을 찾지 못한다.

인간은 존재하지 않는다. 만유가 신이므로.

시간은 존재하지 않으니, 되어감(becoming)도 없다.

완벽한 완벽성 안에는 창조 작용(creating)이 없다.

신밖에는 아무것도 존재하지 않으니, 신이 신을 보는 것일 뿐이다.

신은 곧 만유이니, 신이 신을 사랑하는 것일 뿐이다. 고요 속에서 자신이 신임을 알라!

오직 신밖에는 아무것도 존재하지 않는다. 신밖에 존재하지 않는다면 나는 곧 그것이다(I am That). 길의 끝에 이르면 우리는 존재하는 것은 오로지 '나'뿐임을 깨닫는다.

당신은 자신이 참자아가 아니라고 말하는 참자아이다. 하지만 그것이 당신을 참자아가 아니게 만들지는 못한다. 아무리 아니라고 말해도 당신은 바로 지금 그 무한한 있음이다.

당신은 참자아가 될 수 없다. — 이미 참자아이기 때문이다!

'나'라고 말할 때마다 그것이 바로 참자아이다. — 거기서 멈추기만 한다면 말이다!

아무것도 덧붙여지지 않은 '나'가 당신의 참자아이다. 그저 '나'라고 할 때 그 나의 느낌이 참자아이다. 하지만 '나는 이러저러한 사람이다'라고 하면 그것은 참자아가 아니다. 그저 순수한 '나', 오로지 '나'만이 참자아이다. 당신이 보고 아는 것이 오로지 그것일 때, 그것이 신이요, 당신의 참자아이다. 그래서 신은 내 살갗보다도 더 가까운 것이다! 그저 '나', '나', '나'라는 말만 붙들고 있으라. 홀로 있을 때 그렇게 해보라. '나는 몸이다'가 아니라 그 저 '나', '나'라고 할 때의 그 있음의 느낌인 '나'를 말이다. 그것을 붙들고, 경험하라. 그것으로 있으라! 그것이 당신의 신성이요 당 신의 참자아이다!

당신이 곧 그것이다

수수께끼

어떤 차원에서는 모든 사람이 자신인 무한한 있음을 알고 있다. 당신은 당신 자신인 '나(I)'를 의식하고 있는가? 그것이 당신의 있음의 부분이다(the beingness part of you). 하지만 그것은 단지 있음의 부분이다. 당신이 '나 있음(I am)'을 경험하고 있다면, 그게 바로 그것이다. 당신의 그 부분은 무한하다. 그리고 당신은 그것을 늘 경험하고 있다. 그것을 경험하지 않고 있는 때는 없다. 그러지 않으면 당신은 존재계 밖으로 사라져버린다.

하지만 당신은 '나는 몸이야'라고 말함으로써 그것을 덮어서 자신에게서 감춰버린다. 하지만 이때 당신은, '무한한 있음인 나는 이 몸이야'라고 말하고 있는 것이다. 그러니 '나'라는 말을 쓸 때, 당신은 당신 자신인 무한한 있음에 대해 말하고 있는 것이다. '나는 이러저러한 사람이다'라고 말할 때마다 당신은 '무한한 있음인 나는 이러저러하게 한정된 사람이다'라고 말하고 있는 것이다.

당신은 무한한 존재이므로 스스로 얼마든지 한계를 뒤집어쓸 수 있다. 그래서 자신을 스스로 한계 속에 가두는 일을 그토록 훌륭하게 해낼 수 있는 것이다. 이해하겠는가?

문답

질문자 이해합니다.

레스터 우리는 자신을 환경의 지배를 받는 노예로 여길 정도로 극단적인 한계 속에 자신을 몰아넣을 수 있습니다. 그런데 그렇게 하고 있는 그것은 바로 무한한 있음이지요!

질문자 우리는 왜 자신이 한계 없는 있음임을 깨닫지 못하나요?

레스터 우리는 우리가 깨달을 수 없다고 확신하고 있습니다. 할 수 없다고 확신하지 않았다면 한순간에 깨달을 수도 있었을 겁니다. 전지전능한 존재가 자신이 전지전능하다는 사실을 깨닫는 데는 얼마나 오랜 시간이 걸릴까요? 시간이 걸리지 않습니다! 그리고 우리는 모두가 바로 그 전지하고 전능한 존재랍니다. 단지 우리 자신이 깨달으려고 하지 않기 때문에 그것이 그토록 힘들고 거의 불가능해 보이는 것일 뿐입니다. 그래서 어려운 것입니다. — 우리가 하려 하지 않는단 말입니다!

우리는 자신이 무한하고 한계 없는 있음이 아니라 하나의 육신이라는 생각을 붙들고 있습니다. 그 생각을 붙들고 있는 한 우리는 그 속에 갇혀 있습니다. 한계 없는, 우리의 반대편 모습을 보지 못하는 겁니다.

질문자 그럼 우리와 깨달음 사이에 있는 것은 한 생각뿐이라고 말할 수 있나요?

레스터 예, 그건 무수한 생각들의 정점에 있는 한 생각입니다. 예컨대 내가 당신은 무한한 존재라고 말한 후에 당신의 생각이 어떻게 흘러가는지를 따라가보면, 당신은 내 말을 들은 즉시 다시 자신은 한정된 육신이라는 생각 속으로 곧바로 다이빙하는 것을 발견할 겁니다. 내가 우리는 지금 여기서 모두가 무한하다고 말하면 그 순간에는 당신도 그런 느낌을 느낍니다. 내가 그런 말을 할 때 그런 느낌이 느껴지는 것을 알아차리고 있나요? 바로 지금 이 순간 여기 있는 모든 사람은 무한하고 전지하고 전능하고 편재합니다. 내가 이 말을 할 때, 그 순간만은 여러분도 그것을 느낍니다. 하지만 그다음 순간 여러분은 다시 자신이 육신이라고 생각합니다. 즉시 자신의 본성으로부터 주의를 모두 거두어 자신이 그저 육신일 뿐이라는 생각으로 주의를 되가져다 놓지요.

자, 이제 이 말을 들었으니 여러분 자신부터 그것을 그만두십시오. 내가 한 말의 본보기를 여러분이 바로 지금 보고 있습니다. 방금 어떤 일이 일어났는지 알아차릴 수 있습니까? 내가 한 말을 붙들고 있었다면 혼란을 느끼지 않았을 겁니다. 하지만 우리는 육신에 너무나 관심이 많아서 즉시 중력을 따라 육신으로 말려갑니다. 이것이 문제지요. 끈질기게 육신으로 있으려는 본능 말입니다. 우리는 매 순간 자신이 한정된 육신이라는 생각을 붙들고 있습니다. 우리가 할 일은 단지 그걸 그만두는 것입니다. 그렇게 하시겠습니까? 그러면 여러분은 여러분 자신인 무한한 있음을 볼 것입니다.

그건 정말 단순해요. 하지만 그게 지극히 어려워 보인다는 걸 나도 압니다. 어려울 뿐만 아니라 불가능해 보일 수도 있어요. 하지만 이 건 단지 우리가 하지 않기 때문일 뿐입니다. 그것이 그걸 불가능하게 만들지요. 우리는 이런 말을 무수히 듣고 또 들었습니다. 하지만 실제로 하지 않는다면 이런 말을 듣는 게 무슨 소용이 있겠습니까? 그리고 말했지만, 하려고만 든다면, 바로 지금 여기서 자기 자신인 무한한 있음으로 있을 수 없는 사람은 이곳에 아무도 없습니다. 그러니 해야 할 일은 자신을 추스른 다음, 하는 겁니다. 그건 이렇게 단순합니다.

여자분들 중에서 날마다 자신이 여성이라는 사실을 발견하려고 애쓰는 분이 몇이나 계십니까? 남자분들 중에서 날마다 자신이 남성이라는 사실을 발견하려고 애쓰는 분이 몇이나 계십니까? 왜 그러지 않죠? 왜냐하면 그건 아무런 의심도 없이 받아들이니까 그런 겁니다. 하지만 여러분은 자신이 무한하다는 사실을 받아들이지 않습니다. 왜 그러죠? 왜 제약의 게임을 벌이면서 불행해하지요? 왜요? 이제 여러분이 질문하는 대신 내가 질문을 던지고 있습니다. 여러분은 왜 이 한정된 육신 말고 본연의 자신으로서 있지 않습니까? 아무튼 이 육신은 허구한 생애를 들어가서 지내기에는 정말 갑갑하고 힘든 곳입니다. 왜 스스로 그토록 갑갑하게 갇혀서 무능해져 있으려고 합니까? 무한하고 완전히 자유로운 본연의 상태와 비교해보세요. 우스꽝스럽지 않습니까?

'왜 본래의 나인 무한이 되지 않으려고 합니까?' 누가 이 질문에 대답해보시겠습니까?

질문자 무한한 것은 어떤 느낌인가요?

레스터 그 어느 쪽으로든지 절대적으로 아무런 한계가 없습니다. 아무런 한계 없는, 모든 것으로부터의 완전한 자유. 음식도, 산소도, 직장도 필요 없습니다. 원하는 것은 즉석에서 물질화해냅니다. 우주의 어느 곳에나 있습니다. 키가 원하는 만큼 커질 수도, 원자만큼 작아질 수도 있습니다. 완벽한 평화와 만족 속에 거합니다. 가능한 가장 기쁜 상태에 거합니다.

질문자 그런 일이 일어날 때 이 몸에는 어떤 일이 일어납니까?

레스터 그것을 정말로 알려면 본연의 자신을 경험해봐야만 합니다. 그러지 않으면 육신의 정체를 알 수가 없습니다. 자신의 본성을 깨달으면 그때 당신은 육신이 무엇인지를 알게 됩니다. 육신이란 하나의 생각인 것이 드러나지요. 자신이 어떤 상황에 처해 있는 육신이 된 꿈을 꿀 때와 마찬가지로요. 당신은 깨어나서 이렇게 말합니다. '맙소사, 모두가 내 마음속에서 일어난 거였잖아.' 깨어 있는 상태라 불리는 이 꿈에서 깨어났을 때도 이 몸에 같은 일이 일어납니다. 당신은 몸을 바라보지만 그것이 꿈속의 몸이라는 것을 압니다.

자신이 얼마나 육신의 생각에 매여 있는지를 아시겠습니까? 이 말을 강조하겠습니다. — 몸을 생각하는 것만큼만 당신의 무한한 있음을 생각하세요. 그러면 자신이 무한하다는 것을 깨달을 겁니다.

질문자 제가 알고 싶었던 건, 당신이 그렇게 몸의 한계 밖으로 나가 있을 때 이 몸은 어떻게 기능하는가 하는 겁니다.

레스터 자동으로 기능합니다. 하지만 지금 우리가 '기능하고 있는' 방식과 '기능할 수 있는' 방식 사이의 차이점은, 집중하고 있을 때는 우리 자신인 '나'로부터 떨어져 있을 수가 없다는 점입니다. 우리는 바로 우리의 '나'가 있는 곳에 있습니다. 우리가 '나'라고 할 때, 거기가 우리가 있는 곳입니다. 개체성은 우리를 결코 떠나지 않습니다. 우리도 개체성을 결코 떠나지 않고요. 우리인 '나'는 언제나 있습니다. 그것은 영원합니다. 그것이 우리인 참 존재입니다.

그리고 우리가 오로지 그 '나', 그것만으로 있으면 모든 것이 마치 꿈과 같은 것임이 드러날 것입니다. 그리고 그것을 제대로 깨달으면 우리가 현실이라 부르는 이 상태는 한 번도 진정으로 존재해본 적이 없는 한갓 꿈이 됩니다. 그건 악몽에서 깨어난 것과도 같습니다. 꿈속에 있는 한 그것은 흡사 현실 같습니다. 꿈을 깨야만 그것이 현실이 아니게 됩니다. 아시겠어요? 이 깨어 있는 상태에서 꾸는 꿈에도 거기서 깨어나면 똑같은 일이 일어납니다. 그러면 우리는 먼저 '맙소사, 모두가 꿈이었잖아' 하고는 이렇게 덧붙입니다. '실제로 존재한 적이 없었어….' 그리고 이게 바로 우리의 몸에도 일어나는 일입니다. 그렇게 되면 우리는 육신을 꿈속의 몸으로 바라보게 됩니다.

우리의 몸은 변화하지만 우리는 결코 변하지 않습니다. 우리는 사라지지도 않고 무엇을 잃지도 않습니다. 오히려 자꾸 더 많은 것을 취하다가 결국은 자신을 처음엔 모든 있음으로, 모든 사람으로, 그다음엔 우주의 모든 원자로 바라보게 됩니다. 몸을 잃거나 뭐든 잃을까 봐 겁낼 이유가 없습니다. 우리는 자꾸자꾸 더 많은 것을 얻다가 결국은 무한이 됩니다. 하지만 대부분의 사람들은 육신을 잃어버리고 무無가 되어버릴까 봐 겁을 내지요. 그건 완전히 틀렸습니다. 우리는 무수한 육신으로 있을 수 있습니다!

질문자　육신을 있음으로 여긴다면…

레스터　그렇게 생각하면 당신은 '있음'이라는 단어에게 엄청난 죄를 범하고 있는 겁니다. 있음은 당신 자신인 무한입니다. 당신의 있음은 무한합니다. 육신으로 있는 것은 당신의 있음에 극도의 한계를 가하는 것입니다.

질문자　우리는 육신을 한계로 여깁니다. 그것이 육신을 바라보는 일반적인 관념이지요.

레스터　맞아요. 그건 몸이 나라는 생각을 놓아 보내야만 한다는 뜻이에요. 그 생각을 붙들고 있는 한 우리는 '나는 극도로 제약된 존재'라는 생각을 붙들고 있는 것입니다.

육신은 조금이라도 부조가 일어나면 죽습니다. 이건 모든 사람이 알고 있습니다. 육신은 조만간에 죽는다는 것을 우리는 알고 있습니다. 육신은 일회용이라서 사용 후에는 조만간 버려질 겁니다, 그러니 이런 한계를 붙들고 거기에 자신을 꼼짝달싹 못하게 가둬놓고 있으면 육신을 잃을까 봐 늘 두려워하게 될 건 당연하지요. 그것은 자신을 자동차와 동일시하는 것과도 같습니다. 그러면 자동차에서 내리거나 자동차를 파는 것이 우리에겐 끔찍한 상실로 느껴지겠지요. 하지만 자동차에 대해서 이렇게 생각하는 사람은 거의 없습니다. 그건 우리가 잠시 쓰는 운송수단일 뿐이니까요. 그건 우리가 아닙니다. 혹은 다른 식으로 보자면, 우리는 새장 속의 새와도 같습니다. 문을 열어놔도 우리는 날아가기를 — 해방되기를! — 거부합니다.

질문자　음… 이 있음, 무한한 있음이라는 느낌이 현재 우리가 갖

249

고 있는 몸의 느낌보다 훨씬 더 구체적으로 와닿네요. 안 그런가요?

레스터 그래야지요. 사실 이게 내가 말하려고 애쓰고 있는 것입니다. 그저, 오로지 있음의 느낌만 붙들고 있으면, 그리고 '이 육신이 나야' 라고 덧붙이지만 않으면 — 그저 자신의 있음만 붙들고 그것을 놓지 않으면 — 당신은 몸이 나라는 느낌을 놓아 보내게 될 겁니다. 그리고 이 있음에 대한 통찰을 얻을 것입니다. 그러면 당신의 있음은 자신에게 매우 실질적인 것이 되고, 몸은 꿈속의 몸처럼 느껴지게 될 겁니다.

오로지 있음으로서 있을 때, 당신은 자신의 있음이 만유의 있음임을 깨닫습니다. 나는 바로 지금도 모든 사람이 바로 그 무한한 있음이라고 말합니다. 그리고 당신의 그 무한한 부분이 바로 '나', '나'의 있음(the beingness of the 'I'), '나 있음'(I am)입니다. 그리고 그것을 붙들고 있으면 바로 그것이 당신에게 생생한 현실이 되고 실제적인 것이 될 것입니다. 그리고 그 모든 한계와 불행과 육신의 문제는 절로 사라져버릴 것입니다.

질문자 저도 그것을 몇 번 짧게 경험하긴 했지만 그것을 붙들어 놓는 것은 또 다른 문제더군요.

레스터 그것을 붙들지 못하는 이유는, 자신이 육신이라는 믿음을 붙들고 있기 때문입니다.

질문자 그런데 이 있음이란 걸 마음으로 품을 수는 없지요, 그렇지 않나요?

레스터 맞습니다. 당신 자신이 그것인데 그걸 마음에 품을 필요가 있나요? 당신은 자신이 한 남자, 혹은 한 여자라는 사실을 마음에 품고 있나요? 그저 그것으로서 있으세요. 오로지 그것만으로요. 매 순간 온전히 그것으로서 있으세요.

질문자 하지만 각 개인의 내면에서 일어나야 할 변화 내지 변성도 처음에는 약간의 지적 사유를 필요로 하지 않나요?

레스터 지성은 당신을 당신이 아닌 것에서 눈을 돌려 당신인 것을 바라보도록 방향을 가리켜줍니다. 그런 의미에서는 당신의 말이 맞습니다. 우리는 '나는 무엇인가?' 하고 묻습니다. 그것은 지적인 행위이지요. 하지만 그 답은 경험입니다.

질문자 그러고 보니 제가 그 지점에 다가가고 있군요. 무한에 관한 이 지적인 사유가 언제 멈추고 경험이 시작될까요?

레스터 사고작용이 충분히 가라앉아서 마음이 고요해지면요. 그러면 당신은 당신인 그것을 발견하고, 그것이 당신에게 생생한 현실이 됩니다.

질문자 하지만 그 전환을 알아차리지는 못하겠지요?

레스터 제약적인 생각들로부터 놓여나는 것은 알아차리지요. 당신 자신인 무한한 있음을 발견하는 것은 전환이 아닙니다. 왜냐하면 당신은 지금도 그것이니까요. 당신은 언제나 그것이었고, 언제나 그것일 것입니다. 그러니 거기에서는 어떤 전환도 일어날 수 없습니다. 제약적인 생각을 놓아 보내는 것이 전환이지요.

질문자 자신의 내면의 있음을 경험하는 것을 생각하기가 어렵지 않나요?

레스터 생각 속에서는 불가능합니다. 그것은 경험해야만 합니다.

질문자 아무튼 그건 사실이죠? 실제로 그 속으로 들어가는 거죠?
거기엔 의심의 여지가 없는 거죠?

레스터 예, 늦든 빠르든요. 자신을 고문하다 지쳐 나가떨어지면
그때야 당신은 말도 안 되는 제약과 분리의 생각들을 다 놓아 보내
고 진정 당신 자신인 무한으로서 있게 됩니다. 하지만 지구상의 대
부분의 사람들은 이것을 하는 데 수백만 년이 걸릴 겁니다. 우리가
한 얘기를 다 들었으면 그 이유를 이해할 수 있습니다.

지구상의 모든 사람들을 고려한다면 여러분은 매우 진보된 사람들
입니다. 그런데도 자신이 얼마나 오로지 그 육신으로서만 있기에
집착하고 있는지를 보세요! 여러분이 하는 질문과 이야기는 대부
분 육신과 그 전환, 그리고 육신에 일어나는 일에 관한 것입니다.

그래도 나는 육신과의 동일시를 놓아 보내도록 계속 여러분을 찔
러댈 겁니다. 육신으로서 있기를 고집하는 한 무한한 존재로는 있
을 수가 없다고 말입니다. 육신으로서 있기를 고집하는 한 그건 불
가능합니다. 갇혀버리니까요. 그렇게 갇혀서 수백만 년을 남아 있
을 수도 있는 겁니다.

자신이 한계가 없다는 생각을 받아들인 적이 있는지, 어디 여러분
께 한번 물어봅시다.

질문자 그 생각을 지적으로는 받아들였습니다. 하지만 실제로는
물론 아닙니다.

레스터 맞아요. 그리고 당신은 자신이 유한하다고 믿기 때문에
무한한 존재로 있기는 불가능합니다. 이 육신은 매우 연약한 것이

라서 그리 오래 가지 못합니다. 그런데도 우리는 육신으로 남아 있겠다고 고집을 부립니다. 누구든 육신으로서 있지 않기로 결심한다면, 정말로 마음을 먹는다면, 그것은 자신의 무한한 있음을 목격하도록 자신을 허락하는 것입니다.

우리는 하루 24시간 내내 무엇을 하고 있지요? 육신의 시중을 들고 있습니다. 아니, 우리가 육신이라고 생각합니다! 우리는 아침에 몸을 깨워서 씻기고, 옷을 입히고 치장을 하고 돈을 벌어 오도록 일터로 보냅니다. 그리하여 육신 속으로 다른 생명(음식)을 집어넣고, 그것을 소화시켜서 목숨을 부지하기 위해서 말입니다. 그런 다음 우리는 집으로 가서 밤의 휴식을 위해 육신을 잠자리에 부려놓습니다. 육신의 삶은 이렇게나 멋져서, 우리는 밤마다 거기서 도망쳐 피신을 해야만 하는 겁니다. ― 밤마다 무의식 속으로 떨어져 잠을 자지요. 이것을 날이면 날마다, 무수한 생애에 걸쳐서 반복합니다. 마침내 자신은 육신이 아니라는 것을, 육신 이상의 존재라는 것을, 무한한 있음이라는 것을 알아차릴 때까지 말입니다.

이건 정말 단순합니다. 내가 같은 말을 하염없이 반복하고 있다는 걸 압니다. 하지만 반복은 필요합니다. 어려움은 우리가 육신으로서 있기를 집착하는 데에 있습니다. 그로써 우리는 끊임없이 '나는 육신이야, 나는 무한하지 않아'라고 말하고 있습니다. 그리고 물론 그 결과로 우리는 자신이 찾고 있는 한계 없는 기쁨과 행복을 맛보지 못합니다.

질문자 이 삶이 너무나 멋져서 무의식 속으로 떨어져야만 한다니, 무슨 뜻입니까?

레스터 우리가 너무나 멋지다고 생각하는 이 삶을 우리는 하루

24시간 꼬박 견뎌내지 못합니다. 그래서 날마다 여덟 시간쯤은 잠이라는 무의식 상태를 통해 거기서 피신해 나와야만 하는 겁니다.

질문자 잠들어 있는 동안 나는 어디에 있나요? 저는 왜 그걸 기억하지 못하죠?

레스터 기억하지 못한다고 믿으니까 그렇지요. 이유는 당신이 그걸 원하지 않기 때문입니다. 왜냐하면 육신, 그리고 세계와 관계를 맺고 있지 않으면 당신은 자신이 아무것도 아니라고 믿기 때문입니다. 하지만 잠잘 때마다 육신과 세상을 내려놓는데도 당신은 아직도 존재하고 있다는 사실을 명심하세요. 그렇지 않나요?

잠은 우리의 이 세상으로부터의 피신입니다. 있음의 더 높은 상태로 올라가는 동안 우리는 누구나 더 이상 잠을 자지 않는 상태에 이릅니다. 세상이, 혹은 자신의 존재 상태가 싫지 않다면 잠을 잘 필요가 없거든요.

날마다 세상에서 도망쳐서 피신해야만 한다면 이 세상이, 깨어 있는 지금의 이 상태가 얼마나 멋지길래 그런 걸까요? 내가 말하는 것을 실험해보세요. — 세상을 놓아 보내고 본연의 당신으로 있으세요. 무한해지세요. 세상은 그만 바라보고 '나인 그것'을 바라보세요. 온전히 그것을 볼 때까지 주의를 '나인 나'에 집중하세요. 그러면 당신은 온갖 구속과 속박에 옭매여 있는 육신으로만 존재하기를 당장 그만두게 될 겁니다.

질문자 우리는 이 한정된 작은 삶이 우리에게 행복을 가져다준다고 상상하고 있고, 그것이 우리를 구속되게 만듭니다. 그렇지 않나요?

레스터 예, 그런데 왜 그러고 있죠? 모든 사람은 자기 자신인 무한한 있음을 찾아 헤매고 있습니다. 그걸 행복, 슬픔 없는 행복이라고 부르면서요. 그건 당신의 참자아, 당신의 있음입니다. 왜 그저 그것으로서 있지 않습니까? 왜 그걸 하지 않는 거죠?

질문자 글쎄요, 아마도 우린 그걸 정말 필사적으로 원하진 않는가 봅니다. 거기에 모든 걸 걸기가 두려운 거죠.

레스터 그거예요. 정말로 원하지는 않는 겁니다. 어떤 이유에서든 여러분은 병과 고난, 그리고 결국은 죽음 등의 온갖 한계로 점철된 한정된 육신으로 있기를 원합니다. 우습지 않나요?

질문자 그러니까 이것을 삶에서 가장 중요한 일로 여기기만 한다면 해탈하여 무한한 존재가 되는 건 오랜 시간이 걸리지 않는 일이란 말이죠? 그런데 우리에겐 저마다 온갖 엉뚱한 방향으로 빠지게 만드는 샛길이 있지요.

레스터 맞아요. 우리는 자신의 무한한 경지에 대한 이 앎을 진정으로 원하지 않는 겁니다. 그래서 주의가 늘 딴 데로 가 있는 거지요.

질문자 우리가 거기에 정확히 무엇이 기다리고 있는지를 몰라서 저항한다고 생각하시나요?

레스터 맞기도 하고 틀리기도 합니다. 우리는 자신이 무한하다는 걸 알고, 그것을 찾고 있어요. 우리는 날마다, 모든 행위를 통해서 자기 자신인 이 무한한 있음을 찾고 있습니다. 그걸 우리는 행복이라고 부르지요. 행복을 그 근원까지 추적해보면, 외부의 사물이나 사람에게서는 행복을 찾을 수 없다는 것을 깨달을 겁니다. 행복은 내면에서 경험하는 무엇입니다. 우리가 스스로 그것을 나를 좋아하는 사람이나 재물에 의해 좌우되게 만들지 않는 한, 그건 언제나 거기에 있어요. '내면의 행복을 느끼려면 돈이 있어야 해'라고 말하고 나면 우리는 돈이 생길 때까지 행복을 스스로 차단합니다. 그러니까 우리는 그 한계 없는 행복을 스스로 차단하고 있으면서 그것이 세상에, 그것도 여기에 찔끔, 저기에 찔끔 흩어져 있다고 말합니다. 사실은 바깥세상이 아니라 바로 우리 안에 언제나, 무한히 있는데 말입니다. 하지만 당신이 말한 것처럼, 우리는 행복이 세상에 있다고 너무나 철석같이 믿고 있기 때문에 주의가 늘 바깥세상에 가 있는 겁니다. 만일 진정으로, 진정으로 이 무한한 있음을 보고 싶어 한다면 우리의 주의는 늘 거기에 가 있을 겁니다.

질문자 그러면 그 순간 우리는 그것으로서 있을 수 있겠지요!

레스터 예. 지금 이 순간, 혹은 곧, 아니면 오래 걸려야 한두 달 안에요. 하지만 우리는 그 대신 육신으로 있기를 고집하여 수수만년 불행 속을 허덕이며 살도록 스스로 자신에게 저주를 내립니다.

질문자 모든 것으로부터 차단된 것만 같은 깜깜한 불행을 경험한다면 때로는 거기서 일순간 깨어남의 경험을 할 수도 있지 않나요?

레스터 예, 대부분의 깨어남이 그런 경로로 일어나지요. 한계를 향해 가다보면 우리는 자신을 점점 더 극단적인 한계 속으로 몰아가서, 결국은 병이나 죽음 같은 가혹한 사건으로 파멸 직전의 상황에 처하게 됩니다. 그러면 누구나 가지고 있는 오기가 발동합니다. — '에라, 될 대로 되라지!' 그러고는 올바른 방향으로 들어서게 되지요. 하지만 우리는 그 올바른 방향을 불행을 통해서가 아니라 기쁨과 탐구심을 통해서 갈 수도 있고, 그래야만 합니다. 올바른 방향으로 갈 수 있는 것은, 거기서 느껴지는 자유의 느낌이 너무나 멋지기 때문입니다.

질문자 저는 종종 무한을 접함으로써 그를 통해 이 한정된 삶을 좀더 안락하고 풍성한 것으로 만들고 싶어하는 습성이 있는 것 같습니다.

레스터 맞는 말입니다. 우리는 자신의 무한한 힘을 접하고, 그를 통해 더 건강한 몸과 더 나은 세상을 만들려고 하지요. 몸이 건강해지고 세상이 더 나아지게 할 수는 있어요. 하지만 지속적인 행복을 얻을 수는 없습니다. 왜냐하면 이 몸과 세상에 종속되는 것은 곧 제약과 부자유에 종속되는 것이기 때문이지요.

질문자 몸을 제거하는 것도 그리 큰 도움은 안 될 텐데요, 그렇지 않나요?

레스터 나는 그렇게 하라고 부추기는 게 아닙니다. 억지로 몸을 제거해버리면 의식적으로 몸을 떠나게 될 때까지 다시금 자궁 속으로 돌아와서, 성장할 때까지 한 20년 기다렸다가 자신이 몸이 아니란 것을 다시 배워야만 합니다. 그러니 억지로 몸을 내려놓는 것은 아주 그릇된 일입니다. 하지만 당신이 자신을 육신과 얼마나 동일시하고 있는지를 알아보기 위해서라면 자신에게 한번 물어보세요. 고속도로에 몸을 내던져서 차가 당신 위로 지나가게 할 수 있겠는지를요. 그러면 당신이 얼마나 자신을 육신과 동일시하고 있는지를 알 수 있을 겁니다.

질문자　우리가 무한한 존재로 있지 못하도록 훼방하는 것은 무의식의 마음인가요?

레스터　생각을 의식되지 못하게 만드는 것은 당신입니다. 당신의 마음이 아니라 당신이라고요. 반박하고 싶다면 당신이 말하고 있는 그 마음이란 것을 보여주세요. 어디에 있습니까? 그게 어떻게 당신을 훼방하고 있나요? 그게 당신과 별개로 생명을 가지고 있나요? 그게 당신이 아닌 다른 무엇입니까? 그 마음이란 게 대체 무엇입니까?

마음을 통해서든 몸을 통해서든 뭘 통해서든 간에 당신 자신이 스스로를 훼방하고 있는 겁니다. 당신이 그것을 하고 있다고요. 온전히 책임을 지는 것이 중요합니다. 그러지 않고는 이 함정에서 결코 빠져나올 수가 없으니까요.

질문자　그게 우리가 스스로 지어낸 것이라는 건 알겠습니다. 하지만 그게 너무나 커져버렸어요!

레스터　아닙니다. 그토록 커진 것은 그것이 아니라 당신입니다. 다른 뭔가를 탓하고 있는 한 당신은 결코 거기서 빠져나오지 못할 겁니다. 당신 자신이 벌이고 있는 짓이란 말입니다. 스스로 책임을 지지 않으면 자신의 제약을 없앨 수 없다는 걸 모르겠나요? 그걸 마음이라 부르든 몸이라 부르든, 뭐라 부르든 간에 그건 당신이 하고 있는 짓입니다.

질문자　저는 책임을 지고 있습니다. 그에 대해 뭔가를 하려고 애쓰고 있으니까요.

레스터　좋아요. "저는 책임을 지고 있습니다"라고 말하는 한 좋습니다. 하지만 "그건 마음이 하는 짓이에요"라고 한다면 당신은 책임을 지지 않고 있는 겁니다. 그러면 당신이 아니라 마음에 책임이 있는 거라고요. 알겠습니까?

질문자 예, 저에게 책임이 있습니다. 그건 내가 만들어낸 거니까요.
레스터 맞아요. 그게 누구의 마음입니까? 당신의 것이에요.

질문자 하지만 그런데 그게 어찌 손을 쓸 수 없을 정도로 괴물이 되어 있다고요. 이건 문제가 아닌가요?
레스터 아닙니다. 당신이 문제입니다. 자신이 아닌 다른 뭔가가 문제라고 생각하는 한 답은 없습니다. 말하는 걸 보니 당신은 자신이 그러는 게 아니라 마음이 그런다고 확신하고 있네요.

질문자 그러니까 우리는 마음이 깨달으리라고 착각하고 있는 거로군요. 마음은 결코 깨닫지 못할 텐데 말이죠.
레스터 맞아요!

질문자 우리는 마음으로서 기능하도록 감쪽같이 프로그램되어 있어서, 그게 우리가 가지고 있다고 생각하는 유일한 도구가 된 것 같네요. 그래서 우리는 그 잘못된 도구를 사용하고 있군요.
레스터 맞습니다.

질문자 그러니까 우리가 할 일은 그저 그 도구를 던져버리는 것이군요.
레스터 맞습니다. 그러면 남는 것은 무한한 당신입니다. 그 도구를 던져버리세요. 본연의 당신으로서 있는 데는 도구가 필요하지 않습니다.

질문자   그게 오류였어요. 마음을 가지고 그렇게 하려고 애써왔다는 것요. 우리에게 친숙한 건 그것뿐이었으니까요.

레스터   우리에게 친숙한 건 그것뿐만이 아닙니다. 당신은 자신인 '나'와도 친숙합니다. 그저 '나'라는 말에 의식을 집중하세요. 당신은 마음이 아닙니다. 당신은 마음을 가지고 있지만, 당신 자신인 이 무한한 있음을 늘 경험하고 있어요. 그리고 몸과 마음을 자신과 동일시하여 이 무한한 '나'를 놓쳐 보지 못하고 있는 것은 바로 당신입니다. 심신과의 동일시를 놓아 보내버리면 순수한 '나' 안의 바로 거기에 있는 것은 무한한 있음, 바로 당신입니다. 단순하지 않나요?

질문자   당신은 '나'가 수백만 년을 묵었다고 했는데 그 '나'는 영원히 변하지 않는가요?

레스터   당신인 '나'는 언제나 같고 변하지 않습니다. 영원하고 완벽합니다.

질문자   언제나 그랬고 언제나 그럴 것이란 말이죠?

레스터   그것은 언제나 그랬습니다. 완벽하고 불변하고 불멸합니다. 우리에게 몸을 그런 식으로 생각하는 경향이 있는 것도 바로 그 때문입니다. 우리는 몸이 완벽하고 불멸할 수 없다는 것을 알면서도 그렇게 만들려고 애쓰지요.

질문자   몸이 존재하는 목적이 있나요?

레스터 예, 그것은 깨달음을 향해 가는 여정의 이 단계에서 당신이 타고 가는 수레입니다. 하지만 그건 잘 다치고 우리를 구속해서, 그것이 우리로 하여금 우리 자신인 무한 쪽으로 눈을 돌리게 만듭니다. 몸이 존재하는 목적은 우리가 한계 없는 존재임을 깨닫도록 돕기 위한 것이란 말입니다. 그러니까 우리는 우리가 한계 없는 존재임을 깨닫기 위해서 극단적인 한계를 지어낸 것입니다. 자신을 몸으로 여길수록 몸은 더 아프고 다치고 병들 것입니다. 그러다가 마침내 당신은 "에라, 될 대로 돼라" 하고 외치며 자신의 본성을 보기로 단단히 마음을 먹습니다. 그리하여 문득 언제나 그랬던 그 모습, 무한한 자신의 모습 앞에 눈을 뜹니다.

질문자 '나'는 언제나 몸을 사용했나요?

레스터 아뇨. '나'는 몸을 사용한 적이 없습니다. '나'는 변함없고 완벽합니다. 그 '나'가 자신이 몸을 사용하는 것을 상상하고 그 꿈을 꾼 것입니다. 그건 환영이지요. 꿈입니다. 하지만 꿈속에 있는 동안에는 그것이 아주 생생한 현실처럼 느껴집니다. 이 꿈에서 깨어나세요. 자신의 본모습을 보세요. 이것이 우리의 할 일입니다. 여러분이 몸에 관해 얼마나 많은 질문을 하는지를 주목하세요. 알고 계셨나요?

질문자 아마 몸을 정의하려고 그랬겠죠.

레스터 아닙니다. 여러분은 이 극단적인 제약을 통해 자신의 무한성을 표현하려고 애쓰고 있는 겁니다. 여러분이 갇혀 있는 것은 이 때문입니다. 이것을 거꾸로 돌려놓으세요. 몸을 놓아 보내세요. 모든 주의를 여러분 자신인 무한한 '나'에게로 돌리세요. 오직 그때만 자기 자신인 무한한 '나'를 볼 수 있게 됩니다. 몸이 나라는 생각을 놓아 보내야만 합니다.

질문자 그렇다면 고통이야말로 잠을 깨워주는 훌륭한 도구네요.

레스터 예. 하지만 우리는 실제로 얼마나 많은 고통이 존재하는지를 자각하지 못합니다. 왜냐하면 고통에 너무나 익숙해진 나머지 면역이 생겨서 실제로 얼마나 고통스러운지를 모르게 됐기 때문입니다. 우리는 무한한 존재들이기 때문에, 그리고 이 한정된 몸이 되려고 애쓰고 있기 때문에 그게 매우 고통스러운 겁니다. 이 꿈에서 깨어나면 당신은 그것이 얼마나 고통스러웠는지를 깨닫게 될 겁니다. 무한한 기쁨인 당신과 비교한다면 그건 거의 무한한 고통입니다.

나는 여러분이 몸으로서 있어서는 안 됨을, 마음으로서 있어서도 안 됨을 강조하고 있습니다. 그저 있으세요.

질문자 명상을 할 때 마음을 어느 정도 사용하지 않나요?

레스터 예, 하지만 명상은 마음을 침묵시키는 데에 쓰입니다. 마음을 사용해서 마음을 침묵시키는 거지요. 마음이 충분히 고요해지면 당신인 이 무한한 있음이 선연히 느껴집니다. 이것이 명상의 목적의 전부입니다. 누구든지 마음을 충분히 고요히 가라앉히면 바로 자기 자신인 이 무한한 있음을 깨닫지 않을 수가 없습니다. 그것을 덮어서 가리고 있는 것은 생각뿐이기 때문이지요. 그리고 마음은 다름 아닌 생각의 집합이거든요. 그래서 명상은 마음을 고요하게 만드는 데 이용됩니다. 자신의 참자아가 드러나 보일 정도로 마음이 고요해지도록 말입니다.

질문자 생각이 무한을 향하게 만드는 것도 거기로 가는 한 단계 겠죠?

레스터 예, 하지만 그것도 또 하나의 생각입니다.

질문자 또 하나의 생각이죠. 하지만 어떤 생각들은 다른 생각보다 더 신을 드러내 보여주지 않나요?

레스터 어떤 생각도 신을 드러내 보여주지 못합니다. 모든 생각이 신을, 당신의 참자아를 덮어 감춰버립니다. 모든 생각은 사슬입니다. 멋진 생각은 황금의 사슬입니다. 황금사슬도 쇠사슬과 똑같이 당신을 속박합니다. 모든 생각을 지워 없애야 합니다. 마음을 고요히 가라앉히세요. 당신 자신인 무한한 있음이 스스로 드러나도록 말입니다. 그것은 언제나 거기에 있습니다. 생각은 그것을 덮어 가리는 소음입니다. 하지만 생각을 해야만 한다면 신을 향하는 생각이 반대 방향을 향하는 생각보다는 훨씬 더 낫습니다. 그것이 당신에게 신이 있는 방향을 가리켜줄 테니까요.

질문자 하지만 무한한 있음이 무심無心의 상태라면 그것을 어떻게 무한이라고 일컬을 수 있습니까? 무한도 하나의 정신적 관념인데요.

레스터 맞아요. 그 어떤 생각도 무한할 수 없습니다. 모든 생각은 하나의 한정이요, 제약입니다.

질문자 그렇다면 자신이 무한하다는 것을 어떻게 알 수 있습니까? 그것을 어떻게 소리 내서 말할 수 있습니까?

레스터 무한은 마음으로 상상할 수도 없고 소리 내서 말로 할 수도 없습니다. 그건 불가능합니다. 한계 없음을 상상하는 것은 불가능합니다.

질문자 그럼 그건 경험이군요.

레스터 맞아요. 그건 생각이 아니라 경험입니다. 무한으로 있는 경험요. 마음은 그것을 언급하여 가리킬 수는 있어도 형용하여 묘사할 수는 없습니다. 모든 묘사는 결국 한정이 되어버리니까요.

질문자 마음은 어디서 시작해서 어디서 끝나나요? 신은 어디서 시작해서 어디서 끝나나요? 그리고 무한은 어디서 시작해서 어디서 끝나나요?

레스터 무한, 신, 참자아는 시작도 없고 끝도 없습니다. 마음은 당신이 지어낼 때 시작하고 놓아 보낼 때 끝납니다.

질문자 놓아 보내는 것은 고통스러운 몸부림입니다.

레스터 고통은 당신이 그걸 놓아 보내려고 애쓰면서도 붙들고 있으니까 생기는 겁니다. 그것을 붙들고 있는 것이 곧 고통이지요. 왜 그냥 본연의 자신으로 있지 않습니까? 당신은 왜 그 반대인 몸부림에 대해 나에게 질문을 할까요? 왜 그것에 대해 이야기하고 있을까요? 왜냐하면 당신은 그것에 관심이 있기 때문입니다. 그래서 내가 무한을 그것과 연결지어주기를 바라고 있는 겁니다.

질문자 그럼 생각할 때 그저 누가 생각을 하고 있는지만 알면 되는 건가요?

레스터 맞았어요! 생각하는 자가 누구인지를 알아내세요. 그러면 답을 얻게 될 겁니다. 마음을 가진 자, 몸을 가진 자가 누구인지, 생각을 하는 자가 누구인지를 찾아내면 당신은 진정한 당신, 무한한 있음을 찾은 겁니다. 그러니 몸에서 눈을 떼세요! 마음에서 눈을 떼세요! 당신인 있음을 바라보세요. 당신이 바로 그것임을 온전히 깨달을 때까지 결코 멈추지 마세요!

당신의 본성인 사랑을 풀어놓으라

안녕하세요, 여러분 한 분 한 분께 감사와 사랑을 보냅니다. 오늘 저녁에는 내가 가장 놀랐습니다. 저녁 8시가 되기 10분 전까지도 내가 깜짝 연사로 나서게 될 줄은 몰랐거든요.

그래서 무슨 얘기를 해야 할지를 열심히 생각해봤습니다. 여러분에 대해서? 나에 대해서? 그러다가 그게 아무런 차이도 없다는 것을 깨달았습니다. 우리는 모두가 똑같이 삶이라 불리는 이 배를 함께 타고 있습니다. 우리는 모두가 정확히 똑같은 — 제 눈에는 — 일을 하고 있습니다. 우리는 모두가 같은 것을 찾고 있습니다. 궁극의 경지가 가장 좋은 것입니다. 그것은 행복인데 우리는 늘 행복 없이 살고 있습니다. 그것이 어디에 있는지를 몰라서 찾아내려고 두리번거리며 몸부림칩니다.

1952년에 나는 내가 그 경지를 찾았다고 선언했습니다. 그것은 바로 내가 있는 그 자리에 있었습니다. 그것은 바로 여기, 여러분이 있는 곳에 있습니다. 그것을 찾겠다고 여러 해 동안 매일같이 온 데를 헤매고 다닌 것은 터무니없는 시간 낭비였지요. 내가 있는 바로 여기에 있는 것을 말입니다. 우리는 모두가 지구라 불리는 이 교실에 있습니다. 궁극의 뭔가를 찾으려 두리번거리면서요. 우리는 모두가 엉뚱한 곳인 외부에서 그것을 찾고 있습니다. 눈을 우리 자신에게로 돌리기만 하면 그것이 바로 여기에, 내가 있는 바로 이곳에, 여러분이 있는 바로 그곳에, 바로 여러분 자신의 존재 안에 있다는 것을 깨달을 텐데요.

내가 "여러분은 있습니까?" 하면 여러분은 "예" 합니다. 그러면 나는 "그게 바로 그겁니다"라고 말합니다. 그밖에는 아무것도 하지 마세요. 그러면 여러분은 궁극의 행복 속에 있게 될 겁니다. 그런데 왜 그렇게 하지 않을까요? 여러분은 행복을 저기, 저기 저 사람에게서, 혹은 이 직업에서 찾으려고 하는 습관이 들어 있기 때문입니다. 하지만 거기에는 행복이 없습니다. 그러니까 우리는 모두가 이것이 도대체 무엇인지, 나의 행복은 어디에 있는지를 찾아 나선, 똑같은 여로에 서 있는 것입니다. 그것을 밖에서 찾기를 그치고 안으로 주의를 돌리면, 이 모든 부정적이고 끔찍이 힘든 기분들도 단지 하나의 느낌에 지나지 않는 것임을 깨닫습니다. 그리고 그 느낌들은 풀어놓으면 없어진다는 것을 알게 됩니다. 이 모든 느낌은 잠재의식의 프로그램입니다. 그 낱낱의 프로그램은 생존을 위해서 짜여 있으니, 그것은 단지 두려움이 아니라 생존의 프로그램입니다. 우리의 모든 기분은 우리를 살아 있게 하기 위해서 프로그램된 자동 알고리즘입니다. 그 기분들은 살아남기 위해 마음이 하루 24시간 잠재의식 속에서 가동되게 해놓고 늘 바깥을 주시하고 있습니다. 그래서 우리는 생각을 결코 멈추지 않습니다. 한순간이라도 생각하기를 멈출 수 있다면 우리는 가장 엄청난 체험을 겪게 될 겁니다. 있음 속에서 자신이 바로 이 온 우주임을, 마음이 고요해지면 자신이야말로 이 우주에서 가장 멋진 존재임을 절로 깨닫게 된다는 것입니다. 나는 온전하고 완전하고 완벽합니다. 나는 언제나 있었고, 지금 있으며, 언제나 있을 것입니다.

그런데 우리로 하여금 이 가장 유쾌한 상태에 있지 못하게 가로막고 있는 것은 무엇일까요? 단지 '기분'이라 불리는 이 누적된 프로그램입니다. 이 모든 부정적 기분들이 우리로 하여금 생존을 위해 끊임없이 몸부림치게 만들고, 우리 자신인 이 엄청난 것으로부터 끊임없이 눈을 돌리게 만듭니다. 우리가 해야 할 일은 단지 마음을 고요히 가라앉히는 것뿐인데 말입니다. 그러면 우리 자신인 이 엄청난 존재가 스스로 선연히 드러나는데 말입니다.

자신의 우주를 완전히 다스려서 매 순간이 놀랍고 멋진 순간이 되면, 행복하지 않기란 불가능해집니다. 나는 이 부정적인 기분들이 놓여날 때 드러나는 그것이 바로 우리 본연의 상태라고 말합니다.

언젠가는 여러분도 그것을 해낼 겁니다. 우리는 같은 배를 타고, 똑같이 행복을 찾아 온갖 짓을 다 하며 몸부림칩니다. 그리고 언젠가는 모두가 그것을 찾을 것입니다. 거기에 이르기 전에는 결코 멈추지 않을 테니까요. 하지만 좀더 빨리 가고 싶다면 우리의 방식으로 하세요. 아주 유쾌한 놀라움을 경험하게 될 것입니다. 여러분이 찾고 있는 모든 것이 여러분이 있는 바로 거기에 있습니다. 해야 할 일은 단지 눈가리개를 벗는 것뿐입니다. 여러분의 시야는 매우 흐릿합니다. 잠재의식의 프로그램이라는 필터를 거쳐서 보고 있으니까요. 그것을 내려놓으면 시야가 선명해지고, 가장 위대한 자신을 발견하게 될 것입니다. 여러분은 온전하고 완전하고 영원합니다. 죽음에 대한 두려움은 모두 사라집니다. 그러고 나면 삶은 너무나 평온해져서 어떤 몸부림도 없습니다. 이 부정적 기분의 눈가리개를 벗어던지면 말입니다.

사랑이라 불리는 이것은 다름 아닌 여러분의 본성입니다. 우주의 모든 사랑이 여러분의 본성 속에 있습니다. 여러분은 행복 — 여러분의 행복 — 이란 사랑할 수 있는 자신의 능력과 동일한 것임을 깨달을 것입니다. 뒤집어 말하면, 여러분의 모든 불행은 사랑받고자 하는 갈망과 동일한 것입니다. 그저 사랑하고, 사랑하고, 또 사랑하십시오. 그러면 여러분은 너무나 행복하고 건강하고 풍요로워질 것입니다.

와주셔서 감사합니다.

"마스터는 언제나 옳다." 하지만 당신은 항상 '옳지'는 않을지도 모른다. 각각의 상황마다 '옳다'는 것이 당신에게는 무엇을 의미하는지를 찾아봐야 할 수도 있다. 마스터만이 아니라, 사랑도 최고의 믿음직한 안내자다. 양쪽을 다 따르라. 하지만 뭔가 미심쩍은 데가 있다면 사랑을 택하라. 사랑은 실수하지 않는다.

모든 깨어남은 순전히 개인적인 일이다. 그리고 모든 마스터는 저마다 독특한 자기만의 길을 간다. 선사가 제자를 몽둥이로 후려칠 수도 있다. 오쇼는 롤스로이스를 수집했고 파라마한사 요가난다는 깨달음을 위해서는 독신생활을 해야만 한다고 믿었다. 요가난다는 또 말년에 거의 45킬로그램이나 과체중이었지만 "인도에서는 살집 있는 스와미가 인기 있다"고 합리화했다.

그럼에도 이 마스터들은 사랑으로써 제자와 추종자들을 깨달음으로 인도하여 인류에게 크게 헌신했다. 이를 위해서 그들은 자신들의 방해받지 않는 평화를 버리고 이 혼잡한 꿈속 세상으로 내려왔다. 우리에게는 가르치고 인도해줄 마스터가 필요하다. 하지만 스스로가 자신의 최고의 스승이 되면 우리도 마스터가 된다.

깨달음의 척도

- 인간의 여러 언어를 말하고 천사의 말까지 한다 하더라도 사랑이 없으면 울리는 징과 요란한 꽹과리와 다를 것이 없다.
- 하느님의 말씀을 받아 전할 수 있다 하더라도, 온갖 신비를 환히 꿰뚫어 보고 모든 지식을 가졌다 하더라도, 산을 옮길 만한 완전한 믿음을 가졌다 하더라도, 사랑이 없으면 아무것도 아니다.
- 비록 모든 재산을 남에게 나누어준다 하더라도, 또 남을 위하여 불 속에 뛰어든다 하더라도, 사랑이 없으면 아무 소용이 없다.
- 사랑은 언제나 참는다.
- 사랑은 언제나 친절하다.
- 사랑은 시기하거나 자랑하지 않고, 교만하거나 무례하지 않다.
- 사랑은 사욕을 품지 않고, 성을 내지 않는다.
- 사랑은 앙심을 품지 않고, 불의를 보고 기뻐하지 아니하고, 진리를 보고 기뻐한다.
- 사랑은 모든 것을 덮어주고, 모든 것을 믿고, 모든 것을 바라고, 모든 것을 견뎌낸다.

- 사랑은 가실 줄을 모른다. 말씀을 받아 전하는 특권도 사라지고, 이상한 언어를 말하는 능력도 끊어지고, 지식도 사라질 것이다.
- 이제 믿음과 희망과 사랑, 이 세 가지가 남으니 이 중에서 가장 위대한 것은 사랑이다.

— 성 바울

이 척도에 맞는지만 보라. 과거의 위대한 정복자들이라면 이 시험을 통과할 수 있을까? 모세, 성 베네딕트, 부시와 오바마 대통령이 이 시험을 통과할 수 있을까? 레스터, 요가난다, 선사들과 붓다는 틀림없이 통과할 것이다. 당신은 이 시험을 통과하겠는가?

완벽한 깨달음 같은 것은 없다. 내면의 성장은 끝이 없다. 모든 사람이 이미 깨달아 있다. 단, 자신의 무지만큼만. 깨달음이 클수록 무지가 작아진다.

O 유리 스필니